高校青年教师成长基础丛书
李　波　主编

高校教师教学素养提升的理论与实践

李　波　主编

山东大学出版社
·济南·

图书在版编目(CIP)数据

高校教师教学素养提升的理论与实践/李波主编.—济南:山东大学出版社,2020.12

(高校青年教师成长基础丛书/李波主编)

ISBN 978-7-5607-6965-3

Ⅰ.①高… Ⅱ.①李… Ⅲ.①高等学校－师资培养－研究－中国 Ⅳ.①G645.12

中国版本图书馆 CIP 数据核字(2021)第 023125 号

策划编辑 滕希功
责任编辑 滕希功
文案编辑 孟宪亮
封面设计 泽坤广告

出版发行 山东大学出版社
社　　址 山东省济南市山大南路 20 号
邮政编码 250100
发行热线 (0531)88363008
经　　销 新华书店
印　　刷 泰安金彩印务有限公司
规　　格 720 毫米×1000 毫米 1/16
　　　　 12.5 印张 229 千字
版　　次 2020 年 12 月第 1 版
印　　次 2020 年 12 月第 1 次印刷
定　　价 55.00 元

《高校教师教学素养提升的理论与实践》编委会

主　编　李　波

编　委　（以章节为序）

李同胜　苏春景　马晓春

何　畏　陈德云　张朝珍

薄存旭　张良才　张年年

目　录

第一章　高校青年教师的历史责任与使命担当 …… 1

一、新时代教师承载着怎样的历史责任与使命 …… 1

二、教师何以不负新时代的历史重任与使命 …… 2

三、结语 …… 9

第二章　“双一流”背景下的教学改革与人才培养 …… 10

一、“双一流”的特征 …… 11

二、聚焦“双一流”本科的教学改革 …… 18

三、基于一流本科的人才培养 …… 35

第三章　备课、说课、上课 …… 40

一、备课 …… 40

二、说课 …… 46

三、上课 …… 52

四、结语 …… 57

第四章　大学课堂教学模式与方法 …… 58

一、教学模式的内涵 …… 58

二、教学模式的分类 …… 60

三、常用的有效课堂教学模式 …… 61

四、当代国际大学课堂教学的主流教学模式与方法 …… 76
五、教学方法的基本类型 …… 88
六、结语 …… 94

第五章　教学设计与教学目标 …… 95

一、教学设计的内涵 …… 95
二、教学设计模式 …… 96
三、教学设计的主要内容模块 …… 101
四、教学目标分类理论 …… 109
五、专业认证背景下的教学目标制定 …… 113
六、教学目标设计的过程 …… 118

第六章　大学课堂教学的有效性及其提升技巧 …… 124

一、大学课堂教学有效性的内涵 …… 124
二、大学课堂教学有效性的误区 …… 126
三、大学课堂教学有效性误区的成因分析 …… 130
四、提高大学课堂教学有效性的策略 …… 132

第七章　教学反思的认识与运用 …… 136

一、何为教学反思 …… 136
二、教学反思的价值 …… 136
三、教学反思的组成部分 …… 137
四、教学反思的过程 …… 138
五、阻碍教师反思的因素 …… 139
六、培养教学反思的策略 …… 140
七、培养教学反思的方法 …… 142

第八章　教学研究:青年教师成长的阶梯 …… 147

一、教学研究的本质 …… 147
二、教学研究的意义 …… 149

三、教学研究应注意的几个问题 …… 152

第九章　现代教育技术在教学中的应用

——从技术和资源的视角 …… 158

一、教育技术与现代教育技术 …… 158

二、现代教育技术的相关概念 …… 159

三、现代教育技术的相关理论 …… 160

四、教学资源的设计与开发 …… 166

五、教学过程的技术支持 …… 183

六、TPACK 理论与教师专业发展 …… 188

七、结语 …… 189

后　记 …… 190

第一章　高校青年教师的历史责任与使命担当

党的十八大以来，习近平总书记围绕培养什么人、怎样培养人、为谁培养人这一根本问题，以高远的历史站位、宽广的国际视野、深邃的战略眼光，高度重视培养中国特色社会主义建设者和接班人，将中国特色社会主义事业后继有人作为一项重大战略任务，对加强学校思政课建设作出一系列重要部署。[①] 他将教师队伍建设作为新时代教育事业发展的重中之重，就教师素质、教师责任、教师培养等提出了一系列新思想、新要求，为每一位高校教师明确自身的历史责任和使命担当指明了方向。

一、新时代教师承载着怎样的历史责任与使命

面向历史，明确历史责任。习近平总书记站在中华民族伟大复兴的历史高度，对新时代教师的历史责任作了深刻阐述。2019 年 3 月 18 日，习近平在学校思想政治理论课教师座谈会上指出，"我们党立志于中华民族千秋伟业，必须培养一代又一代拥护中国共产党领导和我国社会主义制度、立志为中国特色社会主义事业奋斗终身的有用人才"[②]，明确了新时代教师为党育人、为国育才的重大历史责任。习近平总书记还以深远的历史眼光，就今天学生培养与未来民族复兴的关系作出深刻阐释，指出："今天的学生就是未来实现中华民族伟大复兴中国梦的主力军，广大教师就是打造这支中华民族'梦之队'的筑梦人。"[③]

着眼当下，阐释使命担当。习近平总书记立足"世界处于百年未有之大变

① 参见吴晶、胡浩：《一堂特殊而难忘的思政课——习近平总书记主持召开学校思想政治理论课教师座谈会侧记》，《人民日报》2019 年 3 月 19 日。

② 习近平：《用新时代中国特色社会主义思想铸魂育人　贯彻党的教育方针落实立德树人根本任务》，《人民日报》2019 年 3 月 19 日。

③ 习近平：《做党和人民满意的好老师——同北京师范大学师生代表座谈时的讲话》，2014 年 9 月 9 日，http://www.xinhuanet.com//politics/2014-09/09/c_1112413723_2.htm。

局”的时代判断，以纵观国内国际的宽阔视野，对新时代广大教师的使命担当提出了新要求，作出了新判断。2013 年 9 月 9 日，习近平在致全国广大教师的慰问信中指出：“百年大计，教育为本。教师是立教之本、兴教之源，承担着让每个孩子健康成长、办好人民满意教育的重任。”①2016 年 9 月 9 日，习近平在北京市八一学校的讲话中进一步明确：“广大教师要做学生锤炼品格的引路人，做学生学习知识的引路人，做学生创新思维的引路人，做学生奉献祖国的引路人。”②针对高等教育的实际，2016 年 12 月 7 日，习近平在全国高校思想政治工作会议上指出：“教师做的是传播知识、传播思想、传播真理的工作，是塑造灵魂、塑造生命、塑造人的工作。教师不能只做传授书本知识的教书匠，而要成为塑造学生品格、品行、品味的‘大先生’。”③

2018 年 9 月 10 日，习近平在全国教育大会上进一步指出：“教师是人类灵魂的工程师，是人类文明的传承者，承载着传播知识、传播思想、传播真理，塑造灵魂、塑造生命、塑造新人的时代重任。”④三个“传播”、三个“塑造”，全方位刻画了新时代广大教师的使命担当。

二、教师何以不负新时代的历史重任与使命

2014 年 9 月 9 日，习近平同北京师范大学师生代表座谈，发表了《做党和人民满意的好老师》的重要讲话，指出：“好老师没有统一的模式，可以各有千秋、各显身手，但有一些共同的、必不可少的特质：第一，做好老师，要有理想信念；第二，做好老师，要有道德情操；第三，做好老师，要有扎实学识；第四，做好老师，要有仁爱之心。”⑤这就是大家耳熟能详的“四有好老师”的著名论断。

2019 年 3 月 18 日，习近平在学校思想政治理论课教师座谈会上，对全国大中小学思政课教师提出了新要求，强调：“要给学生心灵埋下真善美的种子，引导学

---

① 《习近平向全国广大教师致慰问信》，2013 年 9 月 9 日，http://www.xinhuanet.com/politics/2013-09/09/c_117294186.htm。

② 习近平：《全面贯彻落实党的教育方针　努力把我国基础教育越办越好》，《人民日报》2016 年 9 月 10 日。

③ 习近平：《把思想政治工作贯穿教育教学全过程　开创我国高等教育事业发展新局面》，《人民日报》2016 年 12 月 9 日。

④ 习近平：《坚持中国特色社会主义教育发展道路　培养德智体美劳全面发展的社会主义建设者和接班人》，《人民日报》2018 年 9 月 11 日。

⑤ 习近平：《做党和人民满意的好老师——同北京师范大学师生代表座谈时的讲话》，2014 年 9 月 9 日，http://www.xinhuanet.com//politics/2014-09/09/c_1112413723_2.htm。

生扣好人生第一粒扣子。”[①]明确要求广大思政课教师：第一，政治要强；第二，情怀要深；第三，思维要新；第四，视野要广；第五，自律要严；第六，人格要正。

这六条要求，不仅是对全国思政课教师的要求，也是广大教师强化师德修养、践行使命担当的行动指南。

（一）政治要强

习近平指出，要“让有信仰的人讲信仰，善于从政治上看问题，在大是大非面前保持政治清醒”[②]。2016年12月7日至8日，习近平在全国高校思想政治工作会议上指出：“传道者自己首先要明道、信道。高校教师要坚持教育者先受教育，努力成为先进思想文化的传播者、党执政的坚定支持者，更好担起学生健康成长指导者和引路人的责任。”[③]

1. 教育具有鲜明的阶级性、政治性

鲜明的阶级性和政治性，是教育的基本属性，是任何一个时代、一个国家的教育都具有的属性。美国的“教育者誓词”中有下列内容：“我决心不断努力以赶上或超过我希望培养的素质，并坚持和永远尊重一个有纪律的、文明的以及自由的民主生活方式。”这里，所谓对“自由的民主生活方式”的“坚持和永远尊重”正是反映了其阶级性和政治性。

20世纪60年代初，美国曾发起一场轰轰烈烈的教育改革运动。作为这场运动的旗手，著名教育家布鲁纳在其《教育过程》的序言中写道：“每一代人对于如何设计他这一代人的教育，都有一种新的愿望，正在形成作为我们这一代标志的，可能是广泛地重新出现的对教育质量和自由目标的关切，但又不放弃这样的理想，即教育应作为训练民主社会里平衡发展的公民的手段。……这一趋势的加强，是由于国家安全中几乎必然长期存在的危机，而这种危机的解决，将有赖于受过良好教育的公民。”[④]可见，美国教育改革的出发点和落脚点一刻也没有离开国家利益和政治需要。

2. 树立坚定的理想信念是人才成长的基石

2019年3月1日，习近平在中央党校中青年干部培训班开班式上的讲话中指出：“衡量干部是否有理想信念，关键看是否对党忠诚。……对党忠诚，就要

---

① 习近平：《用新时代中国特色社会主义思想铸魂育人 贯彻党的教育方针落实立德树人根本任务》，《人民日报》2019年3月19日。

② 习近平：《用新时代中国特色社会主义思想铸魂育人 贯彻党的教育方针落实立德树人根本任务》，《人民日报》2019年3月19日。

③ 习近平：《把思想政治工作贯穿教育教学全过程 开创我国高等教育事业发展新局面》，《人民日报》2016年12月9日。

④ ［美］布鲁纳：《教育过程》，邵瑞珍译，文化教育出版社1982年版，第23页。

增强'四个意识'、坚定'四个自信'、做到'两个维护'，严守党的政治纪律和政治规矩，始终在政治立场、政治方向、政治原则、政治道路上同党中央保持高度一致。"①

毫无疑问，在建设中国特色社会主义伟大事业中，人才的第一标准是政治标准。没有政治上、思想上对中国共产党和中国共产党领导的社会主义事业的理论认同、情感认同、行为认同，就难以在波澜壮阔的社会主义建设事业中长才干、显身手。这就需要广大教师以高度的政治自觉为党育人，为国育才，培养一代又一代拥护中国共产党领导和我国社会主义制度、立志为中国特色社会主义事业奋斗终身的有用人才。

3."四个自信"具有坚实的历史根基和现实根基

中国共产党百年发展历程是人类历史上的伟大奇迹，中国特色社会主义事业是人类历史上最壮丽的伟大事业。特别是党的十八大以来，每一个国人都实实在在感受到了国家、单位、个人的新变化。"四个自信"已经成为国民精神的一部分，成为国人健康人格的一部分。

一位70岁的农家妇女讲述自己对共产党的理解：

我奶奶当年感谢共产党，说共产党来了不用东躲西藏了；

我娘感谢共产党，说邓小平掌权后能吃饱肚子了；

我也感谢共产党，现在有养老金了，就像多生了一个儿子一样。

这就是一位朴实的农家妇女对社会变迁的理解，她从内心深处表达了对共产党的感激之情。没有豪言壮语，没有华丽辞藻，只是用自己对生活的认知，感受社会变化，理解政权交替。

4."为党育人，为国育才"是当下中国教育政治性的根本体现

2014年教师节，习近平在北京师范大学发表题为《做党和人民满意的好老师》的重要讲话，指出："好老师应该做中国特色社会主义共同理想和中华民族伟大复兴中国梦的积极传播者，帮助学生筑梦、追梦、圆梦，让一代又一代年轻人都成为实现我们民族梦想的正能量。"②2018年教师节，习近平在全国教育大会上强调："我们的教育必须把培养社会主义建设者和接班人作为根本任务，培养一代又一代拥护中国共产党领导和我国社会主义制度、立志为中国特色社会

① 《习近平在中央党校(国家行政学院)中青年干部培训班开班式上发表重要讲话》，2019年3月1日，http://www.xinhuanet.com/politics/2019-03/01/c_1124182661.htm。

② 习近平：《做党和人民满意的好老师——同北京师范大学师生代表座谈时的讲话》，2014年9月9日，http://www.xinhuanet.com//politics/2014-09/09/c_1112413723_2.htm。

主义奋斗终身的有用人才。这是教育工作的根本任务，也是教育现代化的方向目标。”[①]进一步明确了新时代教育的根本任务，明确了广大教师的政治责任和政治担当。

（二）情怀要深

习近平指出：“保持家国情怀，心里装着国家和民族，在党和人民的伟大实践中关注时代、关注社会，汲取养分、丰富思想。”[②]强调新时代教师要心中有国家、有民族，自觉将国家、民族利益与个人事业发展统一起来。

1. 心忧天下、经世济民的家国情怀是历代读书人的精神追求

“先天下之忧而忧，后天下之乐而乐。”（北宋·范仲淹）“为天地立心，为生民立命，为往圣继绝学，为万世开太平。”（北宋·张载）“物格而后知至，知至而后意诚，意诚而后心正，心正而后身修，身修而后家齐，家齐而后国治，国治而后天下平。”（《礼记·大学》）“养天地正气，法古今完人。”（东吴大学校训）我们从这些流芳百世的至理名言中感受到古人的大气和担当，所谓“天下兴亡，匹夫有责”，实质是“天下兴亡，我有责任”。

2. 胸怀大局、心有大我的人生境界是个人发展的不竭动力

人才成长是家国情怀的统一，过分功利、自私是人才成长的绊脚石。当前存在的“精致的利己主义者”现象，其实限制了人才成长，制约了人才发展。

2018 年 5 月，马云在杭州师大 110 周年校庆上说道：作为人才要学会欣赏自己，更要成就别人。一个格局大的人，懂得走自己的路，也懂得为别人铺路。马云道出了人才成长的根基，那就是格局，那就是视野。而这格局与视野来源于一种大我的境界，来源于家国情怀的统一。

在 2018 年全国本科教学工作会议上，教育部部长陈宝生曾谈到当前高校教与学中的一些现象：一部分学生天天打游戏，天天睡大觉，天天谈恋爱；一部分教师“认认真真培养自己，稀里马虎培养学生”；一部分学校“领导精力投入不足，教师精力投入不足，学生精力投入不足，资源配置不足”。其中第一句话表现出的根本问题是学生缺少发展动力，沉迷于自我，不能自拔；第二句话说明老师教书育人的动力不足，没有将个人工作与教育事业的根本任务联系起来，没有成为传经授道的“大先生”。

---

① 习近平：《坚持中国特色社会主义教育发展道路　培养德智体美劳全面发展的社会主义建设者和接班人》，《人民日报》2018 年 9 月 11 日。

② 习近平：《用新时代中国特色社会主义思想铸魂育人　贯彻党的教育方针落实立德树人根本任务》，《人民日报》2019 年 3 月 19 日。

3. 以立德树人为己任是大学教师应有的教育情怀

2014年9月9日，习近平在同北京师范大学师生代表座谈时强调："教师重要，就在于教师的工作是塑造灵魂、塑造生命、塑造人的工作。一个人遇到好老师是人生的幸运，一个学校拥有好老师是学校的光荣，一个民族源源不断涌现出一批又一批好老师则是民族的希望。"[①]

教师日复一日的平凡工作，既体现了一种社会责任，也体现了一份社会良心。2015年9月9日，习近平在给"国培计划(2014)"北京师范大学贵州研修班参训教师的回信中曾说："扶贫必扶智。让贫困地区的孩子们接受良好教育，是扶贫开发的重要任务，也是阻断贫困代际传递的重要途径。"[②]事实上，面对自己的学生，大而言之，我们是代表社会去履行教书育人职责，担负着为国家培养合格建设者和可靠接班人的使命；小而言之，面对50名学生就是面对50个家庭，每个学生成人成才，就是这50个家庭的幸福和期盼。为此，我们每一位大学老师都要做到三个热爱：

一要热爱自己所从事的事业。没有对教育事业的热爱、对学生的热爱，就不可能有真正的教育。热爱教师岗位，敬畏教师职业，坚守教师职业操守和知识分子社会良心，愿意将自己的一生奉献给教育事业，应成为我们的不懈追求。

二要热爱所任教的学科。要喜爱并精通所任教的学科，能够将抽象理论外化为生动现实、内化为精神气质，春风化雨般引导学生思考、探究、体验和感悟，做人类文明的布道者、传播者。

三要热爱自己的学生。2014年9月9日，习近平在同北京师范大学师生代表座谈时要求："好老师要用爱培育爱、激发爱、传播爱，通过真情、真心、真诚拉近同学生的距离，滋润学生的心田，使自己成为学生的好朋友和贴心人。好老师应该把自己的温暖和情感倾注到每一个学生身上，用欣赏增强学生的信心，用信任树立学生的自尊，让每一个学生都健康成长，让每一个学生都享受成功的喜悦。"[③]

教师对学生的爱，不能停留在口头上，要有"爱"的真功夫、大胸怀和真本领。要掌握学生身心发展规律，具备引领他们健康成长的学识和能力；要能够理解学生的"苦"与"乐"，欣赏他们的"愚"与"智"，包容他们的"懒"与"勤"。

---

① 习近平:《做党和人民满意的好老师》,《人民日报》2014年9月10日。

② 《习近平总书记给"国培计划(2014)"北京师范大学贵州研修班参训教师的回信》,2015年9月9日,http://www.xinhuanet.com/politics/2015-09/09/c_1116512910.htm。

③ 习近平:《做党和人民满意的好老师——同北京师范大学师生代表座谈时的讲话》,2014年9月9日,http://www.xinhuanet.com//politics/2014-09/09/c_1112413723_2.htm。

(三)思维要新

习近平指出,教师要"学会辩证唯物主义和历史唯物主义,创新课堂教学,给学生深刻的学习体验,引导学生树立正确的理想信念、学会正确的思维方法"①。

1. 教材内容不仅体现科学价值,还包含着丰富的道德价值和育人价值

不论是自然科学还是人文社会科学,任何重大理论的提出与突破,都融入了先哲先贤们严谨的治学态度、科学的思维方式、崇高的人生理想,更体现出他们"修身齐家治国平天下"的历史担当和家国情怀。这些与社会主义核心价值观一脉相承,这就是知识的道德价值,就是知识的育人力量。要充分发挥课程内容的育人价值,"润物细无声"地滋润学生精神生命的成长。

2. 摈弃"填鸭式""灌输式"的教学

要将自主、合作、探究变成课堂教学活动的常态,引导学生在自主思考中、在辩论交流中、在思想碰撞中发现自己的优势,认识自己的不足,从而学会更客观地认识自我、认识人生、认识国家、认识世界。

3. 引导学生关注现实、躬身实践

要引导学生在理想与现实的交汇点上学会做人、做事的道理;在理论与实践的结合上学会科学的思维方法;在历史与现实的交融中学会如何思考、如何判断。

(四)视野要广

习近平指出,教师要"有知识视野、国际视野、历史视野,通过生动、深入、具体的纵横比较,把一些道理讲明白、讲清楚"②。

教师向学生传授知识,绝不仅仅是传授知识的结论,更要关注知识产生形成的过程,这个过程体现了教师宽阔的视野。不论是自然科学问题,还是人文社会科学问题,都要以现实问题为原点,以宽广的视野看待科学、看待社会、看待人生。所谓历史视野就是善于用从过去到现在、从现在到将来的视角观察问题、分析问题和解决问题;所谓知识视野,就是要用科学的眼光看待问题,而不是相信道听途说,甚至相信不符合常识的谣言;所谓国际视野,就是要善于从中外比较中分析问题看待事情,而不是崇洋媚外或者故步自封。

(五)自律要严

习近平指出,教师要"做到课上课下一致、网上网下一致,自觉弘扬主旋律,

---

① 习近平:《用新时代中国特色社会主义思想铸魂育人　贯彻党的教育方针落实立德树人根本任务》,《人民日报》2018年3月19日。

② 习近平:《用新时代中国特色社会主义思想铸魂育人　贯彻党的教育方针落实立德树人根本任务》,《人民日报》2018年3月19日。

积极传递正能量"[①]。教师是学生对社会道德认知的启蒙者。如果教师道德失守,对学生道德信仰的打击将是致命的。所以教师必须严于律己,以高尚的道德情操教化学生,引导学生。为此,作为老师要对三尺讲台的神圣性常存敬畏之心,对法律法规的严肃性常存敬畏之心,对学生的维权意识常存敬畏之心,对家长的维权能力常存敬畏之心。

(六)人格要正

习近平指出:"有人格,才有吸引力。亲其师,才能信其道。要有堂堂正正的人格,用高尚的人格感染学生、赢得学生,用真理的力量感召学生,以深厚的理论功底赢得学生,自觉做为学为人的表率,做让学生喜爱的人。"[②]

1. 高尚人格是立身之本

高尚人格是个人能够可持续发展、幸福生活一辈子的基本保证,同时高尚人格是人才成长的宝贵资源和不竭动力。国学大师南怀瑾曾说过:"做人是天下第一等学问。"在我国传统文化中,常常有"五福临门"之说,其实"五福"源于《书经·洪范》,第一福是"长寿",第二福是"富贵",第三福是"康宁",第四福是"好德",第五福是"善终"。所谓"长寿"是命不夭折而且福寿绵长;"富贵"是钱财富足而且地位尊贵;"康宁"是身体健康而且心灵安宁;"好德"是生性仁善而且宽厚宁静;"善终"是能正常的死亡,不死于刑戮等。细细品味,这"五福"至少有"三福"与高尚的人格联系在一起:"富贵"包含着地位尊贵,只有人格高尚的人才能有尊贵的地位;"康宁"包括着心灵的安宁,只有人格高尚的人才能有长久的心灵安宁;"好德"中仁善和宽厚更是人格品质的直接表现。

2. 新时代教师人格的基本取向是求真向善

康德的墓志铭中有这样一段话:"有两种东西,我对它们的思考越是深沉和持久,它们在我心灵中唤起的惊奇和敬畏就会日新月异,不断增长,这就是我头上的星空和心中的道德法则。"如果说"头上的星空"是对求真的追求,那么"心中的道德法则"则是对求善的向往。

2018年9月10日,习近平在全国教育大会上的讲话中指出,教师"要在加强品德修养上下功夫,教育引导学生培育和践行社会主义核心价值观,踏踏实实修好品德,成为有大爱大德大情怀的人""做老师就要执着于教书育人,有热

① 习近平:《用新时代中国特色社会主义思想铸魂育人 贯彻党的教育方针落实立德树人根本任务》,《人民日报》2018年3月19日。

② 习近平:《用新时代中国特色社会主义思想铸魂育人 贯彻党的教育方针落实立德树人根本任务》,《人民日报》2018年3月19日。

爱教育的定力、淡泊名利的坚守”①。2014 年 9 月 9 日，习近平同北京师范大学师生代表座谈时的讲话中也曾指出：“好老师要有‘捧着一颗心来，不带半根草去’的奉献精神，自觉坚守精神家园、坚守人格底线，带头弘扬社会主义道德和中华传统美德，以自己的模范行为影响和带动学生。”“做一个高尚的人、纯粹的人、脱离了低级趣味的人，应该是每一个老师的不懈追求和行为常态。”②这些都对新时代教师的人格特质提出了明确要求。

必须看到，教师的道德力量家庭、社会无法比拟，教师的道德力量通过“身正示范”发挥作用，教师的道德力量是对家庭、社会负面影响的矫正，教师的道德行为是学生道德认知的最后一道防线。

三、结语

我们可以无数次地重读鲁迅先生在《藤野先生》一文中的这段话：

> 但不知怎地，我总还时时记起他，在我所认为我师的之中，他是最使我感激，给我鼓励的一个。有时我常常想：他的对于我的热心的希望，不倦的教诲，小而言之，是为中国，就是希望中国有新的医学；大而言之，是为学术，就是希望新的医学传到中国去。他的性格，在我的眼里和心里是伟大的，虽然他的姓名并不为许多人所知道。
>
> 他所改正的讲义，我曾经订成三厚本，收藏着的，将作为永久的纪念。不幸七年前迁居的时候，中途毁坏了一口书箱，失去半箱书，恰巧这讲义也遗失在内了。责成运送而去找寻，寄无回信。只有他的照相至今还挂在我北京寓居的东墙上，书桌对面。每当夜间疲倦，正想偷懒时，仰面在灯光中瞥见他黑瘦的面貌，似乎正要说出抑扬顿挫的话来，便使我忽又良心发现，而且增加勇气了，于是点上一枝烟，再继续写些为“正人君子”之流所深恶痛疾的文字。③

有一副描写教师的对联说得好：“三尺讲台四季晴雨路，一支粉笔两袖清风人。”它道出了教师工作的平凡与艰辛。但教师工作平凡，使命却神圣。教师一年复一年、一日复一日的平凡工作，需要“学高为师，身正为范”的职业操守，需要“学而不厌，诲人不倦”的职业精神，更需要一颗高贵的灵魂相守相伴。

---

① 习近平：《坚持中国特色社会主义教育发展道路 培养德智体美劳全面发展的社会主义建设者和接班人》，《人民日报》2018 年 9 月 11 日。

② 习近平：《做党和人民满意的好老师——同北京师范大学师生代表座谈时的讲话》，2014 年 9 月 9 日，http://www.xinhuanet.com//politics/2014-09/09/c_1112413723_2.htm。

③ 《鲁迅全集》第 2 卷，人民文学出版社 2005 年版，第 318～319 页。

第二章 “双一流”背景下的教学改革与人才培养

2015 年 8 月，中央全面深化改革领导小组第 15 次会议审议通过《统筹推进世界一流大学和一流学科建设总体方案》（以下简称《总体方案》）；11 月，国务院正式印发《总体方案》，确定世界一流大学和一流学科建设（以下简称“双一流”建设）的原则、目标和总体思路。2016 年 6 月，教育部宣布原有“985 工程”等相关文件失效。从宏观维度看政府对一流大学建设的认识，国家战略（参与全球）与核心思维（中国特色）不可缺少，这是中国大学共同努力的基本方向。“在这个基本方向上，依据大学是解决科学‘稀缺’与‘不确定’而派生出的组织，科学人才需要在竞争合作的制度安排中‘发现与创新’，似乎政府培育‘发现与创新’的‘土壤’更有意义。”①

“高等教育强国”是我国高等教育发展的战略目标，也是我国实现中华民族复兴的重要途径。高等教育强国不但包含规模、质量、结构、投入以及观念等多重评价指标，还应该包括一流大学与一流学科在世界高等教育体系中所占的分量。

建设世界一流大学和一流学科，是中共中央、国务院作出的重大战略决策，也是中国高等教育领域继“211 工程”“985 工程”之后的又一国家战略，有利于提升中国高等教育综合实力和国际竞争力，为实现“两个一百年”奋斗目标和实现中华民族伟大复兴的中国梦提供有力支撑。

“一流”不是由教育部直接“任命”，更不是一种身份，而是动态竞争的结果。一所一流的大学必须具备两个基本条件：一是能够培养引领未来的人；二是能够产生推动国家和人类进步的新思想、前沿科学与未来技术。创造好的制度环

① 康宁等：《“985 工程”转型与“双一流方案”诞生的历史逻辑》，《清华大学教育研究》2016 年第 5 期。

境，放手让千百所大学的校长们为使命去改革，是“双一流”建设的主要任务。学科是构成大学的基本元素，是世界一流大学的重要基石，“双一流”建设的核心也应该是一流学科建设。

香港大学第14任校长徐立之曾这样描述一流大学与一流学科之间的关系：“每当有国际学术会议的时候，如果我们相关学科的老师会被邀请去做专题演讲，全国各地甚至世界各国的学生都希望来上这门课，那个学科就可以说是世界一流的学科；有10个到12个这样的学科，我们就达到世界一流大学的标准了。”①由此可见，建设世界一流大学必须以建设世界一流学科为抓手。

学科不仅仅是系统的知识体系，还是一个以院系建制为依托的实体组织，具有自己的运转机制与力量配置等组织要素。可见，一流学科建设应该包含学科知识体系的建设以及学科组织知识生产力的建设两个方面。②

一、“双一流”的特征

（一）世界一流学科的特征

1. 一流的办学理念

办学理念是大学的灵魂，它是全体大学人关于“什么是大学”“为谁办大学”和“怎样办大学”等问题深度思考的结晶。

2. 一流的师资队伍

师资队伍是大学的根基。国内外一流大学的实践经验表明，要建设世界一流大学和一流学科，最为核心的要素是学术队伍，没有一流的学术队伍，就不可能有世界一流学科，也不可能有世界一流大学（见表2-1）。

---

① 徐立之：《大学为理想不为排名榜》，《新华每日电讯》2012年8月21日。

② 参见潘静：《“双一流”建设的内涵与行动框架》，《江苏高教》2016年第5期。

表 2-1　一流学科在学术队伍方面的比较

<table>
<tr><th>类型</th><th>学校名称</th><th>指标</th><th>数学</th><th>物理</th><th>化学</th><th>计算机</th><th>经济与商业</th><th>加权值</th><th>总值</th><th>类值</th></tr>
<tr><td rowspan="6">世界一流</td><td rowspan="2">哈佛大学</td><td>Award</td><td>50</td><td>85.4</td><td>59.7</td><td>49.9</td><td>55.9</td><td>9</td><td rowspan="2">28.02</td><td rowspan="6">27.86</td></tr>
<tr><td>HiCi</td><td>65.7</td><td>81.1</td><td>80.2</td><td>52.8</td><td>100</td><td>19</td></tr>
<tr><td rowspan="2">斯坦福大学</td><td>Award</td><td>55.9</td><td>100</td><td>100</td><td>52.9</td><td>31</td><td>10.2</td><td rowspan="2">29.93</td></tr>
<tr><td>HiCi</td><td>100</td><td>64.2</td><td>72.6</td><td>100</td><td>57.9</td><td>19.7</td></tr>
<tr><td rowspan="2">麻省理工学院</td><td>Award</td><td>25</td><td>98.6</td><td>41.8</td><td>100</td><td>50.6</td><td>9.5</td><td rowspan="2">25.64</td></tr>
<tr><td>HiCi</td><td>52</td><td>53.5</td><td>74.4</td><td>84.3</td><td>58.9</td><td>16.2</td></tr>
<tr><td rowspan="6">国内一流</td><td rowspan="2">北京大学</td><td>Award</td><td>0</td><td>0</td><td>0</td><td>0</td><td>0</td><td>0</td><td rowspan="2">2.6</td><td rowspan="6">1.59</td></tr>
<tr><td>HiCi</td><td>20.7</td><td>0</td><td>31.2</td><td>0</td><td>0</td><td>2.6</td></tr>
<tr><td rowspan="2">上海交通大学</td><td>Award</td><td>0</td><td>0</td><td>0</td><td>0</td><td>0</td><td>0</td><td rowspan="2">1.61</td></tr>
<tr><td>HiCi</td><td>18.5</td><td>9.8</td><td>0</td><td>3.9</td><td>0</td><td>1.6</td></tr>
<tr><td rowspan="2">清华大学</td><td>Award</td><td>0</td><td>0</td><td>0</td><td>0</td><td>0</td><td>0</td><td rowspan="2">0.55</td></tr>
<tr><td>HiCi</td><td>0</td><td>0</td><td>11</td><td>0</td><td>0</td><td>0.6</td></tr>
</table>

资料来源：周光礼、武建鑫：《什么是世界一流学科》，《中国高教研究》2016 年第 1 期。

3. 一流的办学特色

办学特色是大学的标签，如耶鲁大学实行住宿学院制，重视本科教学。

4. 一流的学科专业

学科专业是大学的细胞，如加州理工学院的物理学、化学、天文学、生物学等排名世界大学前列。

5. 一流的毕业生校友

毕业生校友是大学的名片，一流大学培育一流校友，一流校友成就一流大学，如牛津大学培养了 27 位英国首相、60 位诺奖得主。科教融合、协同育人是世界一流大学人才培养的共同规律。当一流的学科以一流学科群的形式出现时，培养一流的学生只是水到渠成的事情；当若干一流学科表现突出时，培养一流的学生也能顺利实现；当一流学科未能在相关领域突破时，培养一流的学生就很困难（见表 2-2）。

表 2-2　一流学科在学生质量方面的比较

类型	学校	指标	数学	物理	化学	计算机	经济与商业	加权值	类值
世界一流	哈佛大学	Alumin	100	100	100	75.6	85.3	9.218	6.23
	斯坦福大学	Alumin	0	63.2	57.7	75.6	42.6	4.782	
	麻省理工学院	Alumin	0	96.6	0	37.8	100	4.688	
国内一流	北京大学	Alumin	0	0	0	0	0	0	0
	上海交通大学	Alumin	0	0	0	0	0	0	
	清华大学	Alumin	0	0	0	0	0	0	

资料来源：周光礼、武建鑫：《什么是世界一流学科》，《中国高教研究》2016 年第 1 期。

6. 一流的科研成果

科研成果是大学的答卷，一流的学科必然是以一流的科研成果为标识（见表 2-3）。科研成果不仅要能够创造学科“高原”现象，而且要能够创造像诺贝尔奖级的学科“高峰”现象。如麻省理工学院研制了全球首台能够实时处理信息的“旋风电脑”，发明了磁芯存储器。

表 2-3　一流学科在科研成果方面的比较

类型	学校	指标	数学	物理	化学	计算机	经济与商业	加权值	总值	类值
世界一流	哈佛大学	PUB	56.6	58.6	53.2	50.3	100	15.935	39.29	39.62
		TOP	88.9	92.3	97.2	98.9	89.7	23.35		
	斯坦福大学	PUB	62.8	66.3	49.9	68.3	77.2	16.225	39.15	
		TOP	92.1	89.4	98.6	89.8	88.6	22.925		
	麻省理工学院	PUB	66.3	84.2	61.2	72.5	74.4	17.93	40.42	
		TOP	84.1	87.3	97.8	87	93.5	22.485		
国内一流	北京大学	PUB	61.7	79	82.7	68.2	52.3	17.195	36	35.21
		TOP	78	77.5	80.4	76.3	63.9	18.805		
	上海交通大学	PUB	62.2	59.9	68.9	79.1	46.4	15.825	33.25	
		TOP	79.9	68	71.3	69.6	59.7	17.425		
	清华大学	PUB	66.6	78.5	84	100	47.9	18.85	36.39	
		TOP	69	69.4	76	71.2	65.1	17.535		

资料来源：周光礼、武建鑫：《什么是世界一流学科》，《中国高教研究》2016 年第 1 期。

7. 一流的校长及其卓越的管理团队

校长团队是高校的掌舵人，筹集资金、聘请高人是校长的核心工作，正是艾略特、科南特、德里克·博克等顶尖校长的“不忘初心”造就了今日的哈佛大学。

教育大数据推演发现，学科建设水平与高校发展水平之间呈现高度正相关，学科建设质量、成效会明显影响高校的学术声望与世界地位，所以“办大学”的中心工作就是“办学科”。[①] 世界一流学科的评价既要注重中国特色——这是社会需求的逻辑，也要注重国际标准——这是学术发展的逻辑。在学术逻辑上，评价指标包括一流科技研发、一流学术论文、一流学术团队、一流教育教学、一流文化传承等；在社会逻辑上，评价指标包括一流毕业生、一流发明专利、一流咨询服务、一流国际交流等。所以，科学的世界一流学科评价，必然要平衡学术逻辑和社会逻辑。

(二)中国特色世界一流大学和一流学科评估标准

中国实施“双一流”战略，必须主动建立有中国特色、与世界接轨的具有完全自主知识产权的大学排名指标体系，确保中国在世界大学排名领域的组织决策权、话语影响权和标准解释权，而不是鹦鹉学舌、依样画瓢，紧跟所谓世界大学学术排名或世界大学科研竞争力(ESI)排名。因为类似的加减法比例排名既没有多少学术和技术含量，也没有多少中国特色和中国元素。世界大学排名是展示各个国家或地区高校影响和地位的重要舞台，也是中国教育战略科学家、大学排名专家共同主导全球教育评估事务的重要体现。由中国教育科学家主导研制富含中国元素、接轨世界标准的世界大学排名，有利于中国在相关领域制定国际标准，发起国际高等教育评价计划，凝聚大学排名共识，倡行大学排名规范，优化大学排名标准，积聚大学排名资源，协调大学排名利益，构建全球大学命运共同体。一个国家能够主导世界大学排名的数量和质量，是国际大学排名界的话语权和影响力的“晴雨表”(见表 2-4)。那么，什么是世界一流学科的标准？顾名思义，世界一流学科强调学科建设要在全球范围内寻找参照系(见表 2-5)。

---

① 参见周光礼:《世界一流学科的中国标准是什么》,《光明日报》2016 年 2 月 16 日。

表 2-4 中国特色世界一流大学评估标准

一级指标	二级指标	三级指标	指标权重	指标侧重	指标属性
人才培养(教学/文化传创)	教学质量	教学水平	0.104	中国特色	定性/历时数据
		校友质量	0.16	世界标准	定量/历时数据
	师资队伍	校友质量	0.12	世界标准	定量/历时数据
	培养基地	学科实力	0.096	中国特色	定性/历时数据
科技研发(科研/文化传创)	科研项目	科技项目	0.096	中国特色	定量/历时数据
	学术平台	创新平台	0.096	中国特色	定量/历时数据
	学术成果	科技成果	0.16	世界标准	定量/历时数据
社会影响(社会服务/国际交流/文化传创)	国际排名	世界排名	0.02	世界标准	定性/历时数据
	社会声誉	校友捐赠	0.05	世界标准	定量/历时数据
		生源质量	0.022	中国特色	定性/历时数据
		媒体影响	0.032	中国特色	定性/历时数据
	国际影响	学术影响	0.044	世界标准	定量/历时数据

资料来源:冯用军、赵雪:《中国“双一流”战略:概念框架、分类特征和评估标准》,《现代教育管理》2018 年第 1 期。

表 2-5 中国特色世界一流学科评估标准

一级指标	二级指标	三级指标	指标权重	主要观测指标	指标侧重
人才培养	教学质量	教学水平	0.08	(1)学生创新创业教育质量 (2)国家级省级学生奖励	中国特色
		杰出校友	0.2	(1)世界级学/政/商/艺体/慈善界杰出校友	世界标准
				(2)国家级学/政/商/艺体/慈善界杰出校友 (3)部省级、地市级学/政/商/艺体/慈善界杰出校友	中国特色
	师资队伍	杰出师资	0.15	(1)世界级杰出科学家和专家学者	世界标准
				(2)国家级和部省级杰出科学家和专家学者 (3)国家级教学名师	中国特色
	培养基地	学科建设	0.12	(1)国际认证学科专业	世界标准
				(2)国家级高水平学科 (3)高水平研究者(智库)	中国特色

续表

一级指标	二级指标	三级指标	指标权重	主要观测指标	指标侧重
学术研究	科研成果	科研成果	0.17	(1)诺贝尔奖等世界级科学奖励 (2)《自然》等世界顶尖期刊学术论文	世界标准
				(3)国家级、部省级科研奖励(奖励、著作、专利、标准等) (4)中国顶尖期刊学术论文	中国特色
	科研基地	创新基地	0.08	(1)国家级知识创新、技术创新和工程转化基地 (2)教育部科研创新基地	中国特色
		学术平台	0.05	(1)国际三大索引	世界标准
				(2)国家级、部级学术期刊奖励和资助项目 (3)国内七大核心收录学术期刊 (4)大学出版社	中国特色
	科研项目	基研项目	0.1	(1)国际或跨国重大项目	世界标准
				(2)国家级重大科研项目、自然及社科基金和软科学项目 (3)教育部科技、社科、博士点、博士后基金项目	中国特色
国际声誉	社会影响	媒体影响	0.02	(1)媒体宣传报道	中国特色
		国际影响	0.03	(2)国际事务影响	世界标准

资料来源:冯用军、赵雪:《中国“双一流”战略:概念框架、分类特征和评估标准》,《现代教育管理》2018 年第 1 期。

中国特色世界一流大学和世界一流学科建设,是一项具有开创性的工程,必须先行先试,突破“211 工程”“985 工程”大学框架,树立新理念、确定新定位、采取新措施,在比肩国外一流大学、一流学科的过程中闯出一条“中国道路”,构建一套“中国方案”,形成一个“中国模式”。

1. 拥有顶尖的学术带头人与高水平的学术团队

学科发展的核心力量来自人的创造能力,因此,学科发展水平取决于学科队伍的水平,一流的学术队伍是一流学科的基础性资源,也是核心资源。

2. 拥有充足的学术经费与先进的科研设备

拥有一流学科的高校不仅仅是高素质人才培养、聚集以及学术交流的重要场所，更是一流科学研究的基地。科学研究的过程是学科组织运行的过程，也是学科带头人带领整个学术团队，围绕某一研究方向进行知识生产、传播、融合与应用的过程。科学研究是一种智力探险活动，人是推动学科发展的原动力，同时，科学研究要满足有实验原料可消耗以及有进行实验的场所、高性能的仪器设备等必要条件。科学研究的水平高低在很大程度上取决于研究经费的多寡以及研究设备的先进程度，可以说，充足的经费、先进的仪器设备、现代化的信息保障是科学研究体系的重要组成部分，是学科组织运行、学科水平不断提升的重要保证，也是一流学科实力与水平的外显形式之一。①

3. 拥有开放有序的动力机制与协同竞争的创新机制

良好的学科组织运行机制可以使单个学者凝聚成协同整体，促进学科要素之间的相互联系与作用，从而提升学科要素投入的效率与效益。在知识剧增的时代，单一学科知识很难对日益复杂的问题作出完满回答，必须建立开放的学科组织运行机制，使学科知识高度交叉与融合。并且，这种开放性运行机制并不是无序的，而是针对资源状况进行优化配置的学科知识创新。同时，在开放性的学科组织之内，不同学科之间还形成彼此既独立又联合、既竞争又协同的关系，一流学科必然有高效率的学科组织运行机制。②

4. 拥有卓著的学术成果产出与突出的人才培养质量

一流学科存在于大学之中，而大学的重要职能是人才培养，学生培养质量也是评价一流学科的重要标识之一，学术产出与人才培养的质量对学科的学术声誉有决定性作用。学科的学术声誉反映了学科组织内的学术生态、学科制度、学术规范、学术传统以及学术质量等，一流学科学术生态的主要特点是学术自由与学术自治居于核心地位，一流的学术质量以促进社会发展为核心价值取向。③

在一所大学中，一旦有一个学科成了一流学科，那么，其他学科就会借鉴它的发展经验。同时，一流学科建设的过程也是淘汰薄弱学科、优化学科结构的过程。另外，借助一流学科的辐射作用以及优质的平台，可以吸引更多的学术资源，有利于消除学科之间的壁垒，促进学科的交叉融合。④ “双一流”既是一个

① 参见潘静：《“双一流”建设的内涵与行动框架》，《江苏高教》2016 年第 5 期。
② 参见潘静：《“双一流”建设的内涵与行动框架》，《江苏高教》2016 年第 5 期。
③ 参见潘静：《“双一流”建设的内涵与行动框架》，《江苏高教》2016 年第 5 期。
④ 参见潘静：《“双一流”建设的内涵与行动框架》，《江苏高教》2016 年第 5 期。

相对概念，也是一个发展概念，任何学科或大学只有通过不断完善与发展才能一直保持一流地位，否则就会因为各种原因而被挤出一流的行列。可见，“双一流”建设是一个没有终点的行为，必须经过不懈努力和坚持才能实现。

2015年8月18日，《统筹推进世界一流大学和一流学科建设总体方案》（简称《“双一流”方案》）获中央全面深化改革领导小组审议通过，明晰了中共中央、国务院建设中国特色世界一流大学与学科的坚定决心、指导方针、战略目标、运行机制和保障措施。2015年10月29日，《中共中央关于制定国民经济和社会发展第十三个五年规划的建议》颁行，重申要持续提升大学教学水平与协同创新能力，使一批大学与若干学科达到或接近世界一流水平，提升高校综合实力和国际核心竞争力，培育一流人才，产出一流成果。“建设一流本科教学、提高教学质量，是加快推进‘世界一流大学和一流学科建设’的迫切需要，一流的本科教育是一流大学的重要基础和基本特征。”[①]一流大学、学科和专业的遴选是动态开放的，“按照中国特色、世界一流的标准，需要第三方评估，需要专家委员会评估……竞争优选、专家评选、政府比选、动态筛选”[②]。

所谓世界一流大学，是培养引领未来的人（伟大校友），持续产生推动国家和人类社会进步的创新思想（哲学家）、前沿科学（科学家）、未来技术（大国工匠）的大学。世界一流学科是拥有一流学者队伍、一流学生质量、一流科技成果、一流学术声誉、一流社会服务、一流国际影响的学科聚合。世界一流本科教育是能够坚持立德树人，持续培育具备全球担当、家国情怀、创新意识、批判思维、实战能力的杰出校友的博雅教育。

二、聚焦“双一流”本科的教学改革

（一）教学新理念：立德树人，具身认知，批判性思维

1.立德树人

党的十九大报告提出：“落实立德树人根本任务，发展素质教育，推进教育公平，培养德智体美全面发展的社会主义建设者和接班人。”习近平在全国高校思想政治工作会议上指出：“高校立身之本在于立德树人。”“要坚持把立德树人作为中心环节，把思想政治工作贯穿教育教学全过程，实现全程育人、全方位育人。”[③]立德树人是教育的根本任务，是高校的立身之本，是高校工作的中心环节。

---

① 储召生：《一流大学本科教学高峰论坛举行》，《中国教育报》2016年5月7日。

② 《十二届全国人大五次会议举行记者会　陈宝生就“教育改革发展”答记者问》，《中国教育报》2017年3月13日。

③ 习近平：《把思想政治工作贯穿教育教学全过程　开创我国高等教育事业发展新局面》，《人民日报》2016年12月9日。

“立德树人”从任务、目标、价值三个角度高度概括了教育的本质特征，具有丰富的科学内涵。首先，继承、丰富和发展了党的教育理论。给“德智体美劳”全面发展的理论注入了新内涵，是党的教育理论创新的最新成果。其次，是对教育本性的匡正和回归。科学回答了“培养什么样的人，怎样培养人”这个教育的根本问题。再次，回应了实现人才培养目标的迫切需要。为我国当前的教育改革指明了方向，规划了工作重点，即要优先“德育”、重视“德行”、凸显“德才”。最后，是建设教育强国的现实需要。只有培养出高素质的人才，才能补齐建设教育强国的人才短板。

案例 1

立德树人是大学的根本任务。一所好大学，要始终把育人放在首位。1911年，清华在建校之初，就在《清华学堂章程》中申明“以培植全才，增进国力为宗旨”“以进德修业，自强不息为教育之方针”。109 年来，清华的育人初心始终坚定不移。

2014 年 10 月，清华大学在全国高校中率先启动综合改革，努力通过系统性、整体性、协同性、前瞻性的改革创新，解决制约学校发展的一系列深层次矛盾和问题，充分激发办学活力，全面提升育人水平和办学质量，在新的历史起点上实现新跨越。一流大学必须汇聚一流学者，一流学者必须上讲台。清华积极倡导并鼓励长聘教授、长聘副教授多讲课，尤其要讲本科大一、大二的基础课。目前，清华有 80％左右的长聘教授给本科生上课，40％的新生班主任是长聘教授和长聘副教授。2017 年，清华推出“开放交流时间”制度。教师每周安排并公布固定时间接待学生自由咨询，让学生有充足的机会与各个领域的知名学者、学术大师面对面交流，感受有温度的教育。

2.具身认知

具身认知(Embodiment Cognition)理论又称“涉身认知理论”“寓身认知理论”等，是 20 世纪 80 年代以来在认识论、认知科学、神经科学、计算机以及现象学等诸多学科领域探究人类认知、知识所取得的成果。其核心思想是强调认知过程具有具身性，即个体本身在认知过程中发挥着关键作用。如果将人的认知过程看作计算机运算过程，那么身体相当于硬件，思维相当于软件。在功能上虽然软件与硬件可以相互分离，但在实际认知过程中二者相互依存，认知行为不可能脱离人的身体而产生，具身认知理论由此诞生。具身认知理论详细研究了人的身体在各种认知过程中扮演的角色及发挥的作用，总结出人的认知过程具有涉身性、体验性与情境性等特点，即认知结果反刍于认知，促进认知。具身认知理论应用到课堂教学中，指学生只有亲身参与到各种教学活动的过程中，积极利用多重感官接受知识和技能，才能顺利建立认知过程，并实现知识技能的内化和应用。[①]

案例 2

“数学中的具身思维”:通过在地上画出 1～9 的线格,使儿童通过身体和双脚在线格上进行运动,具身地感受和思考这些数字的意义及数字之间的距离概念,同时,也可以让孩子用双脚在时空中的运动进行加减法的身体运算。第二个案例“关于负数的具身教学实践”:通过在楼梯最底层的阶梯上标出负数,然后依次向上,直到楼梯最顶端的 0,并继续向上标出正数,让儿童通过身体在楼梯上的运动感知正数和负数的差别与含义,这即是具身思维在数学教学实践中的运用,让儿童对数字产生具身感知,并用身体去体验这种具身数字感知能力。通过以上的案例,儿童能够运用身体感知到每一个数字在线格和阶梯上的变化。学生不仅具身感知到了数字的连续性,而且将参与的身体运动过程纳入到具体运算的过程中。此外,在文学教学中,也通过具身表演和理解,用身体感知文学中的人物、情节和情感变化等。

3.批判性思维

弗朗西斯·培根对批判性思维有过这样的定义:“批判性思维是一种对探寻的渴望、对疑问的耐心、对沉思的热爱、对判断的谨慎、对思考的乐衷、对部署调整的慎重,以及对任何欺骗行为的厌恶。”[②]批判性思维可以简单理解为反思和独立思考的能力。这种能力关乎如何在观察、交流和思考中获得信息,并且能积极巧妙地分析、评估和运用这些信息,指导自己的行为和理念。它的作用不局限于某一个领域,而是广泛地决定着人们的思想深度、精度和广度。

2002 年,美国全国教育协会(NEA)、美国教育部、美国在线—时代华纳基金会、苹果电脑公司、微软公司等倡导成立了 21 世纪学习技能联盟即 P21(United States-based Partnership for 21st Century Skills),旨在促进美国 K12 教育的核心地位并为 21 世纪作准备。这一联盟确定了 21 世纪学生最重要的四项学习能力:批判性思维(Critical Thinking)、沟通能力(Communication Skills)、团队协作(Collaboration)、创造与创新(Creativity and Innovation)。[③]能批判性思考是一种受益终生的能力,从长远来说,对学生未来学习、求职等都有影响。

---

① 参见黄思源:《具身认知理论对课堂教学的启示》,《教育评论》2019 年第 9 期。

② 转引自贾颖、杜珍妮:《大学英语写作教学中批判思维能力的培养》,《考试与评价》(大学英语教研版)2018 年第 5 期。

③ 参见黄思源:《具身认知理论对课堂教学的启示》,《教育评论》2019 年第 9 期。

案例 3

当今阅读形式在变化，人们通过电子书籍、网上报刊、新闻娱乐获取碎片化的信息，但这其中大部分的文字没有意义。现在的读书人相比前人，更加需要选择的眼界和自我阅读的定力以及批判的眼光。

因此，在不久的将来人们稀缺的是独立思考能力以及鲜有的批判精神。主要体现在以下三点：首先，书籍载体、阅读形式的变化导致了思维的变化，也就是变成“散发”—发散型的思维，已经很难集中在一点；其次，表述片段化，思考无广度、缺深度，这与阅读习惯有关系，每个人在阅读的驱动下成为了“知道分子”，拥有渊博的常识，但思考、辨析能力明显不足；最后，自主记忆力衰退，人们总是将数据储存于各种电子设备中，这的确更容易查找，但人类的记忆也在这种机械化的检索中逐渐弱化。

（二）教学新内容：新工科、新文科、新农科、新医科

当前中国高等教育正在发生深刻变革，要精准把握高等教育发展大势，做到超前识变、积极应变、主动求变，服务经济社会发展需求，实现内涵式发展。要进一步提升教育服务能力和贡献水平，加快发展新工科、新文科、新农科、新医科，在思路、标准、路径、技术方法和评价等方面进行探索和改革，建设高等教育强国。新工科应勇立潮头、赋能未来，做好理论先锋、标准先锋、方法先锋和实践先锋，在高等教育变革中起领跑作用。

1.新工科

为主动应对新一轮科技革命与产业变革，支撑服务创新驱动发展、“中国制造 2025”等一系列国家战略，2017 年 2 月以来，教育部积极推进新工科建设，先后形成了“复旦共识”“天大行动”和“北京指南”，并发布了《关于开展新工科研究与实践的通知》《关于推进新工科研究与实践项目的通知》，全力探索形成领跑全球工程教育的中国模式。中国经验正在改变工科学生的命运，正在改变产业竞争格局，正在重塑国家竞争力在全球的位置。要持续助力高等教育强国建设。新工科建设正在改变高校教与学的行为，正在改变高校人才培养方案，正在改变学校评价体系与资源配置方式。要推动新工科建设再深化、再拓展、再突破，加快培养适应和引领新一轮科技革命和产业变革的卓越工程科技人才，打造世界工程创新中心和人才高地，提升国家硬实力和国际竞争力。

作为一种顺应时代发展的高等教育改革，新工科建设必须按照新工科的特质、规律来进行，培养面向战略新兴产业与引领行业发展的卓越人才。因此，在新工科人才培养方案规划前，必须清楚新工科的特质。总体上，新工科有引领

性、融合性、创新性、实践性、发展性等几个特质。[①] 要想抓住这次产业发展改革的契机，在世界高等工程教育中占有一席之地，就必须立足于“中国制造 2025”“互联网+”等重大战略，建设好“新工科”，以弥补我国新产业、新行业的人才缺口。

案例 4

在新工科建设中，天津大学作了非常多的改革探索。2019 年 4 月，天津大学率先发布新工科建设“天大方案”，融合中国特色新文理教育、多学科交叉的工程教育与个性化的专业教育，构建从工程科学发现到技术发明全链条的工程科技创新人才培养体系。这个体系各部门之间高度关联、贯通融合，设计了多学科联合、多方参与的开放式培养平台，全面培养学生的品格、思维、能力和知识。目前，天津大学正按照全面推进、重点突破的原则，分别建立校级新工科人才培养平台和院级新工科人才培养平台。去年 9 月，首个校级引导性新工科人才培养平台——未来智能机器与系统平台已经启动，目前正在设计“储能科学与工程”和“智慧城市”两个校级平台。

“新工科建设，正在形成‘层层递进、环环相扣、迭代创新’的生动局面。天津大学也正以新工科建设为龙头，系统推进‘三全育人’‘五育并举’人才培养综合改革。”天津大学党委书记李家俊表示，当然这需要政府、高校、教师、学生、社会力量、产业界及若干相关者一起构建新工科教育共同体，在良性互动中共同推进。

2.新文科

实际上，“新文科”这一概念由美国希拉姆学院于 2017 年率先提出，是指对传统文科进行学科重组、文理交叉，即把新技术融入哲学、文学、语言等诸如此类的课程中，为学生提供综合性的跨学科学习机会。“不忘本来，吸收外来，面向未来”，新文科中不仅要有优秀的传统文化，还必须有新时代的创新。新文科要构建高等文科教育新格局、新理念、新定位、新体系、新模式，为推动人类命运共同体构建贡献中国智慧、中国方案、中国力量。要把握新时代哲学社会科学发展的新要求，推动哲学社会科学与新一轮科技革命和产业变革交叉融合，培养新时代哲学社会科学家，形成哲学社会科学的中国学派，创造光耀世界光耀时代的中华文化。“新文科的出现，就是一次新的科学技术与人文话题相融合，用新的科学成绩来研究人文社科领域过去存在的一些话题。尤其是过去放在社会学、精神和思想界来解决的问题，现在可以用科学进行新的解释。”[②]

---

① 参见徐晓飞、丁效华：《面向可持续竞争力的新工科人才培养模式改革探索》，《中国大学教学》2017 年第 6 期。

② 张文晋：《新文科建设背景下编辑出版学专业人才的培养》，《山西财政大学学报》2019 年第 S2 期。

案例5

2009年，教育部联合中组部、财政部启动“基础学科拔尖学生培养试验计划”(简称“珠峰计划”)，选择部分高校的数学、物理、化学、计算机和生物5个学科率先进行试点，力求在创新人才培养方面有所突破。武汉大学入选首批高校，并于次年成立了弘毅学堂，实行动态的学习管理机制，采取小班个性化培养。与此同时，武大在5个实验班的基础上，自掏腰包创造性地增设了两个文科班，即弘毅学堂国际数理经济与数理金融班、弘毅学堂国学班。

3.新医科

新医科是指高等学校在专业设置中将设立新的医科专业或改造原有的医科专业，体现了高等教育主动适应人才需求从工业文明社会向信息文明社会的转变。专业学科作为人才培养和科技发展的载体，必须顺应时代发展并进行创新改革，才能满足社会对人才的需求。目前，互联网、智能化、脑认知、芯片、精准医疗、大数据等新概念层出不穷，创新业态催生大学教育转型，传统的医科已不足以应对时代变革，信息时代必须重构一些核心知识，原来的老知识要升级换代。新医科是科学、人文、工程的交叉融合，是培养复合型人才，新医科培养的人才要适应和服务于信息时代的医学研究和医疗实践。推动医学教育改革，培养引领医学发展的卓越医学人才，才能紧跟科技创新的步伐。① “新医科”顺应了科技进步、产业变革以及中国高等教育的战略改革，从“生物医学科学为主要支撑的医学教育模式”向“医文、医工、医理、交叉学科支撑的医学教育新模式”转变，打造中国特色的“新医科”教育新体系，更符合健康中国战略建设需求。

案例6

经过70年的历程，我国的医学教育取得了长足发展。中华人民共和国成立时，医学院校数量只有22所，每年招生人数3800人。到2019年9月，医学院校有192所，临床医学院本科生大概有8.5万人。目前，我们已经建立了5年制、5+3一体化和8年制的本科医学教育体系，此外还有3+2专科模式的医学教育作为补充。70年来，中国临床医学教育发展可以归纳成4个大里程碑式的标志：5+3模式的构建，5年本科医学教育加毕业之后3年的住院医师规范化培训；关于农村医学人才培养模式的探索，即3+2模式的建立；临床医学专业认证制度的建立和标准颁布；全方位培养卓越卫生人才。

4.新农科

新农科是高等农林教育的一次创新，是涵盖职业教育、本科教育和研究生

---

① 参见顾丹丹、钮晓音等：《“新医科”内涵建设及实施路径的思考》，《中国高等医学教育》2018年第8期。

教育的全方位人才供给侧改革，新农科建设就是要为农业科技进步、经济社会发展、农业产业体系变革提供新型人才。为达到这一目标，新农科教育需要加强人才培养。新农科建设是一场高等农林教育改革，需要从人才培养的全链条和各个环节加以考虑。注重新专业和新学科、传统专业和传统学科之间的自然延伸，以及跨学科跨专业之间的融合交叉，将生物技术、大数据分析、人工智能等新技术和营养健康、食品安全、农业农村治理等方面的知识纳入新农科的知识体系范畴中，使其涵盖的范围更加宽泛，与现实“三农”问题的匹配更强。随着知识体系、专业学科体系的变化，农林人才培养目标也应随之进行调整，必须更加强调人才的专业能力与综合能力有机结合，走出长期以来“高级专门人才”的本科人才培养目标定式，注重通专结合、文理交叉、能力导向、分类培养，为国家重大需求和经济社会发展提供更加多元的智力储备。

案例 7

2019 年 6 月，在“绿水青山就是金山银山”发源地安吉，教育部发布了新农科建设宣言，“安吉共识”提出了中国新农科建设四大发展任务，即“打赢脱贫攻坚战、实施乡村振兴战略、推进生态文明建设和打造美丽幸福中国”；9 月，习近平总书记给涉农高校书记校长和专家代表回信后，教育部在北大荒提出“新型人才培养、专业优化攻坚、课程改革创新、实践基地建设、优质师资培育、协同育人强化、质量标准提升、开放合作深化”等新农科建设八大落实措施；12 月，教育部在北京发布新农科建设“北京指南”，推动实施新农科研究与实践项目，实施新农科建设大田耕作新项目，实现新农科和新工科比翼齐飞。

（三）教学新技术：互联网+、人工智能、翻转课堂、慕课

中国是互联网大国，正是前期积累的教育教学资源，为新冠疫情期间大规模在线教学奠定了重要基础。新一代信息技术与教学改革深度融合，是教学双方在智慧课堂环境下，主动融合和创新应用优质在线课程、教学资源、智能辅助教学系统和学习过程大数据，为自主高效学习和个性化教学赋能加力的过程。在线教学是疫情期间“停课不停学”的权宜之计，但是它本质上也是变革趋势，无论有没有疫情，互联网都必将成为教育的一个支撑空间，因为人类发展的趋势正在从两空间走向三空间。

1.互联网+

“互联网+”是知识社会创新推动下互联网形态演进及其催生的经济社会发展新形态。[①]“互联网+”行动计划作为国家战略，以互联网为平台，将云计算、大数据、物联网等信息技术与传统行业融合发展，既提升了行业创新力和生

① 参见胡乐乐：《论“互联网+”给我国教育带来的机遇与挑战》，《现代教育技术》2015 年第 12 期。

产力，又催生了诸多新兴产业。跟其他传统行业一样，教育同样也受到了“互联网+”的影响，“互联网+教育”是互联网信息技术与教育领域深度融合而形成的一种新型教育形态，两者之间互为补充、互为延伸。在尊重传统教育本质的前提下，“互联网+”凭借高效、快捷、交互、开放、共享等特有属性，突破传统教育时空限制[①]，对传统教育进行底层重构，构建开放、创新、优质、灵活的个性化教育模式，是我国多年来教育信息化建设的必然结果，更是教育信息化进一步发展的内在要求。[②]

案例 8

2018 年 12 月，新疆生产建设兵团教育局、新疆生产建设兵团第十二师（以下简称“十二师”）和山东省教育厅联合签署了《山东省对口支援兵团第十二师教育援疆合作协议》。协议签署以来，十二师教育局着力开展以信息化网络教学为重点的教育援疆合作，推动十二师各学校与青岛市结对学校开展网上远程同步课堂、互动教研、听课评课、教师培训等教育教学结对帮扶活动，以期高效推进鲁疆两地的教育合作，引领带动各学校努力提升广大教师的教学专业水平和教学研究能力，快速提高各学校的教育教学质量。“互联网+同步课堂”是从传统课堂延伸出来的网络教学环境，是现代教育的新模式，学校开通远程网络同步课堂与网络互通录播平台，具有远程同步教学的功能，其教学环境既要以传统课堂环境为基础，又要借助直播、录音、同屏、分发等技术支持。“互联网+同步课堂”这种新型教学模式，让优秀的教师在主课堂授课，其他教师在分课堂辅助教学，打破了地域局限性，实现了优质教育资源共建共享，扩大了优质教育资源受益面。在此基础上深入实践“同课异构+互动教研”的“互联网+”教师发展模式，高效地实现优质教育资源的共建共享，让十二师各学校师生在学校就能享受山东的优质教育资源，推动教育精准帮扶。

2.人工智能

人工智能（Artificial Intelligence），英文缩写为 AI。它是研究、开发用于模拟、延伸和扩展人的智能的理论、方法、技术及应用系统的一门新的技术科学。人工智能是计算机科学的一个分支，它企图了解智能的实质，并生产出一种新的能以与人类智能相似的方式作出反应的智能机器，该领域的研究包括机器人、语言识别、图像识别、自然语言处理和专家系统等。人工智能从诞生以来，理论和技术日益成熟，应用领域也不断扩大，可以设想，人类智慧在未来将更多体现于人工智能产品之中。

---

① 参见任友群：《教育发展目标离不开“互联网+教育”》，《光明日报》2017 年 2 月 7 日。

② 参见张彦通、张妍：《“互联网+教育”的本质与内涵》，《国家教育行政学院学报》2018 年第 1 期。

未来是人与人工智能协作的时代，人工智能教师将协助人类教师提供更精准、个性化的教育服务。首先，人工智能教师能够采集学生整个学习过程的数据，根据学生特征，自动命题、自动批阅、诊断学习障碍并及时评估学生问题解决能力，协助教师开展个性化教学和辅导，促进学生知识水平和关键能力的提升。其次，人工智能教师可以通过多感知终端，采集学生的多模态数据，对学生的心理素质、体质健康、问题解决能力、职业倾向等进行实时监测和评估，辅助教师引导学生积极健康成长，根据特长和兴趣进行学业和生涯规划。人机协同可以增强教师处理更高层次问题的能力，显著提高教育体系的生产力。

案例 9

按照国家规划，人工智能在现代教育中的应用正在迅速推开，主要表现在以下三个方面：

一是智能校园建设。推动人工智能在教学、管理、资源建设等全流程应用，这在深圳罗湖已经有了丰富的应用和实践。

二是开放基于大数据的智能在线学习教育平台。美国有两家比较著名的大规模在线教育，一个由哈佛大学和 MIT 联合制作，另一个由美国斯坦福大学主导。它们的网上课程，浏览人数很多，但课程时间不长。如斯坦福大学的慕课在线教学，以前都是凭借电脑终端，而现在主要开发手机平台。一门课程被分成若干个模块，每个模块 1 分钟到 1 分半钟，学习者可以利用零碎时间来观看学习。所有模块看完后就学习了一门课，并获得相应学分。学分积累到一定程度后，就可以取得文凭。这改变了高等教育的形态，将会对高等教育产生影响。

随着信息技术快速发展，教育国际化进程会进一步向纵深发展。美国斯坦福大学人工智能语音识别实验室团队研发出一个人工智能翻译器，可以供 36 位使用不同语言的人同时进行语言互换。世界上最常用的有 30 多种语言，如果人工智能翻译器能够达到 99％的翻译准确率，将对教育国际化进程产生革命性突破。在这样的趋势下，未来全世界的大学将会分成两种：一种是主导性大学，另一种是辅导性学校。主导型大学将只有 300 多所，集中最优质的资源、最优秀的教师和最优良的服务，教学内容覆盖所有学科，影响所有国家。而其他大学就成为主导性大学的辅导学校。这种全球影响力和国际化程度将会超过我们的想象。

3.翻转课堂

翻转课堂（The Flipped Classroom）又称“反转课堂”或者“颠倒课堂”，源于美国科罗拉多州落基山的林地公园高中（Woodland Park High School）。该校的两位化学教师利用录屏软件录制幻灯片演示文稿及教师讲课音频，放到网站上以供缺课的学生使用，由此揭开了翻转课堂的序幕。后经可汗学院(Khan Academy)创始人孟加拉裔美国人萨尔曼·可汗(Salman Khan)推广逐渐为世人所熟知。翻转课堂实质是通过对知识传授和知识内化的颠倒安排，改变了传统教学中的师生角色，并对课堂时间的使用进行了重新规划，实现了对传统教学模式的革新。在翻转课堂中，信息技术和活动学习为学习者构建个性化学习和协作学习的环境，有助于形成新型的学习文化。[①]

案例 10

2011 年秋天，美国明尼苏达州斯蒂尔沃特市石桥小学开始了数学翻转课堂试点计划。五六年级的学生们回家看教师的教学影片，回到课堂上可以在教师和同伴帮助下完成作业。因此，他们不再有和父母一起做作业时因不会做题而出现的挣扎和挫折感。学生可以按自己学习进度在家里观看 10～15 分钟讲课视频；之后会接受三到五个问题的测验，看他们是否理解教学内容，测验结果会即时反馈给他们。教师在学校使用 Moodle 跟踪学生在家学习的过程，清楚谁看了影片并完成测验，这样更容易锁定那些学习有困难的学生。学校的教师和管理人员决定实施翻转课堂尝试，因为他们相信不同水平学生都有个性化学习的需求，而翻转课堂能帮助他们有更好的学习体验。

案例 11

巴尔巴的翻转课堂案例，几乎完全避免了视频的使用。在她的硕士生课程“Python 中的实用数据算法”上，大部分学生之前都没有编程基础。然而，他们可以直接使用 Jupyter Notebooks 来完成编程作业。Jupyter Notebooks 是一款开源网页工具，使用者可以通过它制作并分享活代码、可视化数据以及学习笔记。学生们在 Jupyter 平台上先自己执行操作指南、试用 Python，而不是看视频。然后他们带着问题来到课堂，齐心协力解决疑难。“他们都是有备而来的，来讨论问题，并在课堂上有所收获，”巴尔巴说，“我们正把直接教学转移到学生独立学习中，把主动学习转移到集体学习中，而这种主动学习更困难一些。”

在巴尔巴的课堂上，要求学生在 Jupyter 上合作完成例题，解决编程问题。教授也会把自己的编程界面投影到教室前面，并且一行行解答，这样学生就能跟上进度。“如果我犯错了，那么他们也会犯错，所以这个过程有些风险，”巴尔巴说，“但事实上我们的很多学习是通过错误进行的。”如果学生在独立学习期间感觉 Jupyter 上的任务很难，巴尔巴也无能为力。这也是她通过 OpenedX 免费授课的原因之一。在那里，参加了在线或私教课程的学生可以进入相关讨论

① 参见刘铭、马小强等:《基于翻转课堂理念的云教室教学应用模型构建》,《现代远距离教育》2016 年第 6 期。

组提问，或学习他人如何完成任务。

4.慕课

大型开放式网络课程即MOOC(Massive Open Online Courses)，是新近涌现出来的一种在线课程开发模式，它发端于过去的那种发布资源、学习管理系统以及将学习管理系统与更多的开放网络资源综合起来的旧课程开发模式。通俗地说，慕课是大规模的网络开放课程，它是为了增强知识传播而由具有分享和协作精神的个人组织发布的、散布于互联网上的开放课程。

案例12

北京大学结合网络共享和其他信息技术开展“翻转课堂”与“混合式学习”的教学改革试验，推进信息化技术革命背景下的教学方法改革。清华大学充分利用大规模开放在线课程(MOOCs)等现代教育技术的新成果，突破课内课外“两个课堂”传统概念，构建“四类课堂”以及网络和成长社区协同的创新人才培养模式。北京师范大学推广在线教学与面授教学的混合式教学，推动课堂课程教学方式的变革，成立学校课程中心，建设一批优质的数字课程资源，建立国内外一流大学在线课程的学分认定机制，鼓励学生选学国内外优质在线课程。

(四)教学新方法：合作互动、尝试教学、活动教学、研究性学习

建设创新型国家是我国发展战略的核心，是提高综合国力的关键。要实现这一战略目标，最重要的是培养大量创新人才，既要造就世界一流的科学家和科技领军人才，又要培养一线的创新人才，这是当代中国高等教育最重要的历史使命。我国传统的教学方法，总体上不利于创新人才的培养，因此改革教学方法成为当前和今后一段时期高等教育的重要任务，成为建设创新型国家的基础工程。教学方法的改革是教学改革的重点，因为它直接关系到能否培养出大量创新人才和能否实现建设创新型国家的战略目标。[①] 教学方法的改革又是教学改革的难点，因为它需要克服在教师和学生中长期以来形成的不利于创新人才培养的教学习惯，需要在教育思想、教学模式等方面实现创新，还需要克服很多学校生师比过高所带来的客观困难。

1.合作互动

合作互动教学模式，即教师“教”和学生“学”两个过程互相作用的整体性动态过程。它是通过将教师的主导施教与学生的主体认识相结合，调节师生关系，形成学习个体与教学的互动，形成师生互动、生生互动，以激发教学双方的主动性、积极性，达到提高课堂教学效果的教学方法。合作互动教学方法主要

---

① 参见张德江：《改革教学方法　培养创新人才》，《中国大学教学》2009年第5期。

有主题探讨法、案例分析法、问题归纳法、情景创设法、思辨法、多媒体教学法。[①]合作互动教学模式与传统的“一言堂”教学模式相比,可以真正实现教学“互动”。“合作互动”教学既不是课堂简单设问、提问、答辩,也不是课堂教学之余留下十分钟等待学员提问题、教员释疑解难,而是从根本上确立改革开放、教学相长、激活思路、讲究艺术、提高效果的教学新观念。它是一种民主、自由、平等、开放的教学模式,与传统教学模式相比,最大差异在于“动”。与“互动式”教学相比,“合作互动”教学模式最大特点是突出了“合作”。[②]

案例 13

重庆大学构建研究型本科教学模式,依托科研资源优势,实施“本科生科研助手”计划,强化学生科研实践,实现科研活动与学生实践创新能力有效对接;培养学生科研兴趣,增加学生参与教师课题研究的机会,引导学生介入科学研究,实现教师科研活动与学生科研训练计划有效对接;鼓励教师将新的研究成果与学术前沿引入课堂,不断更新教学内容,开展体验式、探究式、开放式教学,激发学生学习热情。武汉大学改革传统“大课堂”灌输式教学模式,鼓励学生自主学习,实施小班互动式教学,建立弘毅学堂+学研小组的教学组织形式;建立教学与科研互动协调机制,鼓励科研反哺教学,教学中注重科研,培养学生科研素养与科学思维。中央财经大学支持教师探索运用新的教学方法,提倡根据课程特点采用不同的方法开展教学,鼓励采用小班教学和大班教学小组讨论的教学方式。注重学思结合,倡导启发式、探究式、讨论式、参与式教学,强化课业和过程训练,促使学生主动发现问题、提出问题和解决问题。

2.尝试教学

所谓尝试教学是将学习过程变为尝试成功、建构自我认知结构并能够将知识应用到实践中的一种特殊的教学活动,它既是尝试活动,又是教学活动。该教学法以“先让学生试一试”为基本指导思想,“先试后导,先练后讲”为基本特征,在教师的指导下,依靠学生自己努力去解决问题,先尝试,再由老师讲解、总结,以达到更好的学习效果。[③] 其基本观点是:学生能尝试,尝试能成功。其本质是学习的自主和探究,而这正是当今社会对教育培养人才的要求。尝试教学模式基本操作进程:提出命题—自学课本—尝试练习—学生讨论—教师讲解。以上五个基本环节加上前面的准备阶段(准备练习)和后面的延伸阶段(第二次尝试练习)形成一个完整的系统。同时,在“先试后导,先练后讲”基本思想的指

① 参见周立新:《合作互动教学模式在“基础课”教学中的应用》,《当代教育论坛》2009 年第 3 期。

② 参见黄荣贵、马开权:《“合作互动”教学模式的探讨》,《高等教育研究学报》2013 年第 4 期。

③ 参见邱学华:《尝试教学论》,教育科学出版社 2005 年版,第 7 页。

导下，又衍生出多种变式，即调换式、结合式、增添式、超前式（课外预习补充式等）。尝试教学模式既是自学模式与授课模式的组合，也是兴趣模式与探索模式的组合。兴趣模式重视“尝试”，探索模式则强调“从问题出发，以问题为中心，从案例中学习”。因此，尝试教学法是利用尝试教学模式把“学生学会学习”与“教师学会教学”统一起来的教学法。

案例 14

南国商学院中文学院唐晓敏教授曾教过一个学期《大学语文》课，在课堂教学做了一些尝试，主要是突出大学语文的审美性质。首先是重视文学课文的朗读，以及训练学生的朗读。唐教授备课时在这方面花了很长时间，首先是利用网络，把所要讲的诗文听了多遍。有一些诗歌，还反复听了网络上的吟诵。如《诗经·关雎》备课时，反复听了陈少松的吟诵，也听了徐健顺的吟诵。讲《关雎》时，朗读这首诗歌，并学着吟诵了一遍，学生对此非常感兴趣。《大学语文》课结课考试时，有一道试题是要求学生写学习这门课程的感受体会。唐教授阅卷时发现，一些学生写得很好，他抄录了学生的一些话，有的就是对朗读教学的认可。如有学生这样说：“记得当他吟唱《关雎》时，同学们都惊呆了，课室里回绕着他的声音，当他唱完大家停顿了两秒才拍手，耳畔仿佛还余音袅袅。”“郎朗的读书声伴随着我《大学语文》的学习。”“经过一学期对《大学语文》的学习，我发现语文并不是死板的文字，而是一个赋有生命的精灵。就拿《关雎》来说，这看似生硬的文字在老师的吟诵中像赋予了生命一般，生机勃勃，朗朗上口，悦耳动听。我明白了，语文的魅力是无穷的。”“上了《大学语文》课之后，我才知道诗歌是一种可以被吟唱的艺术作品。忘不了语文老师当众给我们演唱《关雎》，它的音调，它的旋律，它的风味完全不失于当代歌曲……它拥有现代音乐无法比拟的优越性，那是一种让人可以顷刻陶醉的美。”“《大学语文》丰富了我的精神世界，开阔了我的视野，让我体会到了文学的奇妙与精彩。《大学语文》让我收获了不一样的感观世界，让我读懂了真正的文字之美，它让我产生了对文学的向往之情，并引导着我不断追寻着文学的梦想。”

3.活动教学

活动教学法，也称“活动型教学法”，是一种新型的教学方法，一般是指教师根据教学要求和学生获取知识的过程，为学生提供适当的教学情境，根据学生身心发展的程度和特点，让学生凭自己的能力参与阅读、讨论、游戏、学具操作等去学习知识的课堂教学方法或过程。这种教学方法的特点是学生参与活动，通过听觉、视觉、空间知觉、触觉等在大脑指挥下协同活动而获取知识。以活动教学法为主、教学效果显著的课堂模式称为“活动教学模式”，也简称为“活动教学”或“交际教学”。

活动教学，主要指以在教学过程中建构具有教育性、创造性、实践性、操作性的学生主体活动为主要形式，以鼓励学生主动参与、主动探索、主动思考、主动实践为基本特征，以实现学生多方面能力综合发展为核心，以促进学生整体素质全面提高为目的的一种新型教学观和教学形式。[①] 活动教学意义上的“活动”内涵既不同于人类一般意义上的具有改造和创造目的的活动——劳动，也迥异于传统教学意义上那种学生消极、被动参与的学习活动。活动教学意义上的活动强调的是学生主体主动的、有思维的、积极参与的、观念与行动相统一的、充满改造和创造精神的、整体的、多样的活动。在表现形式上，虽然这种活动既包括了内在的观念和心理活动，也包括外在的实践操作活动，但相对于传统教学中习惯于静听静观的传授式教学活动来讲，它更凸显和张扬其在操作实践活动、探究活动、交往活动等活动中的主体性地位。[②]

案例 15

加里·T.格林教授使用过“扔纸团”的办法：学生在纸上列出三个知识点，然后把纸张揉成小团扔给其他同学，接到纸团的学生打开之后补充三个知识点，如此，拿到九条知识点纸团的学生就能借以总结当堂课的主要内容。格林教授还带过纸袋到教室，首先根据学习内容提出有深度的问题的学生可以获得纸袋内的物品，包括金枪鱼三明治、口香糖和蜘蛛侠玩具。“这一下就激发了学生的活力。”他说道，有时候，很小的技巧也非常实用。为了快速收拢学生进行课堂学习活动后的注意力，一些教师配备了计时器和麦克风。在大课上给学生几分钟时间重温笔记、做些填空练习，能够缓解学生紧绷的神经，避免陷入海量的课堂知识中以致跟不上教师的讲解步伐。

4.研究性学习

研究性学习作为一种创新性、综合性的教学方式，应广泛应用于大学等各类专业学科教学中，带动教学模式创新，培养具有复合素质的人才。霍益萍等从广义和狭义两种角度对研究性学习进行探讨。从广义上理解，它泛指学生探究问题的学习，是一种学习方式，一种教育理念或策略。从狭义上理解，它是一种专题研究活动，是学生在教师指导下，从周围选择并确定研究专题，以类似科学研究的方式主动获取并应用知识来解决问题的学习活动。[③] 研究性学习的特质是以学生发展为本，让学生通过亲身实践获取直接经验。作为一类综合实践活动课程，研究性学习在教学组织上也必然地具有综合实践活动课的教学特

---

① 参见田慧生：《关于活动教学几个理论问题的认识》，《教育研究》1998 年第 4 期。

② 参见杨莉娟：《活动教学：理念、有效性与基本模式》，《湖南师范大学教育科学学报》2007 年第 3 期。

③ 参见霍益萍、张人红：《研究性学习的特点和课程定位》，《课程·教材·教法》2000 年第 11 期。

征，即“多样性”“参与性”与“自主性”。

案例16

19世纪初德国大学改革的主要内容有关大学教育，也可以说有关大学本科教育（因为那时的大学教育还仅有本科一个层次）。针对17、18世纪欧洲大学普遍存在的教育内容陈旧、教育方法呆板现象，即“旧有的知识并没有增加，而只是被一再重复，变得越来越泛，越来越滥”，德国大学教育改革将研究引入教学，通过研究进行教学，广泛采用研讨（Seminar）的教学方式，又称研讨会、讨论会。其具体过程是：教师提出问题，学生研究总结，然后组织讨论，师生一起交流观点体会。学生在自己的探索过程中得到发展，这成为当时德国大学重要的教学方法，该方法很快就被其他国家借鉴，并成为一种主要的教学方法广为使用。通过这种方式，学生可以练习怎样使用文字或口头方式来有效表达自己的学习成果，“让学生参加教授的研究活动”，“习得教授的思想、教养”。这样的改革为德国大学教育带来了生机与变化，大学不仅提升了水平，而且为德国科学、经济社会的发展培养了大批创新人才，同时也吸引了来自欧洲、美国为数众多的留学生。

（五）教学新评价：过程性评价、反思性能力、创新性思维

2018年9月，习近平总书记在全国教育大会上强调：“要深化教育体制改革，健全立德树人落实机制，扭转不科学的教育评价导向，坚决克服唯分数、唯升学、唯文凭、唯论文、唯帽子的顽瘴痼疾，从根本上解决教育评价指挥棒问题。”[①]在新的历史时期，重建一流本科教育，推进“双一流”建设，深化教育供给侧结构改革，如果不从教育评价着手，不从根本上解决教育评价指挥棒问题，任何教育改革都将举步维艰，难以取得实质性成效。

教学评价运用具有科学性、可行性的评价方法，按照一定的教学目标，对教学成果以及教学过程进行判断，从而提高教学质量，改进教学形式。完成高校教育任务的主力军是高校教师，教师在教学工作中的积极性以及教师的专业素质，对于教学质量而言十分重要，与现代化建设人才的培养直接相关。因此，为现代化建设培养更多优秀人才，必须建立新的大学课堂教学评价体系，对教师的工作质量进行科学的、准确的判断，同时为学校以及教育部门对教师队伍的建设提供更多可靠的资料和信息，提供更加准确可靠的决策依据。[②] 教学评价方式一定程度上对教师教学和学生学习发挥着指挥棒的作用，教学评价方式得

① 习近平：《坚持中国特色社会主义教育发展道路 培养德智体美劳全面发展的社会主义建设者和接班人》，《人民日报》2018年9月11日。

② 参见许吉：《高校课堂教学评价新模式及其特点的思考》，《黑龙江教育学院学报》2018年第11期。

当,则可以正确引导学生的个性发展;教学评价方式不当,则阻碍学生的个性发展。

1.过程性评价

过程性评价(Process Evaluation)是教学改革的重点,关注学生求知、探索和努力的学习过程。传统的评价方式过分重视静态的、可量化和浅层次的学习成果,评价内容片面、评价方式单一,不利于学习者的全面发展。过程性评价重视动态的、难以量化和高层次的学习过程和学习效果,通过在学习进程中对学习者进行实时评价,将评价过程与学习过程融合在一起,为学习者提供及时的反馈、引导、激励和调节等方面的学习支持。从课堂实施意义上看,过程性评价属于学生的学习动机、过程和效果三位一体的评价,具有全面性、灵活性、深入性和可持续性。过程性评价也是在教学活动中对学生学习的各方面信息加以即时、动态的解释,对学生个体进行直观判断,最终生成相应的教学价值以及辅助进一步教学决策的活动。① 一般的教学评价致力于剖析教学中易于显现的内在价值(如目的在于将教学结果与评价标准作比较的总结性评价),而往往未曾触及教学过程中更深层次的潜在价值,过程性评价则很好地克服了这一短板,潜在教学价值凸显时还能引领教学价值的形成。②

过程性评价关注学习过程,通过学生自评、互评和教师评价等方法,可以使学生不断反思,逐步掌握正确的学习方式,树立正确的学习观念,制定适合自己的学习策略,从而真正提高学习质量与效果。相对于其他评价方式,这种方式的内容更加全面,包括对学习目标、学习态度和学习能力的评价,而不是单纯对成绩进行评价,更加关注学生的全面发展和进步。同时它的评价形式多样,覆盖面广,学生能及时得到评价结果,成就感强。学生也能在榜样身上学到有效的学习习惯、学习态度和学习方法等,从而促进自我学习。

案例 17

华东理工大学依据 ABET 认证成果,建立以学生能力达成为导向(Outcome-Based)的教学质量评价体系;转变教育理念,将教育教学改革的关注点从“教师如何教,教了什么”聚焦到“学生如何学,学到了什么”。西南交通大学加强对学生学习的指导,分析研究学生学习特点,开展学习策略、认知方法、时间控制、海量信息处理等方面的指导,提升学生学习能力、学习效率、时间管理能力以及网络与信息化素养,促进学生的高效学习与发展,并提升其终身学习能力;对学生学习成长过程全面监测、分析、评估、预测与干预,完善学业与课

---

① 参见张曙光:《过程性评价的哲学诠释》,《齐鲁学刊》2012 年第 4 期。

② 参见潘尖、先凤尧:《形成性评价与过程性评价的区别》,《新课程研究》(上旬刊)2018 年第 8 期。

程预警机制，加强对学习困难学生的支持与指导。

2.反思性能力

反思性学习指学习者通过对自己学习过程的回顾和思考，调整学习策略，培养学习能力，提高学习效率。反思性学习过程是学生自我觉察、自我提高的过程。反思不是对过去的简单回顾和回忆，而是在回顾过程中试图找到问题和答案，最终达到自我提升。但是在教学实践活动中，指导学生在学习过程中进行反思，培养他们的反思性学习能力并没有得到足够关注和重视。

肖恩(D. A. Schon)认为，反思即指个体在复杂的、变化的问题情境中建构或重新建构反认识的情境，以深入探究所获得的经验，并对经验进行有效解释。在反思过程中，个体既应关注周围事物，更应关注自我内心世界，这样才有可能理性地重构与其已有经验不相符的或未曾预料的问题情境。① 在教学反思中，能够对自己的隐性知识进行认识与反思，才能够深刻分析、评价、检验与发展自己的隐性知识，以提升隐性知识的实践价值。

3.创造性思维

面对21世纪科技迅猛发展的激烈挑战和我国持续快速发展的战略机遇，高等教育必须大力实施素质教育和创新教育，培养大批高素质创新人才。培养具有创新精神和创新思维能力的高层次人才，是21世纪高等教育人才培养的战略目标和战略重点，也是为我国的现代化建设提供强有力的人才和智力支持的重要保障。② 因此，在评价依据上，要减少对考试分数的过分倚重，重视对创造性思维和实践能力的考察。在设计试题、试卷时，要充分认识试题、试卷对学生能力培养的导向作用，试题应该基于课程教学的内容，为学生展现运用知识能力和创新思维提供空间。理论性课程的考试，在考察学生理解知识的基础上，要更侧重于考察学生运用知识的能力；实践性课程的考试，在强调实践操作技能的同时，要更重视对学生运用理论知识创造性解决问题能力的考察。在考试内容上，应该将考核基础知识、创新思维和实践能力合理组合，激发学生的创新意识和创新欲望。在评价时，加大对学生创造性思维和实践能力的考察力度。③

案例18

2005年，钱学森向温家宝总理提出一个问题，后来被称为“钱学森之问”：为

---

① 参见朱江梅、刘丽红：《国内外反思性教学的研究综述与展望》，《齐齐哈尔大学学报》(哲学社会科学版)2013年第4期。

② 参见许绪君、徐一刚等：《论大学生创新思维能力的培养》，《轻工科技》2020年第4期。

③ 参见王晓辉：《一流大学个性化人才培养模式研究》，华中师范大学博士学位论文，2014年。

什么我们的学校总是培养不出杰出人才？虽然他当时只是针对科学研究而言，但这个问题可以推广到很多领域。比“钱学森之问”更为一般、更具准确性的问题是：相对于我们的人口规模，相对于我们的经济总量，相对于我们的教育投入，从我们的教育体制中走出来的具有创造力的人才为什么这么少？中国是世界上人口最多的国家，占全球人口的1/5，是美国人口的4.5倍、日本人口的11倍。中国的经济总量(GDP)占全球总量的1/7，是美国GDP的60%、日本GDP的2.5倍。中国也是世界上在校学生最多的国家。2016年，中国高等教育在学规模有3600多万人，高校在校生2700多万人，高校每年录取本科专科学生700多万人，均为全球第一。相对于这样巨大的人口规模、经济规模和受教育者规模，无论是在科学技术成就、人文艺术贡献还是新产品、新品牌、新商业模式方面，中国的创新确实太少。近年来，我们也有不小进步，论文数量已居世界第二。以自然科学研究为例，据《自然》杂志引用的数据，中国发表的研究论文的数量在2005年占全球总量的13%，到2015年增加到占全球总量的20%，仅次于美国。但是，科学研究的突出成果仍然不多。

案例19

乔布斯的创新来自一种激情，他的信念是“不同思维”。长期以来，IBM的座右铭是其创始人沃森(Thomas Watson)提出的“Think”(思维)，这就是“ThinkPad”名称的来源。1997年，当乔布斯重返苹果时，公司正处于低谷。他为苹果公司精心设计了一个划时代的广告“献给疯狂的人”(To the Crazy Ones)。在展示出包括爱因斯坦、爱迪生、毕加索等杰出人物(“疯狂的人”)之后，广告推出苹果公司向这些人致意的主题，与他们为伍，并针对IBM的“Think”推出苹果公司与这些“疯狂的人”共同的理念，就是“Think Different”，即“不同思维”。正是这个“不同思维”，成就了苹果公司，使它贡献给世界一系列革命性的产品。

三、基于一流本科的人才培养

“工欲善其事，必先利其器。”一流本科的人才培养既是建设一流大学的关键，也是一流学科建设的前提，更是高校社会声誉的重要载体。以通识课程为主导、人文教育为根、身心健康为本，陶冶经典文化，前置人生规划，应用技能特色，创新家校合作机制以及掌握教育科学研究方法是一流本科人才培养的有效路径。

(一)通识课程为主导

由于深受专业化思维的影响，在人们的观念中，通识教育与专业教育常被割裂开来，二者要么毫不相干，要么截然对立，而不是一种相互促进、彼此依赖的共生关系。[①] 新高考改革已经展现出文理兼容的趋势，那么对于大学来讲，学生学科背景多样化必然需要大学改变以往专业课程为主的课程结构体系，重视通识课程的推进，以此来缩小高中教育与大学教育之间的差异。此外，国家对于复合型人才的需求，要求本科教育打破重专业课程、轻通识课程的现状。2017 年 1 月，《国家教育事业发展"十三五"规划》明确指出："探索通识教育与专业教育相结合的人才培养模式，推行模块化通识教育，促进文理融合。"[②]专业课程固然能够提供更系统化、更具针对性的教育，但通识课程具有跨越学科界限的特点，可以以更广阔的视野、更灵活的方式给予学生以专业上的启发。因此，通识课程为主导的本科教育能够为人才培养提供更多的发展空间和更好的发展前景。

（二）人文教育为根

一流的人文教育是一流本科的主色。2015 年联合国教科文组织在《反思教育》中指出："维护和增强个人在其他人和自然面前的尊严、能力和福祉，应是 21 世纪教育的根本宗旨。这种愿望可以称为人文主义。"[③]人文教育是人工智能技术与社会文化相互磨合、逐渐融会成新文化的重要一环，人工智能缺乏人类精神世界，在人工智能背景下人文教育带给人们的不仅是理念学习，更是客观实践。人们不禁发问：是人类在操控人工智能，还是人类被人工智能异化了？教育不得不回答这个问题。教育作为社会活动中的一部分，要遵循时代发展的规律。教育又不同于其他社会活动，因为教育是关于人的活动，人的本质是具有能动性的价值判断。教育所培养的人既要有适应时代发展的能力又要有超越时代的意识。而这所依托的是强大的人文教育，以人文教育为根，才能在时代的浪潮中不忘人之本性。

（三）身心健康为本

大学生心理健康越来越受到重视，相应的课程以及咨询服务在大学里也一一配置。然而心理问题仍然困扰当代大学生，因抑郁症、焦虑症等心理问题而产生的悲剧并不少见。大学生不同于其他社会群体，他们虽然已成年，但未踏入社会。他们来自五湖四海，带着不同的背景与经历，汇集于一地，新环境下必然会存在各种困扰。已有研究表明，大学生对心理健康教育内容有多样的需

---

① 参见周谷平、张丽：《我国大学通识教育的回顾与展望》，《教育研究》2019 年第 3 期。

② 《国务院关于印发〈国家教育事业发展"十三五"规划〉的通知》，2017 年 1 月 19 日，http://www.gov.cn/zhengce/content/2017-01/19/content_5161341.html。

③ 联合国教科文组织：《反思教育：向"全球共同利益"的理念转变？》，教育科学出版社 2017 年版，第 28 页。

求，但满意度较低。[1] 可见，大学生心理健康教育仍然是一流本科教育的重点。此外，大学生充满活力，对校园中的各项活动都精力十足，但与此同时也常常忽略身体承受能力，以至于出现身体疾病，影响健康。因此，一流的本科教育一定是建立在学生的身心健康基础之上。

（四）经典文化陶冶

2015 年，《统筹推进世界一流大学和一流学科建设总体方案》中强调：“加强对中华优秀传统文化和社会主义核心价值观的研究、宣传，认真汲取中华优秀传统文化的思想精华，做到扬弃继承、转化创新，并充分发挥其教化育人作用，推动社会主义先进文化建设。”[2]可见，“双一流”建设极其重视经典文化的陶冶。我国文化源远流长，虽历经磨难，但在时代变迁中仍散发着熠熠光辉。这是一个前所未有的开放与包容的时代，全世界的各种文化相互交织，难免产生碰撞，选择越是自由人们越容易在选择中困惑。在这样的大环境下，正需要一流本科学校、一流本科的教育引导学生树立文化自信，在我国优秀传统文化中汲取养分，在日新月异中传承与创新，培养用中国话语讲述中国故事的人才。

（五）人生规划前置

学生在学校接受本科教育的时间是一定的，但本科教育对学生的影响应突破时空的限制，应致力于引导学生合理地规划人生。虽然生涯规划课程在本科教育被列为必修课，但往往以大课堂的形式开展，且真实课时较少，学生只是泛泛地听取报告，并无多少实质性的内容被吸取。这样的教学模式显然不能满足学生对于人生规划的需求。此外，教育本身就贯穿着对学生人生的指引，教师与学生不仅是知识层面教与学的关系，更是人生道路中前辈与后辈的关系。这就要求教师在日常教学中，不仅传授知识与技能，还要引导学生从反思生活中规划未来。而之所以强调一流本科教育中生涯规划的重要性，是因为逐年递增的就业压力让人们意识到，大学生自我定位模糊以及人生规划不清晰的问题制约了用人单位的选择。可见，生涯规划教育在本科教育中承担着非常重要的角色，前置的人生规划对于学生的可持续发展具有深远影响。

（六）应用技能特色

2018 年，《教育部关于加快建设高水平本科教育　全面提高人才培养能力的意见》指出：“结合区域内高校学科专业特色和优势，加强专业布局顶层设计，因地制宜，分类施策，加强指导，及时调整与发展需求不相适应的专业，培育特

① 参见罗晓路：《大学生心理健康教育的现状与对策》，《教育研究》2018 年第 1 期。

② 《国务院关于印发〈统筹推进世界一流大学和一流学科建设总体方案〉的通知》，2015 年 11 月 5 日，http://www.moe.gov.cn/jyb_xxgk/moe_1777/moe_1778/201511/t20151105_217823.html。

色优势专业集群，打造专业建设新高地，提升服务区域经济社会发展能力。”[①]可见“特色”是一流本科教育的重心之一。我国的高等教育已进入了大众化阶段，即将进入普及化阶段，这意味着大学在量的保证下必然要追求质的突破。然而，多年来，普通高校在寻找定位的路上一直摇摆不定，这是因为以往固化的高等教育等级体制压制了普通高校的发展活力，普通高校始终难以找到自身发展的突破口。但是在“双一流”建设背景下，一流学科的弹性遴选机制以及发展特色学科专业的政策引导，给普通高校转型发展指引了新道路，也为一流本科教育开拓了新培养模式，为打破人才培养的僵化体制、培养特色人才提供了更多可能性。

（七）创新家校合作机制

著名教育家苏霍姆林斯基曾经指出：“最完备的教育是学校与家庭的结合，没有家庭教育的学校教育和没有学校教育的家庭教育，都不可能完成培养人这样一个极其细微的任务。”[②]建立有效的“家校联合”机制，不仅能把学生的家庭教育与学校教育紧密结合，而且对于把学生培养成符合社会要求的人更是一股强大的合力。一流本科的人才培养，更应该有效发挥家校育人的合力，培养家校合作的意识，建立积极主动的双向交流沟通机制，探索家校合作的新模式，以及多元化、多渠道地开展家校合作。[③] 构建“家校联合”机制是一个庞大而又复杂的工程，“万事开头难”，虽然工程开始比较艰巨，但是这个工程对学生更好适应社会、更好为未来生活作准备发挥着重大作用。2007 年，上海大学成立了上海市高校首家“家长学校”，建立“学校家庭教育咨询服务站”、开设“上海大学家长论坛”，周末定期开办，将学生的家长请进校园，与专家、教师共同讨论解决教育中遇到的一些难题，通过“家长学校”向家长介绍有效的教育经验，提高家长参与学生培养的能力，构建家校合作育人体系。[④] 厦门大学举行“校园开放日”活动，邀请家长来校参观。因此，一流本科对人才的培养势必要使学校教育、社会教育以及家庭教育相互辅助，三者相辅相成，缺一不可。

（八）掌握教育科学研究方法

教育科学研究是研究者有目的地运用一定的研究方法，遵循一定的研究程

---

① 《教育部关于加快建设高水平本科教育　全面提高人才培养能力的意见》，2018 年 10 月 8 日，http://www.moe.gov.cn/srcsite/A08/s7056/201810/t20181017_351887.html。

② 转引自陈瑾、夏骄雄：《高校中家校合作教育的策略研究》，《中国青年政治学院学报》2008 年第 5 期。

③ 参见谢元瑞、兰石财：《构建家校合作型的高校育人管理机制》，《柴达木开发研究》2012 年第 1 期。

④ 参见黄河清：《家校合作导论》，华东师范大学出版社 2008 年版，第 9 页。

序，有计划、有系统地搜索、整理和分析有关资料，从而揭示教育规律、发展教育知识体系的科学认识和实践活动。[①] 一流本科学校的人才培养应继续发挥学生学习的主动性和自觉性；注重引导学生明确课程目的及内容，正确认识并灵活应对不同类型的学生，培养学生学习该课程的动机和兴趣，不断改进教学方式方法，加强学生的实际锻炼以便达到知行统一的效果，提高教学质量，尽可能实现学生对课程的期待；营造浓厚的科研学习氛围，促使学生学好课程知识，掌握并运用基本的教育科学研究方法和步骤，学以致用，为自身的专业发展打好基础。《中华人民共和国高等教育法》规定：本科教育应当使学生比较系统地掌握本学科、专业必需的基础理论、基本知识，掌握本专业必要的基本技能、方法和相关知识，具有从事本专业实际工作和研究工作的初步能力。一流本科学校作为培养人才的中坚力量，更应重视未来学生教育科研素质的培养。因此，一流本科学校更应培养具有综合创新能力的科研型人才，教育科学研究素质培养的重要性与作用在整个本科教育阶段中日益凸现出来。

① 参见刘志军：《教育科学研究方法》，高等教育出版社 2016 年版，第 27 页。

第三章　备课、说课、上课

2018年6月21日，教育部在四川成都召开新时代全国高等学校本科教育工作会议。会议强调，要深入学习贯彻习近平新时代中国特色社会主义思想和党的十九大精神，坚持“以本为本”，推进“四个回归”，加快建设高水平本科教育、全面提高人才培养能力，造就堪当民族复兴大任的时代新人。

2018年9月10日，全国教育大会在北京召开，习近平总书记发表重要讲话，强调在党的坚强领导下，全面贯彻党的教育方针，坚持马克思主义指导地位，坚持中国特色社会主义教育发展道路，坚持社会主义办学方向，立足基本国情，遵循教育规律，坚持改革创新，以凝聚人心、完善人格、开发人力、培育人才、造福人民为工作目标，培养德智体美劳全面发展的社会主义建设者和接班人，加快推进教育现代化、建设教育强国、办好人民满意的教育。①

课程是人才培养的核心要素，课程质量直接决定人才培养质量。为贯彻落实习近平总书记关于教育的重要论述和全国教育大会精神，落实新时代全国高等学校本科教育工作会议要求，必须深化教育教学改革，必须把教学改革成果落实到课程建设上。《中共中央、国务院关于全面深化新时代教师队伍建设改革的意见》非常明确地将教师作为“教育发展的第一资源”。“三寸粉笔，三尺讲台系国运；一颗丹心，一生秉烛铸民魂”是习近平总书记对教师的高度评价。作为新入职的青年教师，必须把教学能力提升作为提升自身素质的重中之重。

一、备课

教学是一种有目的、有计划的活动，因此，在教学活动前，有必要进行充分准备。这种对教学活动实施的前期准备，称为“备课”。备课是青年教师必须掌

---

① 参见习近平：《坚持中国特色社会主义教育发展道路　培养德智体美劳全面发展的社会主义建设者和接班人》，《人民日报》2018年9月11日。

握的一项教学技能，是教学设计全部过程的体现。

（一）备好课是上好课的前提

有备无患，打仗如此，上课也是这样。备好课是上好课的前提和基础。传统的备课包括：备学生、备教材、备教法。在专业认证理念的指导下，如今的备课内容要丰富很多。

1. 青年教师备课的视角

青年教师的备课视角不能仅仅立足于课程本身，需要教师从宏观层面、中观层面和微观层面进行备课。

宏观层面的备课。作为任课教师要了解国家教育目的，学校办学方向、办学定位，学校人才培养总目标。

中观层面的备课。教师应熟悉所承担课程所在专业的培养方案，掌握专业教育教学改革的理念、总体思路和人才培养模式，清楚所承担课程在课程体系中的性质、任务和与其他课程先修后续的关系，特别是掌握课程目标对毕业要求的支撑关系。

微观层面的备课。教师要清晰把握所承担课程的教学目标，参与制定课程建设规划，或了解课程建设规划基本内容。要参与课程教学大纲制订并执行教学大纲。在研读教学大纲的基础上，选择优秀教材和教学参考书。明确课程教学目标并加以表述。明晰教学内容对课程目标、毕业要求的支撑关系，注重将学科研究成果和行业产业的最新进展转化为教学内容。教师应清楚本课程常用的教学方法，了解学生主要的学习方式，清楚课程考试考核的方式方法。作为理工科的教师还应了解并掌握专业实践教学体系、实验教学与实验室开放情况，便于实习实训、社会实践、毕业设计（论文）的落实。

总体而言，教师的备课应完成如下任务（见表3-1）。

表3-1　备课的基本内容及等级

	A	B	C
对课程目标的把握（专业毕业要求与专业培养目标）			
对课程教学大纲的把握			
对教材的把握			
对教学方法手段的设计			
对学情及学生学习方法的指导			
对寓德育于教学过程的把握			

续表

	A	B	C
对教学实施的把握			
对课程的教学特点、发展趋势的把握			
对考试考核方式的把握			

2. 备课中几个要素的处理

备课是教师最基本的教研工作，备课能力是一个教师最基本的业务能力。如今的本科教学，早已不再是依赖教师直觉和本能的经验主义教学，而是一个教学相长的动态建构的课程。因此备课中，应完成以下具体的工作任务。

(1)撰写教学大纲

何为教学大纲(Syllabus)？对每一门课程的系统化教学设计的成果，形成了每一门面授课程的教学大纲。

为何要制订教学大纲？教学大纲是大学向社会提供的一个“产品说明书”，作为购买课程、购买教育服务的信息资料；教学大纲是教师和学生之间关于教与学投入和责任的一份“教学合同”，是落实“以学习者为中心”理念的基础和抓手。教学大纲是高等教育质量控制的第一个重要环节。

如何编制教学大纲？对课程目标的分析；对课程内容结构、学习资料的选择和编排；对教学日程的安排；对教学活动的要求/指导/评价标准；对课程学习评价的要求。总之，教学大纲是一份拿在手里的文档资料，提供关于教学资源、教学活动、教学评价、教学日程的静态描述信息。

教学大纲撰写存在什么问题？很多课程的教学大纲主要采用教材的章节结构来介绍课程知识结构，缺少教学活动、教学评价方案和教学日程等要素；缺乏对课程目标的认真分析和与目标相匹配的教学活动、教学评价。“以学生为中心”的教学理念，远远没有落实到行动中。

(2)确定课程目标

课程目标是指课程本身要实现的具体目标和意图，是教学大纲设计的出发点。它规定了学生通过课程学习以后，在知识掌握、智力能力发展和价值塑造等方面期望实现的程度，课程目标是落实新教学理念、新知识观念、组织和加工教学内容，安排教学活动的基础。课程目标是改进和提高大学教学质量的最重要环节。课程目标要符合学校办学定位和人才培养目标，注重知识、能力、素质培养。

确定课程目标，首先要明确课程与教育目的和培养目标、毕业要求的衔接关系，以便确保这些要求在课程中得到体现；其次要以对学生特点、社会需求、行业特点、学科发展等各个方面进行深入研究为基础。课程目标有助于澄清课程编制者的意图，使各门课程不仅注意到学科的逻辑体系，而且还关注教师的教与学生的学以及课程内容与社会需求的关系。

课程目标可以分项描述（见表 3-2）。

表 3-2　课程目标样例

目标 1	针对嵌入式系统设计领域的复杂工程问题，能够通过分析文献寻求解决方案并进行正确表达（支撑毕业要求 2.2）
目标 2	能够通过建模并综合考虑多种因素设计满足特定应用需求的嵌入式系统，规划软硬件系统的功能分配和接口方式（支撑毕业要求 3.4）
目标 3	在完成课程项目过程中，熟练掌握各种嵌入式系统建模、分析与开发工具的原理和使用方法、应用本领域内的理论知识，能够选择与使用恰当的技术、资源和现代工程工具来解决复杂工程问题（支撑毕业要求 5.3）
目标 4	在基于团队的工程项目实施过程中，能够理解团队中每个角色的定位与责任，能够胜任个人承担的角色任务（支撑毕业要求 9.1）
目标 5	在基于团队的工程项目实施过程中，能够与团队其他成员有效沟通，听取并综合团队其他成员的意见与建议，能够胜任负责人的角色，协作推进工程设计的进度，保证每个人工作的质量（支撑毕业要求 9.2）
目标 6	工程设计需要对最后的成果进行总结、归纳和汇报，团队中的成员能够按照分工将计算机专业知识应用到撰写报告和设计文稿中，并能够就相关问题推荐一名成员进行陈述发言、清晰表达或回应答辩老师的提问（支撑毕业要求 10.2）
目标 7	工程设计具有选题、分析、设计、实现、撰写报告和验收答辩等过程，通过这些环节，掌握计算机工程项目设计流程和管理方法（支撑毕业要求 11.2）

案例：《欧洲建筑艺术》的课程目标

（1）知识目标：以欧洲建筑发展的历史进程为线索，辨别不同时期建筑的艺术特征，加强核心知识与前沿理论学习，拓展学生视野和宽广的跨学科知识。

（2）能力目标：剖析欧洲各个时间建筑风格发展的影响因素，评价其对现代建筑发展的影响，培养学生审美与鉴赏能力、沟通学做能力、批判性思维、实践与创新能力、深度学习与自主学习能力。

（3）素质目标：通过课程学习，培养学生追求卓越的精神和刻苦务实的品质；立足学科与行业领域，从而成为具有国际视野、家国情怀、使命担当的社会主义接班人。

(3)确定教学目标

教学目标是指预期的学生学习结果,是学生通过每节课的学习,在知识掌握、能力提升和价值塑造方面应达到的程度。教学目标描述,可以采用ABCD原则。ABCD分别是教学对象(Audience)、学习行为(Behavior)、教学条件(Condition)和程度(Degree)的缩写词。在ABCD模型中,最重要的是找到合适的、准确的绩效动词。英文"Learning by Doing"中的Doing,指的就是学习行为绩效动词,如Read、Write、Paint、Design、Classify、Describe、Identify、Add、Drill等,都属于一种Doing,通过阅读学习(Learning by Reading)、通过设计学习(Learning by Designing)都属于"做中学"。

教学目标设计存在的问题如下:重文字,轻行动;重理论,轻实验;缺少通过行为训练培养学生的规则意识;对技能的误解;课程与时俱进的误区。教学目标上,从内容导向转变为能力导向,强调关键能力。

美国著名的教育家布卢姆把教学目标分为认知、情感和动作技能三个目标领域,并按照由低到高、由简到繁的顺序把每个目标领域再细分为多个层次和水平。[①] 目前,在撰写教学目标时,基本上按照认知技能目标领域进行设计。

加涅在其所著《学习的条件》一书中,将教学目标分为五类:言语信息、智力技能、认知策略、动作技能和态度。[②] 加涅的教学目标分类被认为具有处方性,这是因为他的教学目标分类不只是条目的说明,而且还进一步告诉教师怎样设置情境(学习的外在条件),去达成预定的教学目标。

言语信息(Verbal Information)是指凭借口头或书面言语所表达的知识。包括字与词的基础知识、简单的陈述性知识、有组织的复杂知识。获得言语信息的学习内部条件最重要的是学生的先备知识。

智力技能(Intellectual Skill)是指学生掌握概念、规则并将其运用于新情境中的能力,包括辨别、概念、规则和问题解决四个层次。

认知策略(Cognitive Strategy)是指学习者自主调节和控制其内部的心理活动从而获得知识的一切方法。学生学会了适当的认识策略,就可以自行获取新知识。古人说:"授人以鱼,不如授人以渔。"

动作技能(Motor Skill)指通过人的一般活动而习得的一套熟练的动作系统。

态度(Attitude)是指影响个人对其行动选择的内在心理状态。例如,一个对学习形成积极态度的学生,在放学后能够拒绝与同学一起去玩电子游戏,而执意回家做功课。

---

① 参见李森、陈晓端:《课程与教学论》,北京师范大学出版社2015年版,第81页。

② 参见李森、陈晓端:《课程与教学论》,北京师范大学出版社2015年版,第85页。

在设计一个教学活动时，教师应从以下几方面思考：①要完成的教学目标是什么；②练习哪些技能；③教学任务目标、步骤等；④活动方式的选择，如个人、小组、组内合作/组间竞争；⑤活动需要哪些资源；⑥教学评价的策略等。

教学活动是落实教学目标、引导学生积极参与学习、提高教学质量的重要要素。没有学生积极参与的教学活动，无法改变"老师讲，学生被动听"的局面。在一流大学建设的教学改革中，按照教学目标需要，设计学生积极参与的教学活动，是未来高校教师的重要技能和职责（见图 3-1）。

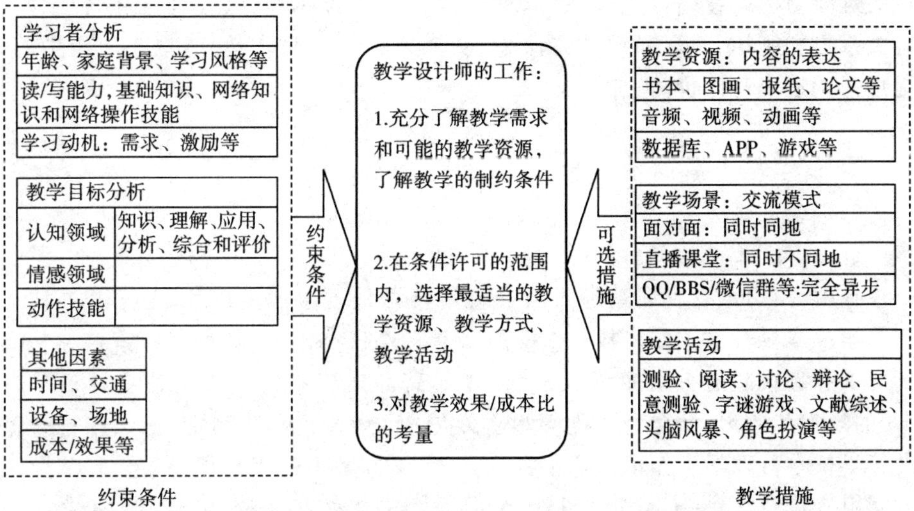

图 3-1 "约束条件—教学措施"教学设计模型

（4）选择课程学习评价方式

对学生学习的评价已由原来的终结性评价改为过程性评价。过程性评价最早由著名评价专家斯克里文（Michael Scriven）提出。过程性评价以反馈、鼓励、指导作为评价要点，相较于终结性评价而言在教学质量监控等方面具有明显的优势。

一门课程的学习评价通常包括两个层面：①针对每项教学活动，设计单独的评价指标或评价量规；②整个课程的评价方案，要求按照教学目标和学习活动的权重，加权计算每项教学活动的成绩，生成一门课程的最终成绩。如《传播理论》课程的学习评价在教学大纲中作了具体说明，即课程将按照以下权重计算最终成绩：25％是小组合作，研究并介绍一种传播学理论；25％是关于评价的论文成绩；10％是导论论文成绩；15％是期中论文成绩；15％是期末论文成绩；10％是课堂参与。课程学习整体评价方案的基础原则是：所有的教学活动都应该分配一定的权重，计算到课程最终成绩中。这一方面体现了对学生时间投入的尊重，另一方面，也是对学生参与学习过程的管理和监督。

如今，高校教学管理已是一个非常专业的领域，除了对教学课时等外在指标的考核以外，需要提出一些更专业化的推进措施。首先，应该按照教学系统化设计流程，对每一门课程进行精细的教学设计，形成每一门课程的教学大纲；其次，在教学实施过程中，以教学活动和教学评价为抓手，检查学生的学习行为和教师的教学行为，落实教学设计的要求。总之，教学大纲、教学活动、教学评价是高等教育教学质量控制的三个核心环节。

如今的高等学校课堂教学在教学目标上，从内容导向转变为能力导向，强调关键能力。教育内容上，学科成为支持关键能力的工具，教育目标与教育内容关系更加密切；教学和评估方法上，从个人教学到协作教学，以学生为中心，更加强调形成性评价。

二、说课

（一）说课概述

1.“说课”活动的提出

缘由一：山东省省属普通本科高校审核评估要求。《教育部关于开展普通高等学校本科教学工作审核评估的通知》（教高〔2013〕10 号）规定，审核评估实行中央和省级政府分级负责。按照《普通高等学校本科教学工作审核评估方案》的规定和要求，结合我省高等教育发展需要，省教育厅制定了《山东省普通高等学校本科教学工作审核评估实施方案》。方案中的审核评估工作环节要求专家组进校考察，专家组分为几个小组，通过查阅相关资料、听课、听说课（1 门课程）、实地考察教学条件等方式进行专业剖析，每个小组剖析 1 至 2 个专业。这是我省高校教师第一次接受“说课”任务。

缘由二：“超星杯”山东省高等学校青年教师教学信息化比赛决赛采用“说课”（说一个教学节段）的形式。

缘由三：为贯彻落实《教育部关于一流本科课程建设的实施意见》（教高〔2019〕8 号），实施一流本科课程“双万计划”，教育部开展 2019 年国家级一流本科课程推荐认定工作。申报通知明确要求每门课程需提交时长 10 分钟内的说课视频，内容包括教学理念、课程设计、课程实施、改革成效等。

2. 说课含义

说课又称“课程分析”，是在教师备课的基础上，向同行和专家叙述教学设计及其依据的一种教学研究活动。在教育教学评估的课程分析中，授课教师将对课程教学大纲的理解，对教材及教学参考资料的运用处理，教学过程中采取的教学方法手段以及对学生学习方法的引导等清楚地叙述和展示出来。

3. 说课的目的

在教育教学评估中，通过有目的地抽取授课教师进行说课活动，可以从被评估学校和被评估专业以下一些方面进行考察：(1)教师的专业基础理论功底和知识结构，教师了解本专业的科学技术发展动态和掌握行业企业最新技术动态的情况，教师汲取新知识、掌握新技术的能力。(2)教师的教学基本功和现代教育技术基本技能。(3)教师对任教专业人才培养目标、质量标准和主讲课程在人才培养中作用的理解。(4)教师参加教学基本建设情况：参与教学计划和教学大纲等教学文件的研究制订、选用，编写教材及其辅助教学资料，参加实验室建设，承担理论课程教学和实验实训等实践教学环节指导工作，参加教育科学研究和教学法研究活动等情况。(5)教师学习运用教育教学基本理论，研究探讨教育的基本规律和掌握教育教学基本特点的情况。(6)教师掌握专业技能和职业专门技术能力状况，从事生产、建设、管理、服务第一线的实际工作的阅历。(7)教师“一专多能”情况，就是教师能够同时承担基础课和专业课教学，理论教学和实践教学，承担多门课程教学能力；深入不同专业专门化技术领域，适应高等教育专业多变性、多样性特点情况；教师掌握理工结合、文理渗透的知识，了解交叉学科、边缘学科情况；教师双语教学的能力。

4. 说课的基本要求

教学是大学的中心工作，大学教学的基本单位是专业。专业建设是大学核心竞争力的重要体现，是服务行业、区域经济的重要支撑，是赢得行业美誉度与地方支持的重要方式。专业建设要素包括课程、教师、教学平台、学生发展与评价诸多方面(见表 3-3)。

表 3-3　专家课程分析评价表

课程名称________　授课教师________

序号	评价项目	A	B	C	D
1	课程定位和性质明确，教学目标清晰				
2	课程内容设计合理、科学、先进，重点、难点突出				
3	正确分析学情，合理进行教学设计				
4	合理运用教学方法与策略，进行有效教学				
5	恰当运用教学评价，积极开展考核方式改革				
6	教学反馈得当，教学效果明显				

续表

序号	评价项目	A	B	C	D
7	特色项目：在课程建设过程中形成的，指标体系未包含，优势特别明显，在校、省、国家获奖、推广或有重大影响的项目				
专家课程分析后总体评价					
对课程分析的具体意见或建议：					

专业认证要紧扣“五个度”，即专业定位与社会需求的适应度；专业培养目标与培养效果的达成度；教师及教学资源的支撑度；质量保障体系运行的有效度；学生和用人单位的满意度。课程是专业建设最基本的要素。作为一个合格的大学教师，必须能从全局高度认识了解自己所讲的这门课，掌握它在整个专业课程体系中的地位、作用，当然更要清楚这个专业的培养目标，清楚自己所讲的这门课的教学目标和每节课的教学目标。

专业是高等学校用以培养不同类型和层次专门人才的一种教育载体。专业处在学科与社会职业需求的交叉点上。专业目标是保证专门人才培养的数量和质量，学科目标是发展学术水平。专业的结果是培养专门人才，学科的结果是发展科研成果。潘懋元先生说：“专业是课程的一种组织形式。”专业的构成要素是培养目标、课程体系和专业人员。

教师应当树立“用教材教，而不是教教材”的观念。首先，“用教材教”。教科书，特别是国家级规划教材，由知名教授编写，具有绝对的权威性；教科书是重要的课程资源，是教学内容的主要呈现载体，用教科书教有利于教师组织教学内容，突出重点、难点。其次，“不是教教材”。教学的根本目的是促成学生的发展，教教材不是教学目的，教材只是达成教学目标的重要媒介。教材只是提供可选择的教学资源，课程运行中的真实教学内容由师生在教材资源基础上共同合作生成，并不仅局限于教教材的内容。

教教材和用教材教，反映了两种不同的教育思想。前者是“书本”思想的体现，后者是“人本”思想的反映。教教材，信奉的是“教材中心论”和“知识本位论”，典型表征是：教材有什么，我们教什么；教材怎么说，我们怎么教；教材有多难，我们教多难……用教材教，却是对“人的本位”的回归，教的内容不囿于教材，而是基于人的发展需要。此外，教教材和用教材教，反映了两种不同的教材观。前者把教材当成“孤本”，是唯一的；后者把教材看作“范本”，是可选择的。不仅如此，前者还把教材当成“死本”，是封闭的、权威的、固化了的东西；后者则把教材看作“活本”，是开放的、和鲜活生活相联系的、可以再开发的一种课程资源。最后，教教材和用教材教，反映了两种不同的教学行为。前者典型的行为特征是：把教材当成“东西”，把学生当成“容器”，教师则是“搬运工”，教学过程就是教师把教材这个“东西”搬进学生的“容器”里的过程，因而，“灌输”是教学的主打方式。后者则不然，是把教材当成教学的资源，把学生看成学习的主人，教学过程是在教师参与下，学生自主学习、合作学习和探究学习的过程，因而，“自主建构”是教学的主旋律。

在进行教学设计时，教师不应做教材的奴隶，而应创造性地运用教材，对教材等课程资源有独到见解，巧妙地选择、重组、加工、整合，使课程更加适合学生成长的需要，促进学生主体最大限度地发展。

需要强调的是，说课中一般应该有下列理论依据：教学大纲是教学的主要依据，学生的实际应成为教师教学的主要考虑对象，教材和学科特点是重要的理论根据之一，教育理论和名家名言可作为强有力的理论根据，教育大政方针也可以作为依据之一。

对于新入职教师要特别重视理论依据的申述，这也就是要说“为什么”的问题。要以一定的教育教学理论观点作为个人理解教材、处理教法、安排程序设计的依据，使自己所说之课站得住脚。理论依据要从教学原则、教学思想、教育心理学、教学论以及教育大政方针等有关观点出发，结合学生实际、认知特点进行分析。

（二）几个需要厘清的概念

在说课过程中，教师们通常会接触到教学理念、教学设计、教学策略、教学模式和教学方法等概念，如“小学教育专业‘教学设计’课混合学习设计研究”的基本内容为：在小学教育专业的“教学设计”课的教学设计中，借助翻转课堂的新理念，采取学生微课教学试教、小学情景剧表演、名师教学视频观摩、教案编写等多元任务驱动下的混合式学习策略，优化教学过程。①

1. 教学观念

教学观念，又称“教学理念”，是一个很宽泛的概念，如学生观、学习观等均属于教学观念的范畴。它是一种纯思维的东西，无法直接操作。如“弟子不必不如师，师不必贤于弟子”“学而不思则罔，思而不学则殆”“师者，所以传道授业解惑也”“育人比传授知识更重要”“课堂教学要从‘知识为中心’向‘学生为中心’转变”“倡导自主、合作、探究的学习方式”等，均可属于教师的教育教学观念。

---

① 参见冯玲玉、甄宗武、谢斌：《小学教育专业“教学设计”课混合学习设计研究》，《电化教育研究》2015 年第 3 期。

学者们大都认同教学观念是一种思想观念体系，但在界定的着眼点上有所分歧。有的侧重于对教学客观规律的认识，认为教学理念就是人们对教学活动内在规律认识的集中体现，是教师从教学实践中形成的对教学的基本观点和根本看法。有的强调“应然追求”，据此认为教学理念是教师对教学活动的理性认识。作为理性认识，教学理念不是教学实践在人们头脑中的直接凝结，而是从先进的教学理论中演绎出来的，它反映着人们对教学活动的理想追求。也有学者持“统一、融合”视角，认为教学理念是一种主客观的融合，是一种思想与行为的融合，是一种事实判断与价值判断的融合。

人们大都把教学观念看作一种态度、信念。教师要通过理论学习与教育教学实践逐步建立正确的教学观念。教育教学改革的不断深入，要求广大教师树立正确的教育教学观念，并不断地更新教育教学观念。

2. 教学设计

教学设计作为联结教学理论与实践的“桥梁”，以促进学生进步与发展为宗旨，以分析学生学习需要，确定教学目标为设计起点，以对教学任务、学生进行周密分析并提出有效教学方案为设计任务，以合理选择教学方法、恰当运用教学媒体、灵活制定教学策略为设计手段，以对教学进行客观科学的评价与反思来进行监控与调节，以达到教师教学素养与有效教学双赢为归宿。科学合理地进行教学设计是有效教学的关键(见表 3-4)。①

教学设计的内容包括：教学目标、教学重点、学习者特征分析、教学策略选择与设计、教学过程及流程图（教学过程中教师活动；学生活动；设计依据及意图）、作业、课程学习资源等。

表 3-4　山东省高校青年教师教学比赛教学设计评分细则

项目	评测要求	分值
教学设计方案	紧密围绕立德树人根本任务	2
	符合教学大纲，内容充实，反映学科前沿	4
	教学目标明确、思路清晰	4
	准确把握课程的重点和难点，针对性强	4
	教学进程组织合理，方法手段运用恰当有效	4
	文字表达准确、简洁，阐述清楚	2
总分		20

① 参见戴风明：《教学设计：有效教学的关键》，《教育理论与实践》2012 年第 5 期。

3. 教学策略与教学模式

教学策略是教学设计(目标设计、教学策略设计和教学环境设计)的有机组成部分,是在特定教学情境中为适应学生学习需要和完成教学目标而诊察做出,并随情境变化而进行调整的教学谋划和采取的教学措施。教学策略包括"以教师为中心"的接受学习策略、直接教学策略,以及"以学生为中心"的发现学习策略、情景教学策略、合作学习策略。

教学模式可以定义为在一定教学思想或教学理论指导下建立起来的较为稳定的教学活动结构框架和活动程序。比如,"基于项目的学习"(PBL)的教学模式,"教、学、做、用、研、创"六位一体创新实践教学模式的探索与实践,"分类·自主·协作·创新"——交通专业综合实践教学模式。

当前,我国经济社会发展需要培养出"数以千万计的专门人才和一大批拔尖创新人才",对传统的教学模式提出了挑战。借助便利的现代信息技术,实施"慕课学习＋翻转课堂"的教学模式和"慕课学习＋专家指导"的教学模式,有利于知识的应用、分析、评价和创造。从传统的"课内教师讲、学生听"为主的教学评价模式,逐步转向同时重视传统课教学模式和"慕课学习＋翻转课堂"的教学模式以及"慕课学习＋专家指导"的教学模式,有助于促进拔尖创新人才的培养。实施"慕课学习＋翻转课堂"需要完善相应的信息技术环境,提供有效的在线学习保障,给予有针对性的个性化指导,尝试弹性教学管理与多样化的评价制度。①

教学策略比较灵活,可以根据实际情况对教学内容、方法、组织形式等进行补充、调整,包括对教学模式进行选择,甚至修订具体教学目标,使之更符合当时的情境,趋向于总体目标的达成。教学模式充其量只反映了教学策略静止的一面,换句话说,教学策略的建构是一个动态的过程。

4. 教学方法

教学方法是指讲授、实验、练习、演示、讨论等具体的方法。如大学课堂常用的项目教学法、案例教学法、小组讨论法、自学辅导法等。有的教师结合专业特点,提出了"教、学、做"为一体的情境教学方法。

教学策略虽然与教学方法联系紧密,但不等同,掌握了大量的教学方法并不一定具有较高的教学策略。另外,教学策略还包括对教学组织形式、教学内容的安排以及教学程序的设计等,在具体的教学方法及其组合上也存在着策略问题。

---

① 参见田爱丽:《转变教学模式　促进拔尖创新人才培养——基于"慕课学习＋翻转课堂"的理性思考》,《教育研究》2016年第10期。

总的来说，教学策略属于“战略”范畴，教学方法属于“战术”范畴。

示例：上海市青浦县“大面积提高数学教学质量”研究以质量观、学生观等教学观念为指导，提出了“尝试指导、效果回授”教学策略，确定了“诱导-尝试-概括-变式-回授调节”教学模式，采用了讲授法、练习法等教学方法。

三、上课

课程是人才培养的核心要素。学生从大学里受益最直接、最核心、最显效的是课程。课程是教育最微观、最普通的问题，但它要解决教育中最根本的问题——培养人。课程是中国大学普遍存在的短板、瓶颈、软肋，是一个关键问题。课程是体现“以学生发展为中心”理念的“最后一公里”。评价学校好与坏的根本标准是立德树人的成效，而课程正是落实“立德树人”根本任务的具体化、操作化和目标化。教育部专门印发了《关于狠抓新时代全国高等学校本科教育工作会议精神落实的通知》(教高函〔2018〕8 号)，提出“各高校要全面梳理各门课程的教学内容，淘汰‘水课’、打造‘金课’，合理提升学业挑战度、增加课程难度、拓展课程深度，切实提高课程教学质量”。

人们习惯把课堂教学称为“上课”。当代大学生需要的“五个课堂”：一是充满生命活力的课堂；二是学生主动认知的课堂；三是有幸福体验的课堂；四是充满智慧的课堂；五是设计简单的课堂。教学目标要集中，教学环节要简洁，问题设置要少而精。

如何评价高校教师课堂教学效果呢？山东省高师培训中心发布的高校青年教师比赛的通知从教学内容、教学组织、语言教态、教学特色四方面进行了说明(见表 3-5)。

表 3-5　山东省高校青年教师教学比赛课堂教学评分细则

项目	评测要求	分值
教学内容 (30 分)	贯彻立德树人的具体要求，突出课堂德育	
	理论联系实际，符合学生的特点	
	注重学术性，内容充实，信息量充分，渗透专业思想，为教学目标服务	
	反映或联系学科发展新思想、新概念、新成果	
	重点突出，条理清楚，内容承前启后，循序渐进	

续表

项目	评测要求	分值
教学组织（30分）	教学过程安排合理，方法运用灵活、恰当，教学设计方案体现完整	
	启发性强，能有效调动学生思维和学习积极性	
	教学时间安排合理，课堂应变能力强	
	熟练、有效地运用多媒体等现代教学手段	
	板书设计与教学内容紧密联系、结构合理，板书与多媒体相配合，简洁、工整、美观、大小适当	
语言教态（10分）	普通话讲课，语言清晰、流畅、准确、生动，语速节奏恰当	
	肢体语言运用合理、恰当，教态自然大方	
	教态仪表自然得体，精神饱满，亲和力强	
教学特色（5分）	教学理念先进、风格突出、感染力强、教学效果好	
总分		75分

（一）教学内容方面

1. 思想性

“教什么”是教师与学生之间的精神能量转化。“教什么”由课程教学目标决定。大学的课堂教学目标应是知识掌握、能力提升、素质养成和价值塑造的统一，应将专业教育与育人有机结合，做到水乳交融。虽然“教什么”不可避免地加入了教育者本身的价值观，但教什么不简单地由某个人决定。在一定程度上，“教什么”体现了国家意志，是在一定规范下的教育教学行为，具有一定尺度。

2. 生活性

课堂教学内容应理论联系实际，符合学生的特点。戴尔的经验理论强调：经验宝塔最底层的经验最具体，越往上越抽象（见图3-2）。教育教学应从具体经验下手，逐步升到抽象经验。有效的学习之路应该充满具体经验。教育教学最大的失败，在于使学生记住许多普通法则和概念时，没有具体经验做支柱。但教育教学不能止于具体经验，而要向抽象和普遍发展，要形成概念。概念把人们探求真理的智力简单化、经济化。在学校中，应用各种教学媒体，可以使学习更为具体，从而产生更好的抽象经验。位于宝塔中层的视听媒体，较语言、视觉符号更能为学生提供具体和易于理解的经验，并能冲破时空限制，弥补其他直接经验方式之不足。

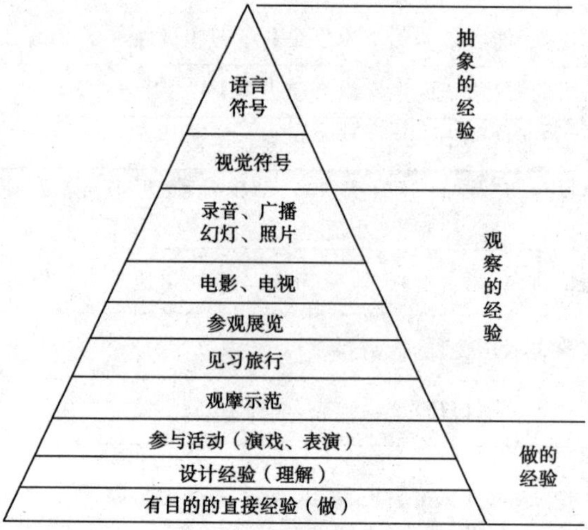

图 3-2　戴尔的经验之塔

3. 学术性

大学是研究高深学问的地方。大学的课堂教学内容应具有一定的深度与高度，信息量大，渗透专业思想，体现学术性，将学科前沿和趋势呈现给学生，因为大学是为未来培养人才的场所。

4. 时代性

课堂教学内容反映或联系学科发展新思想、新概念、新成果，实践发展新经验，社会需求新变化。

5. 逻辑性

课堂教学内容应层层递进，条理清楚，承前启后，循序渐进。将教学内容按内在联系分成若干小步子编成程序。材料一步一步地呈现，步子由易到难排列，每步之间的难度通常很小。

(二)教学组织方面

课堂教学是落实立德树人的主战场，也是青年教师成长的平台。但大学课堂教学存在如下问题：个别教师教学内容浅，缺乏学术深度；有的教师课程只有理论推导，无案例结合；有的教师以案例导入，但后面无呼应，有头无尾；有的教师时间把握欠缺，应变能力不强；有的教师语言平淡，无起伏，不出彩；有的教师语速太快，无停顿，没有给学生思考时间；个别教师基本无板书，或较差，或局部不合理；有的教师演讲色彩浓，但教学与学术报告不同，要注意交互，要有亲和力；个别教师教态不自然；有的教师不断看 PPT；有的教师精神饱满程度不够，无感染力。这些现象会使人才培养质量大打折扣，需要从如下几方面改进：

1. 教学过程安排合理

教学过程分为导入、复习旧知识、讲授新知识、巩固新知识、布置课外作业、辅导答疑几个环节。

导入的目的是激发学生的求知欲，使学生做好接受新知识的心理准备。导入的方式有问题导入、情境导入等多种方式。

复习旧知识是为学生接受新知识做好准备，加强新旧知识的联系，构建完整的知识体系。巩固新知识是检验教学目标达成情况。

布置课外作业既是检验学生掌握新知的手段，也为下次课堂教学做好铺垫。作业有口头作业、书面作业和实践作业三种形式。作业量应根据教学大纲和学生的学习效果确定。作业布置要有典型性、启发性和创造性。作业批改应做到：认真、及时、准确和点评。

辅导答疑是适应学生个别差异，贯彻因材施教的重要举措，是课堂讲授的重要补充，也可从辅导答疑中发现教学过程中存在的问题和不足，及时总结经验、改进不足。辅导答疑应定时、定点、有重点地进行。教师在进行辅导答疑时，要启发学生积极思维，开拓思维。

每个教学过程具体由哪些环节构成，还要根据教学目标和教学内容等因素确定。

2. 教学方法运用恰当

一些高校课堂出现了“课堂低头族”，教师满堂灌、学生沉默、情感交流互动少成为常态，启迪思维、激发创新的教学活动较少。学生的学习以被动式为主，学习效果理想的主动式学习占较小比例。

俗话说，“教必有法，但无定法，贵在得法”。采用任何教学方法都应贯彻启发式教学指导思想，有效调动学生思维和学习积极性。教师在课堂教学中应引入启发式、互动式、探究式（教学情境设计）、混合式等教学方法，通过提问、交流、辩论、质疑等活动（如图 3-3），注重启发学生的想象力，培养学生独立思考能力、批判性思维能力。教学应坚持以学习者为中心，不强求统一进度，鼓励每一个学生以他自己最适宜的速度进行学习。

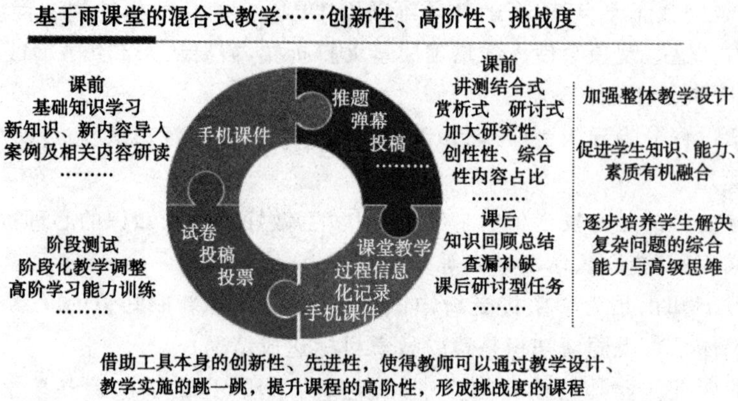

图 3-3　基于雨课堂的课堂学生参与活动

3. 课堂应变能力强

教学时间安排合理，把握好教学节奏，做到重点突出、难点分散。在重点难点部分，教学时间投入要大，教师讲述要适当放慢，并且要随时观察学生反映，可以通过课堂提问了解学生的掌握情况。每节课的重难点要做到心中有数，不能舍本求末，可以通过课后作业题、思考题和文献阅读等方式强化学生对重点知识的掌握。

4. 教师教学基本功扎实

熟练、有效地运用多媒体、教学软件等现代教学手段。多媒体课件应简洁、美观，尽量减少每张课件的字数，做到重点突出。板书要与教学内容紧密联系，结构合理，做到简洁、工整、美观、大小适当。板书应与多媒体相配合。板书既可是课件的补充，也可是教学内容的思维导图。

（三）语言教态仪表方面

1. 教学语言清晰流畅

教师应用普通话讲课，语言清晰、流畅、准确、生动。语速节奏应因教学重点和难点有所变化，当讲到需要强调的方面时，教师应加重语气、放慢语速，做到抑扬顿挫。

2. 仪表教态大方得体

黑格尔说，“教师是孩子们心中最完美的偶像”。仪表是一个人的外表，仪表不仅仅是一种外在形式，更是一种精神。它包括仪容（容貌）、仪态（姿态）两大部分。教师仪表是指教师的外表，它包括教师的衣着、发饰、仪容、举止、姿态等一系列外部表现。教师应穿戴整齐、朴素大方，否则要么分散学生的注意力，要么无法吸引学生。

教态就是教学姿态，是教师的第二语言，是教师在教学中面部表情（眼睛）、手势和身体姿势的综合表现。教学过程也是师生情感交流的过程。教师的眼睛要有内容、会判断，不能只看教案、PPT、天花板。教学过程需要教师组织教学。教师不要一味站在讲台上，走下讲台也是组织教学的重要形式之一。

(四)教学特色方面

当下的大学生不再仅仅通过听课来接受知识和让教师来决定什么值得去了解和学习。学生们可就自己感兴趣的知识，借助互联网轻而易举地获取整个专业的“知识图谱”，以及该领域最权威人士的最新学术成果。对于已习惯多线程处理资讯的“网生代”学生，以往线性传播专业知识的“独白式”讲课模式，俨然已不能满足他们的需求。因此教师必须更新教育观念。

教学理念是教学行为的先导。青年教师要树立先进的教学观念，要由以“教”为中心走向以“学”为中心；教学目标改革要由知识至上走向素养为重；教学方式改革要由单一走向多样化；教学风格改革要由共性发展走向个性发展。教师要由“教书匠”成为“教学研究者”，成为教学专家。

四、结语

好的大学课堂应有灵魂、对话和前沿。“互联网＋”时代，在即将迎来数字化学习的大背景下，课堂教学也应当顺应潮流，以落实立德树人为主线进一步深化改革。未来，课堂将成为应用互动、体验和探究学习方式、促进知识理解和应用的场所。基于这一目标，未来课堂教学具有九大变革趋势：(1)学习活动替代“授课”，成为课堂教学中的基本活动形式；(2)教师基于学生已有经验设定学习目标，进行教学设计；(3)教与学的充分互动，成为有效学习的必要保障；(4)单元设计在课堂教学中成为新的关注点；(5)学习内容已不仅限于典型教材；(6)多种学习资源成为从典型教材走向建构教材的有效工具；(7)课堂评价不再限于教材内容与标准答案；(8)实现深度学习；(9)教学设计追求“理解”。

总之，变革教学方式，需要依据教学目标，从组织方式入手，选择认知方式和活动方式，并持续提炼、积累教学设计和教学实施的经验，这是青年教师成长为卓越教师的必经之路。一句话：大学的课堂教学应做到“两性”，即学术性和启发性；“两力”，即亲和力和感染力。

第四章　大学课堂教学模式与方法

教学模式是在一定教学理论的指导下，通过相关教学理论的演绎或对教育教学实践经验的概括和总结，所形成的指向特定教学目标的比较稳定的基本教学范型。教学模式的结构，包括了理论基础、教学目标、教学策略（在教学模式的运用中，师生采用的教学方法、方式和措施的总和）、评价体系（教学活动的评价标准和评价的方法体系）。教学方法是指向特定课程与教学目标、受特定课程内容制约、为师生所共同遵循的教与学的操作规范和步骤。教学模式与教学方法可以理解为以下关系：一种教学模式通常包含了一种或多种教学方法；一种有生命力的教学方式，随着实践的不断深入与理论的不断成熟，可以发展成为一种教学模式。

随着高等学校规模不断扩大，大量博士和硕士走入高校成为新进教师，这些青年学子往往科研能力很强，却大都缺乏教育教学相关理论知识和实践技能的积累，一旦走上讲台会暴露出不了解教学规律、不能掌握学生心理、教学思想跟不上教育发展、方法简单陈旧等问题，导致对教学工作缺乏信心，所以学习现代高校教学模式、掌握教学设计和方法显得尤为重要。

一、教学模式的内涵

关于教学模式的定义，主要有这样几种说法：

（1）程序说。认为教学模式是教学活动的运行程序即操作步骤。

（2）原理说。认为教学模式是教学理论的简化形式。

（3）组合说。认为教学模式是包括教师、学生、教学内容、教学方法在内的教学诸要素的联结组合方式。

（4）方法说。认为教学模式是在教学实践基础上建立起来的一整套组织、设计和调控教学活动的方法论体系。

（5）结构说。认为教学模式是在一定教学思想或教学理论指导下，在实践中形成的教学活动的基本结构。

(6)系统说。认为教学模式是在一定的教育思想、教育理论指导下,在丰富的教学实践基础上,为完成特定教学目标和任务所形成的稳定而简明的教学结构理论框架,以及具体可操作的教学实践活动程序和方式。

第六种说法是对前五种说法的综合。简而言之,教学模式是以抽象概括的形式,表述教学过程中由各种要素之间的联系构成的教学结构和操作程序。

一般的模式定义为事物发展、活动的结构概貌与活动方式方法。在上述几种定义中,第六种定义更接近模式的一般界定。据此,我们可以将教学模式定义为依据现代教学理论、课程理论和学习理论,以培养学生能力和素养为核心目标,以现代教学技术和手段为依托,开发学生的潜能,让学生在自主探索过程中进行学习和创新的教学基本结构与活动程序。即在一定教学思想或教学理论指导下建立起来的较为稳定的教学活动结构框架和活动程序。作为结构框架,其突出了教学模式从宏观上把握教学活动整体及各要素之间内部的关系和功能;而活动程序,突出了教学模式的有序性和可操作性。

从大到小,可以从宏观、中观、微观三个层次来研究教育模式。宏观模式是指由教育行政部门构建的国家或地区的教育事业发展战略模式;中观模式是指由学校根据本校特点构建的办学模式;微观模式是教师根据某一学科的特点和学生的实际情况构建的教学模式。这里主要指微观模式。

教学模式包含以下几个要素:指导思想,包括教学理论、学习理论等;主题,是教学活动进行的线索,主导着教学模式的形成;教学程序,是完成教学活动的具体过程,也使得教学模式具有一定的可操作性。

另外,还有几个隐含的因素:目标,任何教学活动都具有一定的目标,使主题具体化,也是主题或教学活动前进的方向;策略,不同的教学模式会采取不同的手段和方法,从而更好地完成目标;内容,不同的教学模式有适合自己的课程设计方法;评价,不同的教学模式因其主题、目标、程序等因素不同,而具有不同的评价方法和标准。

任何教学模式都指向和完成一定的教学目标。在教学模式的结构中,教学目标处于核心地位,并对构成教学模式的其他因素起着制约作用,它决定着教学模式的操作程序和师生在教学活动中的组合关系,也是教学评价的标准和尺度。正是教学模式和教学目标的这种极强的内在统一性,决定了不同教学模式的个性。不同教学模式为完成一定的教学目标服务。

教学模式也是学习模式。在帮助学生获得信息、思想、技能、价值、思维方式及表达方式时,我们也在教他们如何学习。事实上,教育的最终目的是能够提高学生将来更容易、更有效地学习的能力,因为他们不仅获得了知识技能,也掌握了学习过程。

二、教学模式的分类

(一)以理论根源分类

在《教学模式》一书中,乔伊斯和韦尔将教学模式归纳为四种类型:

第一种是社会互动型教学模式,理论基础是社会学学习理论,强调师生、生生之间的相互影响和社会联系与促进。比如杜威和赫尔费施的小组合作模式、奥利弗和夏沃尔的法理学模式(辩论式)、沙夫特和福克斯的角色扮演模式、约翰逊兄弟的合作教学模式等。

第二种是信息加工型教学模式,把学习过程看成是在大脑中进行的一种创造性的信息加工过程,就像计算机、人工智能的运作过程。比如布鲁纳等人的探索发现教学模式、塔巴的归纳教学模式、加涅的信息加工教学模式、奥苏贝尔的先行组织者教学模式等。

第三种是个性教学模式,基于人本主义和个性化学习理论,强调学习者的主观能动性。比如皮亚杰的认知发展教学模式、罗杰斯的非指导性教学模式等。

第四种是行为系统型教学模式,主要依据行为主义心理学原理,把教学看作一种行为不断修正的过程。比如布卢姆的掌握学习教学模式、巴班斯基的最优化教学模式、斯金纳的程序教学模式。①

(二)以知识探索和学习组织形式分类

高文在《教学模式论》一书中根据建构主义理论将教学模式分为四组:

第一组基于知识组织与表征的学与教。包括概念获得和形成的学习与教学模式,源自概念网络的学习与教学。人们对知识的认识正从孤立的观点向联系的观点转化,从静止的观点向动态的观点转化;从看待知识的平面观点到关注人的心智模式的立体知识观转化;从强调客观知识的获得,向人对知识的建构、知识的创新的观点转化。显然,有关知识研究的深化,必然会对作为知识基本构件的概念获得、概念形成以及基于概念网络建构的学习与教学模式的开发与设计,产生重大影响。

第二组基于问题解决的学与教。分为一般的问题解决模式、抛锚式教学—基于逼真情景的问题解决模式等。抛锚式教学模式是深受西方目前盛行的建构主义学习理论影响的、以技术为基础的一种重要的教学范型。抛锚式教学与

---

① 参见[美]布鲁斯·乔伊斯、冯莎·韦尔:《教学模式》,荆建华等译,中国轻工业出版社2009年版,第15~34页。

情境学习、情境认知以及认知的弹性理论有着极其密切的联系。抛锚式教学的主要目的是使学生在一个开放、逼真的问题情境中识别问题，产生学习的需要，并通过镶嵌式教学以及学习共同体中成员间的互动、交流，即合作学习，凭借自己的主动学习、生成学习，亲身体验从识别目标到提出和达到目标的问题解决的全过程。总之，抛锚式教学是帮助学生适应日常所见，学会独立识别问题、提出问题、解决真实复杂问题的一个十分重要的教学范型。

第三组基于情景认知与意义建构的学与教。比如情景认知与情景—学习教学模式、认知弹性理论与基于超媒体的学习与教学模式、认知学徒制教学模式等。情景认知已成为一种基于学习是知识建构的隐喻，能提供有意义学习，并促进知识向真实生活与工作情景转化的重要学习理论。而且，随着以计算机和网络技术为核心的现代信息技术的发展，随着建构主义理论研究的不断深入，基于情景认知的学习与教学理论和实践模式越来越受到研究者与开发者的关注，并成为开发知识创新软件的理论依据与实施教学的模式。

第四组基于活动的发展性学与教。包含基于学习活动的教学模式、基于问题情境的教学模式等。前者是由苏联著名教育心理学家达维多夫等在维果茨基学派理论框架内研究与开发的。后者的研究与开发，依据则是苏联另一大心理学派代表人物鲁宾斯坦有关思维心理学的研究成果。这两种教学模式均强调教学的发展性，都试图通过学生的积极活动促进其心理与个性的发展。[①]

三、常用的有效课堂教学模式

（一）BOPPPS 模式

BOPPPS 教学模式是 20 世纪 70 年代加拿大 UBC 大学针对新进年轻教帅迅速提高教学能力所开办的教学技能工作坊（ISW）中微型教学演练的主要教学框架，目前也是国内很多高校青年教师培训的重要教学模式，因为这种教学模式容易掌握，能快速提高课堂有效性和吸引力。

随着教育教学理论的发展，以学生为中心的教学逐渐成为教学改革的方向，教师关注的重点应该是学生“学到了什么”，而不是自己“教了什么”。在教学目标上，必须按照认知规律，设定清晰、具有可检性的目标，便于学生评估自己掌握知识的程度。在教学方法上，强调学生参与式的教学，力求学生能在课堂上充分发挥主观能动性，能独立思考、创造新思维。

BOPPPS 有效教学模式包含六大教学模块，分别是导言（Bridge-in）、学习目标（Objective/Outcome）、前测（Pre-assessment）、参与式学习（Participatory

① 参见高文：《教学模式论》，上海教育出版社 2002 年版，第 115、219、287、365 页。

Learning)、后测(Post-assessment)和总结(Summary)。BOPPPS是老师们开展课前教学设计和课中组织课堂教学的一种有效方法。

1. 导言(Bridge-in)

学习的责任主要在学生,但是作为课堂的主导者,教师有义务营造有利于学生学习的情景和氛围。导言也可以叫作“开场白”“引子”“楔子”,作用是吸引学生的注意力和提高学生的学习兴趣,让学生知晓课程主题和重要性,专注于课堂学习。一个有效的开场白要像开胃菜、餐前酒那样吊起学生的“胃口”。可以采用有趣图片、引经据典、经验分享、新闻报道、简短影片、科学现象、设疑启发、幽默笑话、故事传说等方式来导入。但要注意不能拖泥带水,因为大多数开场白的目的是切入主题。

导言的理论依据是行为主义心理学强调“刺激—反应”和心理学中的首因效应,这一环节越成功,后面的学习就越有成效。比如2005年李敖到北大讲学,他的开场白是这样的:“你们终于看到我了。我今天准备了一些金刚怒目的话,也有一些菩萨低眉的话,但看到你们这么热情,我应该说菩萨话多一些(掌声,笑声)。其实啊,做演讲最害怕遇见四种人:一种是根本不来听演讲的;一种是听了一半去厕所的;一种是去厕所不回来的;再一种是听演讲不鼓掌的(李敖还没说完,热烈掌声再次响起)。”[①]幽默是种力量,像无形的手抓住了听众的心。

2. 学习目标(Objective/Outcome)

学习目标要从学习者的角度出发,明确、适当、可达成、可测量,最简洁的一种目标形式是涉及认知、技能和情意等三方面,尽量少用“了解”“掌握”“理解”“学会”这四个实际上“虚无缥缈”难以衡量的词。关于学习目标的撰写方法和注意事项后面会专门介绍。

学习目标也可以包含学习成果的含义,给学生公布出来可以让学生们心知肚明。按照心理学中“定位速效法则”,申明学习目标绝不是可有可无的环节,是有效课堂的重要组成部分。

3. 前测(Pre-assessment)

前测的作用是了解学生的兴趣与先备知识,调整后续的难易与进度,让课程的目标更加聚焦,所谓“知己知彼,百战不殆”。可以采用提问应答、是非选择、测试测验、匿名表决、开放问题、经验分享、讨论议论等方式开展。

这一环节相当于学情分析中的知识和能力基础考察,是对建构主义三个发展区理论中的“已有发展区”的调研。如果学生已然掌握了部分内容,重复教授他们会感到索然无趣,也浪费了宝贵的课堂时间,而如果内容超过学生的认知

① 转引自仲旦彦:《基于学习金字塔理论的翻转课堂教学改革探析》,《高教学刊》2016年第6期。

或者应用水平，学生会有挫败感。对那些特别难于学习的基础理论课，过于追求高大上，他们很容易落入习得性无助的陷阱，而且一旦学习情绪低落也违背目前教育心理学研究热点“具身认知理论”所推崇的理念。

4. 参与式学习(Participatory Learning)

参与式学习的目的在于让学生主动学习、深入思考、强化印象，重点在“参与”二字，要以学生为中心，让他们身临其境、感同身受、同频共振，这就避免了机械学习。教师尽可能避免长时间单方讲授，可以采取师生、生生互动的方式进行，如问答、讨论、案例、演示等，或使用微助教、雨课堂等先进教学工具开展互动答题来激发学生参与积极性，也可以开展学生反思、个人报告、小组讨论、实际操作、情景模拟、互相辩论等等。

另外，这一环节丰富多彩的各种教学方法大有用武之地，除了前面提到的，还有混合式教学、对分课堂、翻转课堂、PBL、角色扮演、示范练习、学生主讲、研讨式学习、探究式学习、小组讨论、同伴教学、支架式学习、学习报告、头脑风暴、思维导图、ORID 教学法、漫游画廊、提问风暴、开放空间、世界咖啡、团队共创、爆米花、对对碰、滚雪球、金鱼缸法、亮考帮、暂停—反思、拼图合作、随堂报告等等。这一部分可以运用各种教学方法，甚至多种教学方法组合。

5. 后测(Post-assessment)

后测，即教学评价，目的在于验收学生学习成果，检测是否达成学习目标。后测与前测要对应，教育目标层次进行了升级，同时也是对教师成效的检验。可以采用知识点测试、应用写作、操作演示、感受体会等形式开展，具体方式上可以与前测类似。

6. 总结(Summary)

总结是对教师课程教学内容的简要回顾、知识点总结，也可以让学生来进行总结，进一步巩固学习效果。还可以布置延伸思考、家庭作业以及后续课程的预告等等。这一部分的要求是能够引导反思、呼应导言、突出重点、画龙点睛、提炼升华。

BOPPPS 有效教学模式在应用上非常灵活，不是死板僵化、一成不变的，既可以应用于一门课、一节课，也可以设计其中的一个知识点。前三个环节的顺序能随教学内容适时调整，以增强 BOPPPS 模式的应用活力。时间安排上参与式学习部分用时最多，应该占有 70%左右的课堂时间。设计原则是“凤头—猪肚—豹尾”，导入要精彩，视觉、听觉或内容有冲击力，作为“猪肚”的参与式学习应内容丰富、五彩纷呈，有难度、有广度、有深度、有热度、有高度、有强度、有精度，这才能实现教育部提倡的高效课堂高阶性、创新性、挑战度的“两性一度”课程目标。例如针对化学专业基础课《物理化学》中克克方程部分的教学模式设计(见表4-1)。

表4-1 克克方程BOPPPS教学模式设计案例

模块编号	BOPPPS架构	教学策略	内容	师生活动	时间
1	导入B	顶级论文、实验视频、设疑启发、语言、声音、教姿、教态	《自然》2017年研究文章,液滴会自己起跳,还越跳越高 分析"反物理常识",违反已有知识,即热力学第一定律 引入本节课主题:蒸汽压,液体蒸发热,温度的影响	老师链接播放视频、老师提问讲解	5分钟
2	目标O	条目清晰	1.学生能够讲理论说关系 2.学生能够用公式计算和分析生活、科研现象 3.爱国情深,专业追求,主动分享交流	老师讲述	1分钟
3	前测P	由浅入深、循序渐进、娓娓道来、抢答有奖	克拉佩龙方程 先分析状态和情景,提问曾经学过的热力学基本关系式,以评价学生前期学习情况,并决定下一步老师讲解和提问的深度	老师讲授、展示课件动态推导过程、提问	5分钟
4	参与式学习P	环环相扣、步步衔接、逻辑清晰	逻辑推导克拉佩龙方程	老师讲授、提问	4分钟
		分组讨论、不同基础学生搭配、关联其他学科、激励、鼓励	1.布置研讨主题:克拉佩龙方程的使用条件 2.提示大家根据推导过程沿路总结提炼 3.鼓励小组主动全班分享 4.分享之后揭开谜底 5.总结升华和拓展视野,一级相变特征方程,二级相变的定义和实例(硬盘存储)	学生分组讨论、学生主讲分享、老师总结拓展	10分钟
		环环相扣、重难点突出	克克方程推导过程	老师讲授、学生分组讨论、老师点评	12分钟
		顶级论文、设疑启发、课程思政、疑问、伏笔	拓展:水蒸发,能发电?《自然》子刊报道中国科学家的突破	老师链接播放视频、老师讲解	5分钟

续表

模块编号	BOPPPS架构	教学策略	内容	师生活动	时间
5	后测 P	限时练习、雨课堂分享	克克方程练习题	老师布置任务、学生解题上传	5分钟
6	小结 S	简短有力、设疑引发	1.总结,两个公式及使用条件 2.水的相图展示	老师讲解	3分钟

(二)五星教学模式

人的一生离不开教育和培训,即所谓终身学习。基本上无论你在哪个领域乃至生活中,教育和培训是永恒的话题,掌握一门有效的教育培训技巧极其重要,会让你受益终身。无论是作为学生还是教师,在学习和讲课的时候都应该有一个课堂逻辑框架,否则课堂毫无章法,不知道什么时候开始,也不知道什么时候结束,更无法检测教学效果。那么有没有一个框架可以在我们要讲的所有课程中都适用?答案是肯定的,它就是“五星教学法”。

五星教学原理也叫“首要教学原理”,是各种当代教学理论均赞同的一种处方性的教学框架,是当代国际著名教育技术理论家和教育心理学家梅里尔(M. David Merrill)教授近年来一直倡导的新教学理论,用以改进在线教学、多媒体教学中只重视信息呈现、忽略有效教学特征的弊端。

梅里尔认为,从赫尔巴特开始一直到建构主义的创新,都对课堂教学结构提出了新的见解。尤其是加涅,提出了著名的“九大教学事件”,并且将五种学习结果与其相适配,为提高课堂教学的有效性指明了方向。但是,随着学习理论和教学理论的不断发展,怎样与时俱进地发展加涅的教学设计理论呢?梅里尔指出,虽然当前各种各样的教学设计理论与模式发展迅速,但是它们之间绝不仅仅是体现了设计方式的差异,而是有其共通性。为此,梅里尔考察了不同的教学设计理论与模式,提出一组相互关联的“首要教学原理”,也就是“五星教学模式”。

2003年,梅里尔曾经为《首要教学原理》的中文译本写过几句话,非常简明地概括了五星教学模式的价值。他说道:五星教学模式(首要教学原理)试图确定能最大程度地有利于学习的任何教学产品的若干基本特征;五星教学模式也是有效教学的各种处方,它们得到了绝大多数教学设计理论的肯定并且有实证研究的支持;实施五星教学模式将有助于确保教学产品的教学效能。五星教学模式做到了胸怀开阔，尊重历史遗产和与时俱进的创新相结合；认知主义和建构主义理论兼收并蓄、博采众长；汲取了各种教学原理共通的成分。①

五星教学模式的核心主张是：在“聚焦解决问题”的教学宗旨下，教学应该由不断重复的四阶段循环圈——“激活原有知识”“展示论证新知”“尝试应用练习”和“融会贯通掌握”等构成，共有 15 个要素。当然，实施这一模式还应辅以“指引方向”“动机激发”“协同合作”和“多向互动”四个教学环境因素的配合。

五星教学模式的实质是：具体的教学任务（教事实、概念、程序或原理等）应被置于循序渐进的实际问题解决情境中来完成，即先向学习者呈现问题，然后针对各项具体任务展开教学，接着再展示如何将学到的具体知识运用到解决问题或完成整体任务中去。只有达到了这样的要求，才是符合学习过程（由“结构—指导—辅导—反思”构成的循环圈）和学习者心理发展要求的优质高效的教学。梅里尔认为教学产品的效能同是否运用了五星教学模式之间有着一种直接的相关，从而认为此模式是当代最优秀的教学模式。

五星教学模式依据 5 个主要要素（“聚焦解决问题”“激活原有知识”“展示论证新知”“尝试应用练习”和“融会贯通掌握”）和 15 个次教学要素进行构建。每条次要素都有三个水平：铜星、银星和金星。这取决于教学符合标准具体要求的程度。

1. 聚焦问题，激发兴趣

教学内容在联系现实世界问题的情境中加以呈现。

次要素一：提出学习问题，向学习者表明在完成一个单元或一节课后，他们将能完成什么样的任务或将会解决什么样的问题，介入解决实际情境，提出问题。

次要素二：交代学习任务，参与到解决问题或完成任务中，而不是只停留在简单的操作水平或行为水平上，明确学习之后能促进什么行动。

次要素三：形成任务序列，教学涉及了一系列逐渐深化的相关问题，而不是只呈现单一的问题，由简单到复杂形成一个完整学习任务序列。

教学内容应在联系现实世界问题的情境中加以呈现。课堂的价值体现在它的教学性上，即用来解决教学问题。以问题为中心（或以完整的教学任务为中心）的教学才能有效促进学习者的学习，这也是五星教学原理的核心思想。让教学内容直指具体问题，在面对教学任务或开展教学活动之前，首先要告知学习者在完成这一学习任务后能够做什么或解决什么问题，才能激发学习者的学习兴趣，进而引起他们自主探索知识的欲望。

---

① 参见［美］M.戴维·梅里尔：《首要教学原理》，盛群力译，福建教育出版社 2016 年版，第 94 页。

要把创设问题作为设计的重点，使问题成为推动学习者去思考和探究的纽带，成为其他教学环节顺利开展的中心和保证。要保证“问题”解决所需的所有知识技能包含在教学的整个教学任务序列中。“问题”不宜过大，也不要过小。当“问题”过大时，解决这个“问题”不仅要依赖本课中的知识技能，而且还要用到其他相关的知识技能。例如，在对“数据结构”课程中“队列的应用”进行教学安排时，如果将问题聚焦在“停车场管理问题”上就太大了，因为解决此问题不仅要用到“队列的知识”，而且还要用到“栈的知识”。如果“栈的知识”是放到“队列的知识”之后学习的话，那么学习者在学习这一内容后将无法真正解决“停车场管理问题”。这将极大地挫伤学习者的学习积极性和探索欲望。“问题”太小则意味着解决问题所用的知识技能无法覆盖本次教学主要的知识点，课中的教学内容也不能围绕解决问题的过程而展开，这也违背了五星教学原理中“聚焦解决问题”的宗旨。

2. 激活旧知，引导入门

教学中努力激活先前的相关知识和经验。

次要素一：回忆原有经验，回忆、说明或展示旧知识，指导学习者回忆、联系、描绘或者应用相关的已有知识经验，使之成为学习新知识的基础。

次要素二：提供新的知识，补救或者展示旧知识，提供那些作为新知识学习所必需的相关经验。

次要素三：明晰知识结构，获得或者回忆新知识的结构，如果学习者已经知道了这些内容，教学中能为他们提供展示先前掌握的知识和技能的机会。

激活旧知旨在激活学习者先前的知识和经验，使新旧知识之间建立联系，从而为解决新问题奠定基础。在这一环节，教师要至少设计两方面的教学活动：一方面可以通过对旧知识的“先行设问”或“图示描绘”策略来刺激和指引学习者回忆旧知识，设问和描绘时要避免只是对知识的简单“回忆”；另一方面要提供一些经验来引导学习者将旧知识向当前学习内容过渡，这些经验充当的是新旧知识之间建立联系的“桥梁”作用，所以越直观、越具体就越有利于新知识的建构。

3. 示证新知，教会理解

教学是用实际举例来提示要学习什么，而不是仅仅陈述要学习的内容。

次要素一：紧扣目标施教，展示论证（举例）和将要教学的内容相一致，即展示所教概念的正例和反例，展示某一过程，对某一过程作出生动形象的说明，提供行为示范。依据所教内容展示论证新知识。

次要素二：提供适当学习指导。教学中引导学习者关注相关内容信息，在展示时采用多样化的呈现方法，对多种展示的结果或过程进行明确比较。

次要素三：善用媒体促进，媒体与教学内容相匹配，所采用的媒体和内容相关并可以增进学习。

示证新知是教学的主体。在这一环节，教师要考虑新知内容的组织和展示方式的设计。不同的知识类型需要设计不同的教学内容，而不同的教学内容又需要与其相匹配的呈现方式。梅里尔将学习内容分为概念、程序、过程和行为四种类型，并针对不同的类型，确定了各自的展示方式。对于概念，应提供其正例和反例；对于程序，应展示其递进逻辑；对于过程，应尽量直观形象地展示其步骤；对于行为，应直接展示其示范样例。

媒体的选用就是提供学习资源。教师要根据所展示的内容类型合理选用资源，以达到增进学习的目的。需要谨记的是，资源的展示绝不是“多多益善”，因为并不是媒体的多样性决定学习者的学习热情。诚如梅里尔所言，决定学习者学习热情的是学习本身所带来的成就感，因此在资源选用时要特别注意其“适用性”和“统一性”。

学习指导的设计表示教师在展示学习内容的过程中要适时提供学习指导，以给学生自我思考的时间等方式来引导学习者更好地关注相关内容信息，从而强化对重难点知识的学习。

教学内容是教学设计中的重要组成部分，只有明确教学内容的结构，才能确定课堂中的教学组织。而一个教学主题的内容往往可以用一系列的知识对象来表征，这一系列的知识对象可称为一个“教学任务系列”。其中“知识对象”是一个包含教学所需的“信息呈现”和“细节刻画(Information and Portrayals)”的框架。[①] 内容的顺序虽然是线性的过程，但是教学过程却充满了不确定性，因此教学设计者要明确完成哪些教学内容，实现哪些教学目标。另外，因为具体的教学过程会因学习者的变化而变化，所以在设计时要分解教学问题，形成教学任务系列，确定任务系列的顺序或包含关系，然后再确定如何通过建立任务系列之间的链接来实现教学过程的任意跳转。

4. 应用新知，辅导练习

学习者是否有机会练习和应用他们刚刚理解的知识或技能。

次要素一：紧扣目标操练，根据教学目标开展练习。尝试应用(练习)，相关的测验与教学目标(已说明的或隐含的)相一致，针对记忆信息的练习要求学习者回忆和再认所学的内容；针对理解知识之间关系的练习要求学习者找出、说出名称或者描述每一部分的内容；针对知识类型的练习要求学习者辨别各个类型的新例子；针对“应怎样做”的知识进行的练习要求学习者实际去完成某一过

① 参见[美]M.戴维·梅里尔：《首要教学原理》，盛群力译，福建教育出版社 2016 年版，第 94 页。

程;针对“发生什么”的知识进行的练习要求学习者根据给定的条件预测某个过程的结果,或针对未曾预期的结果找出错误的条件。

次要素二:逐渐放手操练,学员能力提高,逐渐减少教师指导。教学要求学习者使用新的知识或者技能来解决一系列变式问题,针对已经表现的学业行为学习者可得到教师的反馈。

次要素三:变式问题操练,解决一组变形的问题。在大部分应用或练习中,学习者能在遇到困难的时候获得帮助和指导,这种帮助和指导随着教学的逐渐深化而不断减少。

在这一阶段,教师可借助适当的指导性练习或测验,一方面及时判断学习者对新知的理解和掌握程度,另一方面使学习者从尝试应用中纠正自己的错误认识,加深对新知的理解。教师在设计相关练习或测验题时,一定要保证内容与新知的“关联性”,以及题干问题描述的“简洁性”,做到“一针见血”。同时,教师要把控练习题的难易程度,做到从易到难、循序渐进,并能预知学习者在练习过程中可能遇到的困难,设计一定的指导和反馈机制,使学习者能体会到教与学的过程是一个“从扶到放、扶放适度”的有效过程。

5. 融会贯通,考察应用

教学能不能促进学习者把新的知识和技能应用到日常工作生活中。

次要素一:表现实际业绩,学习者公开展示所掌握的技能,教学为学习者提供机会以公开展现他们所学的新知识和新技能。

次要素二:反思、完善、提高。反思、讨论或自我辩护新知识技能,教学为学习者提供机会以反思、讨论及辩护他们所学的新知识和新技能。

次要素三:灵活创造和运用,创造、发明或探索运用新知识,教学为学习者提供机会以创造、发明或探索新的富有个性特点的应用新知识和新技能的途径。

融会贯通既是强化学习者进一步熟练和灵活运用新知识的阶段,也是激发学习者持续巩固和迁移所学知识的重要环节。持续巩固和迁移往往与课后的应用联系在一起,且在课堂结束时进行。课堂结束时的内容一般包括布置作业和课后思考,作业或思考的选题最好是适当变化了原情境的新问题,这些问题应有利于测试学习者综合应用新旧知识解决实际问题的能力。

五星教学模式强调了教学原理与教学过程的统一、激发动机的情境创设、学生主体的参与性等,这些方面都需要通过课堂教学实践来加以检验,理论在指导实践的过程中才能更显示出它的存在价值。五星教学模式有两个相套同心圆,内层反映出五星教学模式强调教学应遵循“聚焦解决问题”,再贯穿“激活旧知→示证新知→尝试应用→融会贯通”四个阶段的教学过程循环圈,而外层则反映出由“结构→指导→辅导→反思”构成的又一循环圈。这两个循环圈凸显出梅里尔的五星教学模式不仅关注教学过程，同时更关注学习过程，它强调教师的教学过程要符合学生的学习过程和心理发展的要求。

五星教学标准不适用于孤立事实的教学，也可能不适合动作技能教学。五星教学标准较适宜于可概括化技能的教学。所谓可概括化的技能是指能应用于两种以上的具体情境的技能，如概念、程序或原理。五星教学标准对指导性或体验性教学也特别适宜。这同梅里尔教授曾经提出的一个观点是一致的。梅里尔认为：教学活动的基本程序也可以概括为“讲授—提问—练习—表现”，但以往的教学将重点放在前两个环节，典型的做法是讲述和问答型教学，即先呈现教学内容，然后在一个教学单元结束后提出一些选择题、是非题、简答题等来加以检查。这种类型的教学只是记忆信息而已，并没有达到最基本的掌握要求，因为它并没有其他方面的证据表明学习者真正掌握了所学的东西。所以，讲述和问答型教学连一颗星都得不到。必须大力倡导加强后两个环节：练习和表现。最后，我们要特别强调，五星教学模式本身尚在不断完善中，依靠广大教师结合自身教学实践创造性地运用，我们一定能够丰富这一理论。

例如，运用五星教学原理可以对计算机科学与技术学科的专业基础课程“数据结构”中的“队列的应用”知识点建立教学框架(见表4-2)。

表4-2　队列的应用教学框架

教学环节	教学要求	教学内容	安排和方法	时间分配
聚焦问题(激发兴趣)	写一算法模拟舞伴配对问题，并编写其测试程序	假设在周末舞会上，男士们和女士们进入舞厅时，各自排成一队。跳舞开始时，依次从男队和女队的队头上各出一人配成舞伴。若两队初始人数不相同，则较长的那一队中未配对者等待下一轮舞曲	规定：(1)输入：进入舞厅的男士和女士记录信息包括姓名和性别；(2)输出：如果是配成对的，则输出两个舞伴的姓名；如果是未配成对的，则输出等待配对的人数和下一轮舞曲开始时第一个可获得舞伴的人的姓名	1.5分钟

续表

教学环节	教学要求	教学内容	安排和方法	时间分配
激活旧知（引导入门）	激活先前的相关知识和经验，使学生能明晰自己先前已掌握的知识和技能，为学生能轻松进入课堂学习新知奠定基础，从而提高听课效果	提出与回答问题，具体问题如下： 1. 队列是一种怎样的数据结构 2. 队列在计算机中是如何表示的 3. 你已经学习的队列基本操作有哪些	陈述引导：对问题进行逐个陈述，每个问题提出后都通过对应的图形展示，以方便学生更好地理解问题，帮助学生快速掌握问题的正确答案	2 分钟
示证新知（教会理解）	以实例的形式展示并论证本堂课的学习内容	1. 教师将新的学习内容在联系现实世界问题的情境中加以呈现，问题是舞伴配对 2. 问题呈现后再引导学生给出问题分析和解决的方法等	1. 问题展示：观看模拟问题描述的动画视频，边观看边讲解问题的实质 2. 点拨引导：教师引导学生分析问题和解决问题	6 分钟
尝试应用（辅导操练）	明确问题求解的算法表示及其实现	归纳出实现问题求解的正确算法	1. 操练：教师将问题求解的实现算法以填空的形式引导学生完成 2. 展示：最后展示出正确答案	3 分钟
融会贯通（考察应用）	进一步促进学习者将新知识和技能应用（迁移）到日常生活中，从而提高学生解决实际问题的能力	1. 先引导学生思考队列在其他方面的应用实例，然后给出队列在计算机领域中的应用实例：主机与外设速度不匹配问题；多用户引起的资源竞争问题 2. 抛出新问题：CPU 资源竞争问题	1. 启发引导：启发引导学生思考队列的其他应用 2. 内容呈现：以文本的形式呈现新问题的具体内容 3. 学生反思，自主拓展：学生在课后自主探索，寻求解决问题的方法	1.5 分钟

续表

教学环节	教学要求	教学内容	安排和方法	时间分配
总结归纳（知识提炼）	学会归纳教学内容，辨析知识应用的正误	提炼出舞伴配对问题求解过程中的关键操作和实现方法	陈述：从对舞伴配对问题的求解过程中提炼出一些规律和共性的关键知识及其解决问题的技巧	1分钟

（三）5E教学模式

5E教学模式（5E Instructional Model）是一种基于建构主义理论和概念转变理论的先进教学模式，由美国生物学课程研究（BSCS）的主要研究者之一罗杰·贝比开发，是一种既能用于总课程、具体学科课程，也能用于某一节课的教学程序。BSCS开展的一项实证研究表明，5E教学模式比传统的教学模式更有利于学生学业成就的提高，也更能提高学生的学习兴趣，是一种有效的教学模式和教学方法。①

尽管该教学模式源自生物学课程，但已经得到教育界的普遍认可和推广，也完全可以推广到其他类型的课程中。

5E教学模式的核心思想是以学生为中心，目的是能够在教学的过程中引起学生的学习兴趣，并在实践中运用调查、研究、分析等方法解决实际教学问题，通过小组合作学习帮助并促进学生对知识的理解和掌握。5E教学模式由5个环节组成，即参与（Engage）、探究（Explore）、解释（Explain）、精制（Elaborate）和评价（Evaluate），这些过程都以英文字母E开头，所以称之为“5E教学模式”。

1. 参与（Engage）

这一环节是5E教学模式的起始环节，是5E教学模式的吸引过程。为吸引学生对学习任务产生兴趣，教师首先提供有意义的学习活动，激发学生主动进行探究，5E教学模式一般强调通过创设问题情境来激发学生的学习兴趣。学生要针对教师提供的实物、问题、情境或现象进行思考，联系已有的知识和经验，并暴露出错误概念，这是学习科学概念的重要基础和前提，这里的问题情境应尽量与现实生活（特别是学生的生活和学习）联系起来，并与课程内容和教学

① 参见吴成军、张敏：《美国生物学“5E”教学模式的内涵、实例及其本质特征》，《课程·教材·教法》2010年第6期。

任务联系起来。情境中的问题既要与学生已有的知识、经验相联系，又要与将学习的内容相联系，具有一定的难度，又不是高不可及，学生通过努力能够获得探究的成果。情境中的问题能够吸引学生，引起认知冲突，从而激发学生主动探究，主动建构知识的兴趣。教师课前需要了解学生对于即将学习的任务已经形成的前概念，分析原有概念和科学概念之间的差异及其形成差异的原因，然后创设问题情境，通过演示实验或其他常见情境与学生已知的前概念产生认知冲突，由此激发学生对学习任务的探究兴趣，产生探究意愿。

这个环节的教学活动形式多样，可以是教师提问、展示相异事件或提供问题情境，其主要目的就是吸引学生的注意力和激发学习兴趣。这里所说的“活动”不仅仅指学生动手活动，同时还包括动脑思考。

2. 探究(Explore)

探究是5E教学模式的中心与核心环节。目的是让学生以主体的身份探索、研究，帮助学生实现知识的获得、技能和技巧的掌握。教师根据学生在参与环节反映出的认知冲突，有序引导学生进行自主、合作探究。在此过程中，教师是学习的促进者，要鼓励每位学生参与其中，注意观察、倾听，必要时通过问题或建议的形式给予学生合适、及时的引导。在这一阶段，需要提供给学生一些必需的背景知识，包括学习材料，如果是实验探究，还必须提供给学生实验仪器、实验材料等等。支架式支持的力度，取决于学生的实际况状及教师对学生的了解情况。在探究环节中，由于学生进行了具体的探究活动，所以学生的前概念(很可能是错误概念)、技能、方法等逐渐被暴露出来，为之后的概念转换和概念界定创造了便利的条件。

在此过程中，教师的主要角色是学习的促进者，要鼓励学生操作，不直接说明答案，扮演聆听、观察的角色，必要时通过问题或建议的形式给予学生恰当引导。

3. 解释(Explain)

解释阶段是5E教学模式的关键环节。解释环节的目的是帮助学生对新知识建立初步的科学认识，让新知识明确化和可理解化。首先让学生自己解释探究结果，发表自己的看法，然后针对不同的解释展开讨论与交流，达成共识后教师直接给出科学的解释、术语或概念，并利用学生熟悉的方式引导学生理解和解释新知识。这一阶段应将学生的注意力集中在对探究过程和结果的展示及分析方面，给他们提供一个机会表露其对概念的理解，以及技能的掌握或方法的运用，让学生尝试用自己的理解阐述他们对概念的认知。这一阶段也为教师提供直接介绍概念、过程或方法的机会，教师应该借助于课程目标来帮助学生更加深入地理解新概念。解释环节需要一定的逻辑推理，教师应注意鼓励和提醒学生根据已有的知识经验和上一环节探究的过程与结果进行推理。如果推理有困难，教师也可以直接借助于学生的实验过程和结果，并辅助以其他的材料和媒体帮助学生正确地理解概念，特别要注意纠正学生已有的错误概念。

在教学策略方面，讲授是最常用的策略之一。此外，教师还可以通过视频、多媒体软件等多种方式辅助新概念的阐释。

4. 迁移(Elaborate)

这一步骤也叫“精制”。精制的目的是将新知识与已有的知识建立起联系，能够利用其去解释新情境或新问题，让学生拓宽和加深对知识的理解。学生在获得新概念后，需要利用这些概念尝试解决问题或解释新现象。因此，教师应该为学生提供时间和空间，让他们参与讨论和获取信息，以加强对新概念的理解，这个过程就是新概念不断精致化的过程。教师应注意引导学生对相应概念、过程和方法进行归纳总结，使其从术语到内涵全方位地理解新概念。

在教师的引导下，学生要继续发展对概念的理解和应用技巧，扩充概念的基本内涵，并与其他已有概念建立某种联系，同时用新概念解释新情境或新问题。学生通过实践练习可以加深或拓展对概念的理解，获得更多的信息技能。在利用新概念解释新的类似情境或问题时，要注意引导学生尽量使用刚刚学习的专业术语，这不仅可以对新情境和新问题进行回答，而且可以加深对新概念的理解。

教师首先要给学生安排一个新的学习任务，例如提出一个问题，要求学生以小组合作学习的形式进行讨论，制订解决方案。学生可以从教师、书籍、专家、网络资源、数据库、实验等多种渠道获取信息，进而解决问题。学生需要应用在上个环节中学习到的新概念或新方法，从而使其内化到其认知结构中。

5. 评价(Evaluate)

评价是5E教学模式区别于传统教学模式的重要之处，其目的是帮助学生自我定位，促进学生自我意识的提高，让学生更好地改进自己，从而更加积极地参与并融入课堂教学实践的每一个环节。在这一过程中设定了多元性的评价主体，其中包括学生、教师和小组管理者，由大家共同完成对该教学的评价。评价的内容具有多样性，包括对学习结果的评价、学习过程的评价等多方面。评价的形式也是多样的，表现在自我评价与他人评价(教师、组员、组长、其他组的成员等)相结合、定量评价与定性评价相结合，是一种形成性的评价方式，在评价的过程中老师和学生都能够获得进一步改进、促进教与学的重要信息。

在这一阶段，教师和学生用正式或非正式的方法评价学生对新知识的理解及应用能力。如果用正式的方法评价，教师可以采用纸笔测验和表现性任务等形式；如果采用非正式评价，教师可以在整个教学过程的任何时候进行。总之，评价的目的在于确保学生活动的方向或鼓励学生对研究过程进行反思。同时，评价也为教师提供了一个评估自己教学过程和效果的机会。5E教学模式也提供学生自我评价的机会，自我评价有助于学生在一个任务中认知自己的思路、方法和操作技能，也有助于学生认知自己对探究活动付出的努力程度。

教师可以通过提问、小组讨论、记录学生的动手操作能力、纸笔评价等多种形式对学生进行综合评价。

除去课程设置方面、教材方面和教师队伍方面的原因，教学方法枯燥、落后、空洞，是造成这一现象的主要原因。5E教学模式强调以学生为中心，学生在教师的指导下对知识进行主动探索、主动发现和主动应用，教师更多是教学活动的参与者、促进者。将5E教学模式引入文献检索课，能有效地为文献检索课注入新活力，更好地实现其教学目标(见表4-3)。

表4-3　5E教学模式

教学环节	教师活动	学生活动
参与	1. 创设情境：播放A型流感病毒传播、防治方面新闻报道的视频 2. 背景提示：世卫命名的A型流感，中国称之为“甲型H1N1流感病毒疫情”。面对突如其来的疫情，我们应如何面对？ 3. 设问：什么是甲型H1N1流感病毒？它有哪些症状？人是否会传染？食用猪肉能否感染该病毒？有何预防措施？ 4. 提出问题：课题需要检索哪些类型的文献信息？	学生经过思考、讨论，提出了所需的一些文献信息源，归纳如下： 1. 医学图书； 2. 医学报纸、期刊； 3. 学位论文； 4. 网络信息。
探究	引导1：介绍检索这些文献信息的常用工具的概念和使用方法； 引导2：根据兴趣不同，将学生分成书目、报刊、学位论文和网络信息检索组； 引导3：在课堂讲解其使用方法的基础上，要求学生到图书馆进行实地操作，熟悉其收录范围、编排体例、使用方法等； 引导4：对于图书馆没有购买、收藏的检索工具和数据库，引导学生通过图书馆的馆际互借、文献传递来共同学习。	学生根据个人检索兴趣分组进行检索。 1. 书目检索组：图书馆、超星数字图书馆书目检索系统等； 2. 报刊检索组：CNKI、维普数据库、中国疾病知识总库； 3. 学位论文检索组：CNKI中国博硕学位论文数据库； 4. 网络信息检索组：利用Baidu等搜索引擎检索网络信息。

续表

教学环节	教师活动	学生活动
解释	引导1:什么是甲型H1N1流感病毒?它有哪些症状?要求学生根据提问筛选检索结果。 引导2:甲型H1N1流感病毒的突然暴发,带给了我们什么启示? 引导3:能否分享自己使用检索工具的心得体会,并教会他人使用这些检索工具?	1. 学生结合检索提问进行筛选,并提交小组讨论,最后确定本小组的最终检索结果; 2. 各小组分别从检索过程提取、整理一个系统的检索知识链,并在全班范围内进行交流; 3. 各小组成员总结、交流不同检索工具的使用心得。
精制	设问:通过以上的理论学习和检索实践,如果遇到新的检索课题,该如何检索所需文献信息?如要检索“新冠病毒”的问题。	利用“解释”环节形成的检索知识链,制定检索“新冠病毒”信息的检索策略。
评价	引导:要求学生和老师一起,对检索过程、检索结果进行回顾、分析,开展自我评价、互相评价,找到问题,解决问题。	在自我评价的基础上进行小组互评,明确学习过程中存在的问题及其解决方案,对教师的教学活动提出意见和建议。

四、当代国际大学课堂教学的主流教学模式与方法

当代国际大学课堂主流教学模式与方法产生的背景,主要包括以下三个方面。

首先,以“创新”为核心的高校教学改革。

知识经济时代的国际竞争日趋激烈,一个国家创新能力的强弱,体现出国家的核心竞争能力,国家经济发展与社会进步越来越依赖于科技创新的水平和各类创新人才的培养。从世界各国来看,培养高校学生的创新思维和创新实践能力,已经成为高等教育的共识。在我国,1999年国家颁布《关于深化教育改革全面推进素质教育的决定》,提出“高等学校要重视和培养大学生的创新、实践能力及创业精神”。2010年,教育部下发《关于大力推进高等学校创新创业教育和大学生自主创业工作的意见》,将创新教育和创业教育结合,提出“创新创业教育”的概念,并指出创新创业教育是一种新的教育理念和模式。2017年,中共中央办公厅颁发《关于深化教育体制机制改革的意见》。《意见》指出:要健全促进高等教育内涵发展的体制机制;强调要创新人才培养机制;高等学校要把人才培养作为中心工作,全面提高人才培养能力;不同类型的高等学校要探索适应自身特点的培养模式,着重培养适应社会需要的创新型、复合型、应用型人才;把创新创业教育贯穿人才培养全过程。

党的十九大报告指出，要加快一流大学和一流学科建设，实现高等教育内涵式发展。国务院印发的《统筹推进世界一流大学和一流学科建设总体方案》中指出，“双一流”建设的总目标为：到2020年，若干所大学和一批学科进入世界一流行列，若干学科进入世界一流学科前列；到2030年，更多的大学和学科进入世界一流行列，若干所大学进入世界一流大学前列，一批学科进入世界一流学科前列，高等教育整体实力显著提升；到本世纪中叶，一流大学和一流学科的数量和实力进入世界前列，基本建成高等教育强国。“双一流”的建设任务为：建设一流师资队伍；培养拔尖创新人才；提升科学研究水平；传承创新优秀文化；着力推进成果转化。从“双一流”建设目标和任务中，我们解读出的核心字眼，依然是“创新”。因此，“创新”成为当今我国高等教育建设的主流话语与根本任务。

2018年3月，北京师范大学中国教育创新研究院举行发布会，首次对外发布《21世纪核心素养5C模型研究报告(中文版)》，报告基于我国社会、经济、科技、教育发展需求，进一步追问“打下中国根基、兼具国际视野”的人应该具有哪些素养，提出了“21世纪核心素养5C模型”。“21世纪核心素养5C模型”包括文化理解与传承(Culture Competency)、审辨思维(Critical Thinking)、创新(Creativity)、沟通(Communication)、合作(Collaboration)，将创新作为五大核心素养之一，包含了创新人格、创新思维、创新实践三个维度。①

我国科技公司的发展，对高等教育改革也提出了更高的创新要求。2018年华为的研发投入为1015亿元，占销售收入的14.1%，超越了微软、苹果和英特尔，根据2018年欧盟工业研发投资排名榜单，华为已经上升到了第四位。华为公布的年报显示，华为2018年全球销售收入达到了7212亿元，2017年为6036亿元，同比增长了19.5%；净利润达到了593亿元，同比增长了25.1%。而近十年里华为总研发投入超过了4800亿元。科技公司对研发能力及研发投入越来越重视，而研发能力的核心，正是创新能力。

其次，当代高等教育教学范式的转型。

许多高等教育专家提出了当代高等教育教学范式转型问题。如阿尔特巴赫(Philip Altabach)认为，20世纪末以来，高等教育教学范式发生了以下转变：

(1)任务和目标：从提高教的质量到提高学的质量。

(2)成功标准：从灌输学生多少知识到在多大程度激发学生探究能力。

(3)教学结构：从教了多少教学内容到特定的学习成果。

---

①　参见甘秋玲等：《创新素养：21世纪核心素养5C模型之三》，《华东师范大学学报》(教育科学版)2020年第2期。

(4)角色的性质:从教师主要作为讲解者到教师主要作为学习方法和学习环境的设计者。

(5)教育工作的重心,不再是教给学习者固定的知识,而是转向塑造学习者新型的智育人格,学校教育的根本任务在于使学习者学会如何学习,学会如何创造,学会如何与他人共同生活。①

其中第五条,体现了联合国教科文组织1996年的报告《学习——内在的财富》中关于教育四大支柱的核心思想:

(1)学会求知(Learning to Know)。这种学习更多是为了掌握认识的手段,而不是获得经过分类的系统化知识。既可将其视为一种人生手段,也可将其视为一种人生目的。作为手段,它应使每个人学会了解他周围的世界,至少是使他能够有尊严地生活,能够发展自己的专业能力和进行交往。作为目的,其基础是乐于理解、认识和发现。即便那种没有直接目的去学习的情况愈来愈少,但由于学习有用的知识在现实生活中变得很重要,学制越来越长、空闲时间越来越多,这将使越来越多的成人能够去感受知识和个人自学带来的乐趣。

(2)要求善于应付各种可能出现的情况。学会做事的能力,不仅要学会实际动手操作的技能,更重要的是要具备一种综合能力,它包括如何处理人际关系的能力,社会行为、集体合作的态度,主观能动性,管理能力和解决矛盾的能力,以及敢于承担风险的精神。

(3)学会做人(Learning to Be)。每个人若要求得有价值的生存和发展,更有效地改造自然、改造社会,就必须充分开发潜能,发展个性,提高素质,增强自主性、能动性、创造性和责任感。

(4)学会共处(Learning to Live Together)。学会共处的能力,也就是在人类活动中,要学会与他人一起参与。现代社会既充满竞争,也离不开合作。要学会在合作中竞争,在竞争中合作。既要尊重多样化的现实,又要尊重价值观的平等,增进相互了解、理解和谅解,加强对相互依存关系的认识。

而学会共处,在当今国际社会,具有特别重要的意义。正如《联合国教科文组织法》中所言:“战争起源于人之思想,故务需于人之思想中筑起保卫和平之屏障。”“人类自有史以来,对彼此习俗和生活缺乏了解始终为世界各民族间猜疑与互不信任之普遍原因,而此种猜疑与互不信任又往往使彼此间之分歧最终爆发为战争。”

最后,建构主义思潮的影响。

---

① 参见[美]菲利普·G.阿尔特巴赫:《比较高等教育:知识、大学与发展》,人民教育出版社教育室译,人民教育出版社2001年版,第19页。

建构主义的知识观、学习观及教学观，对大学课堂教学产生了重大影响。

(1)建构主义知识观。建构主义者一般强调，知识并不是对现实的准确表征，它只是一种解释、一种假设，它并不是问题的最终答案。相反，它会随着人类的进步而不断地被“革命”掉，并随之出现新的假设。而且，知识并不能精确地概括世界的法则，在具体问题中，我们并不是拿来使用，一用就灵，而是需要针对具体情境进行再创造。另外，建构主义认为，知识不可能以实体的形式存在于具体个体之外，尽管我们通过语言符号赋予了知识一定的外在形式，甚至这些命题还得到了较普遍的认可，但这并不意味着学习者会对这些命题有同样的理解，因为这些理解只能由个体基于自己的经验背景而建构起来，它取决于特定情境下的学习历程。建构主义的这种知识观向传统的教学和课程理论提出了巨大挑战。按照这种观点，课本知识只是一种关于各种现象的较为可靠的假设，而不是解释现实的“模板”。科学知识包含真理性，但不是绝对正确的最终答案，它只是对现实的一种更可能正确的解释。而且，更重要的是，这些知识在被个体接受之前，对个体来说是毫无权威可言的，不能把知识作为预先决定了的东西教给学生，不要用我们对知识正确性的强调作为让个体接受它的理由，不能用科学家、教师、课本的权威来压服学生。学生对知识的“接受”只能靠他们自己的建构来完成，以他们自己的经验、信念为背景来分析知识的合理性。学生的学习不仅是对新知识的理解，而且是对新知识的分析、检验和批判。另外，知识在各种情况下应用并不是简单套用，具体情境总有自己的特异性。所以，学习知识不能满足于教条式的掌握，而是需要不断深化，把握它在具体情境中的复杂变化，使学习走向“思维中的具体”。

(2)建构主义学习观。建构主义认为，学习不是知识由教师向学生的传递，而是学生建构自己知识的过程，学生不是被动的信息吸收者，而是信息意义的主动建构者，这种建构不可能由其他人代替。建构主义认为，知识不是通过教师传授得到，而是学习者在一定的情境即社会文化背景下，借助其他人(包括教师和学习伙伴)的帮助，利用必要的学习资料，通过意义建构的方式而获得。由于学习是在一定的情境即社会文化背景下，借助其他人的帮助即通过人际间的协作活动而实现的意义建构过程，因此建构主义学习理论认为“情境”“协作”“会话”和“意义建构”是教学环境中的四大要素或四大属性。教学环境中的情境必须有利于学生对所学内容的意义建构，要考虑有利于学生建构意义的情境创设；协作对学习资料的搜集与分析、假设的提出与验证、学习成果的评价直至意义的最终建构均有重要作用；会话是协作过程中的不可缺少环节，学习小组成员之间必须通过会话商讨如何完成规定的学习任务的计划；在学习过程中，帮助学生意义建构就是帮助学生对当前学习内容所反映的事物的性质、规律以及该事物与其他事物之间的内在联系达到较深刻的理解。这种理解在大脑中的长期存储形式就是前面提到的“图式”,也就是关于当前所学内容的认知结构。学习是个体建构自己知识的过程,这意味着学习是主动的,学生不是被动的刺激接受者,他要对外部信息做主动的选择和加工,因而不是行为主义所描述的 SR 过程。而且,知识或意义也不是简单由外部信息决定的,外部信息本身没有意义,意义是学习者通过新旧知识经验间反复的、双向的相互作用过程而建构成的。其中,每个学习者都在以自己原有的经验系统为基础,对新的信息进行编码,建构自己的理解。而且原有知识又因为新经验的进入而发生调整和改变,所以学习并不简单是信息的积累,它同时包含由于新旧经验的冲突而引发的观念转变和结构重组。学习过程并不简单是信息的输入、存储和提取,而是新旧经验之间的相互作用过程。因此,建构主义又与认知主义的信息加工论有所不同。

(3)建构主义教学观。建构主义在教学中的应用直接带来了一场学习革命。建构主义教学不是简化环境,而是要学习者能够在复杂的环境中学习并工作,要求把所有的学习任务抛锚在较大的任务或问题中,重视学习者发展对整个问题或任务的自主权。建构主义认为,教师应该在课堂教学中使用真实的任务和学习领域内的一些日常活动或实践。教师应设计支持并激发学习者思维的学习环境,鼓励学习者根据可替代的观点和背景去检测自己的观点,提供机会并支持学习者对所学内容与学习过程的反思。

美国学者乔伊斯(Bruce Joyce)和韦尔(Marsha Well)归纳总结了 4 类 23 种教学模式:信息加工型教学模式,包括生物科学探究模式、概念获得模式、归纳思维模式、记忆模式、先行组织者模式、探究训练模式、认识发展模式;人格发展教学模式,包括掌握学习模式、非指导性教学模式、创造历程模式、课堂会议模式、意识训练模式等;行为主义系统型教学模式,包括训练模式、压力减轻模式、脱敏模式、群辨法模式、直率性训练模式等;社会型教学模式:包括团体调查研究模式、角色扮演模式、法理学探究模式、社会探究模式、社会模拟模式、实验室训练模式等。

(一)基于问题的学习教学模式

基于问题的学习(Problem-Based Learning,简称 PBL)是通过将学习者置于积极的问题解决者角色,并在探究反映现实世界中结构不良的问题的过程中,发展问题解决策略,掌握学科知识技能的一种教学模式。其特征表现为:问题性、探究性、自主性、合作性。使用问题作为刺激学生的材料,问题以其在现实世界中的真实方式呈现,如何解决问题的信息需要学生自己去获取。

基于问题的学习是整合教学—研究—学习这一统一体的有效学习机制。

在建构主义理论指导下,"以问题为中心""以学生为中心""课程目标整合学科内容和技能发展""自主学习""合作学习""教师作为促进者"构成 PBL 的核心特征。有效问题或问题情境的设计是 PBL 成功运行的保障。PBL 的实施大体上涉及准备工作、阅读问题、定义关键问题、头脑风暴、讨论和综合、形成学习问题、独立学习、共同建构知识和开展行动计划等步骤。

PBL 是一种以学生为中心,通过把学生置身于结构不良的、真实的或接近真实的问题情境中,培养其建构知识、解决问题、团队合作、自主学习等能力并激发其学习的内部动机的教学模式。

基于问题的学习模式的理论基础之一,是杜威的实用主义教育思想。杜威的"思维五步":一是疑难的情景;二是确定疑难所在,并从疑难中提出问题;三是通过观察、搜集资料等,提出解决问题的种种假设;四是推断哪种假设能解决问题;五是通过行动验证或修正假设。杜威根据"思维五步"创立了著名的"教学五步":一是教师给学生准备一个跟现在生活相联系的情景;二是把在情景中产生的问题作为思维刺激物;三是为学生资料的应用、观察的方法及思维活动提供帮助,以提出解决问题的种种假设;四是让学生把这些假设加以整理和排列,使其秩序井然;五是让学生通过应用来检验这些假设,并对它们是否有效作出自己的判断。

基于问题的学习模式的理论基础之二,是建构主义学习理论。形形色色的建构主义对于学习形成了以下共识:知识建构的自主性——知识建构的社会性(个体对知识的建构主要是通过个体与社会的相互作用实现的);合作学习——师生之间、生生之间的对话与协商;知识建构的情境性——在具体真实的任务情景中进行学习,经历科学家那样的探究过程,才能掌握那样的解决问题技能。基于问题的学习是建构主义理论的最好运用。

霍华德·巴罗斯(Howard Barrows)等认为,基于问题的学习模式的目标,在于发展学生的思维或推理技能(问题解决、元认知和批判性思维),帮助学生成为独立的、自主的学习者(学会学习、学会管理)。有研究者将基于问题的学习模式的要素归结为三个方面。一是具有以下特征的"问题":真实性——自实际生活或模拟实际生活的情景;结构不良——问题情景复杂,没有足够的信息,需要学生自己去查询、收集,解决问题方案更是需要学生自己设计;开放性——问题复杂,没有标准答案,且允许多个合理解决方案。二是小组合作学习,其作用在于认识不同观点的价值,发展在团队工作中的合作技能,促进反思,增进热情,使学习变得更有趣,且保持得更持久。三是教师作为促进者(Facilitator),引导学生思维技能与元认知策略的发展。

还有研究者提出了 PBL 教学模式的教学原则:把每一个学习活动依托在/

抛锚于大的任务或问题上；在面对学习任务与学习问题时帮助学习者；设计真实的任务；允许学生掌控解决问题的过程；设计的任务与学习环境必须能够反映复杂的情景，使学生可以从事将来可能从事的专业工作；设计的学习环境应成为一种挑战，能够促进和刺激学生推理；刺激并强化学生的质疑精神和批判性分析问题的能力，并促进这些精神与能力能够迁移到其他情景中；提供给学生反思学习内容与学习过程的可能与机会。

霍华德·巴罗斯(Howard Barrows)等人开发的PBL经典模式流程包括了四个步骤：(1)呈现问题：问题以它在现实生活中的原本方式呈献给学生；(2)学生运用已有知识，围绕问题展开分析，界定具体的需要解决的问题作为学习议题；(3)通过把学习、探索中所学到的知识和技能运用到问题解决中，评估学习的有效性，并强化学习；(4)把问题解决过程中所获得的知识和技能归纳和整合，使其成为自已知识结构的一部分。

(二)基于探究的学习教学模式

基于探究的学习教学模式(Enquiry-Based Learning, EBL)包含了以下要义：(1)类似科学家工作的方法和过程；(2)是学生必须形成的认知能力；(3)一类教学策略，促进学生科学探究学习；(4)意味着形成探究能力和理解科学概念与原则。许多研究者认为，基于探究的学习教学模式是专业教育领域最为重要的改革举措。新西兰《高等教育战略规划2014～2019》中提出："大学必须形成一种研究性文化，本科生学会研究本位的方法，促进他们的终身教育发展。"①

基于探究的学习教学模式的理论基础，一是建构主义学习理论，二是斯腾伯格的智力成分三元论，三是加德纳的多元智能理论。建构主义学习理论前面已论述，不再赘述。斯腾伯格的智力成分三元论，包含了成分智力、经验智力和情景智力。成分智力(Componential Intelligence)是指个人在问题情境中运用知识分析资料，通过思维、判断推理以达到问题解决的能力。有三种成分对信息加工至关重要：(1)知识获得成分，可以用于学习新的事实；(2)操作成分，作为问题解决的策略和技巧；(3)元认知成分，用于选择策略、监控认知过程以达到成功。经验智力(Experiential Intelligence)指个人运用已有经验解决新问题时整合不同观念所形成的创造能力。其包括两种能力：一种是处理新任务和新环境时所要求的能力；另一种是信息加工过程自动化的能力。情景智力(Contextual Intelligence)指个人在日常生活中应用学得的知识经验解决生活实际问题的能力，是获得与情景拟合的心理活动。在日常生活中智力表现为有目的地

① 转引自张旭雯：《新西兰〈高等教育战略规划2014～2019〉述评》，《大学》(研究版)2019年第1期。

适应环境、塑造环境和选择新环境的能力，这些能力统称为“情绪智力”。[①] 三元智力理论是当代智力理论的代表之一，它与当代认知心理学的发展相契合，并将传统智力理论中的智力概念扩大了，因为传统智力测验所测的智商只是智力三元论中的成分智力。斯腾伯格认为，传统教学模式关注学生的分析智力，不利于学生创造能力和实践能力的培养。加德纳的多元智能理论，将智能分为语言智能、数学逻辑智能、空间智能、身体运动智能、音乐智能、人际智能、自我认知智能、自然认知智能等多种智能。加德纳把智力定义为“在某种社会和文化环境的价值标准下，个体用以解决自己遇到的真正难题或生产及创造出某种产品所需要的能力”。他认为：一方面，智力不是一种能力而是一组能力；另一方面，智力不是以整合的方式存在而是以相互独立的方式存在。目前所能够测量的东西仅仅是语言和数理逻辑，如果一定要去测量智力，那么应当侧重于该智力所要解决的问题或在运用该智力时表现出来的创造性能力。

舒克曼将基于探究的学习分为以下几个阶段：遭遇问题、收集数据、实验、规则表达与解释、分析发现、形成长期策略。罗杰·贝比（R.Bybee）提出了关于探究学习的5E模式：(1)启发阶段（Engagement）：教师激发学生表达自己知识的动机；(2)探索（Exploration）：引导学生确立探索、检查、假设、选择、收集数据的方法；(3)解释（Explanation）：学生获得足够信息后以不同方式进行分析、总结和表达；(4)提炼（Elaboration）：学生将已有知识和新发现的知识进行融合，或产生模型，或运用于解释其他案例；(5)评价（Evaluation）：教师运用不同的方法了解学生学习的效果。有研究者认为基于探究的学习教学模式应遵循以下基本原则：强调探究式学习的多样化设计模式；探究学习面向全体学生，并关注个体差异；给探究式学习的开展提供足够的支持条件；探究过程中要重视学生已有的个人知识和原始概念，引导学生积极反思；重视学生独特的感受和体验；重视学生之间的交流与合作；在探究过程中体验挫折与成功；探究式学习的评价应以形成性评价为主。[②]

对学生探究能力的培养，不仅是大学教学的重要任务，而且延伸到了中小学阶段。探究能力在我国中小学越来越受到重视的标志性事件之一，是教育部于2017年发布《中小学综合实践活动课程指导纲要》，提出中小学综合实践活动是义务教育和普通高中课程方案规定的必修课程，与学科课程并列设置，从

---

① 参见[美]罗伯特·J.斯腾伯格：《成功智力》，吴国宏、钱文译，华东师范大学出版社2017年版，第12页。

② 参见吴成军、张敏：《美国生物学“5E”教学模式的内涵、实例及其本质特征》，《课程·教材·教法》2010年第6期。

小学到高中，各年级全面实施，所有学生都要学习参加。

综合实践活动是什么样的课程?《中小学综合实践活动课程指导纲要》突出强调综合实践活动课程以下几个基本属性:

第一，它是义务教育和普通高中课程方案规定的必修课程，与学科课程并列设置，从小学到高中，各年级全面实施，所有学生都要学习，都要参加。

第二，它是跨学科实践课程，注重引导学生在实践中学习，在探究、服务、制作、体验中学习，分析和解决现实问题。它可能涉及多门学科知识，但不是某一门学科知识的系统学习，也不同于某一门学科中的实践、实验环节。

第三，它是动态开放性课程，强调从学生的真实生活和发展需要出发，选择并确定活动主题，鼓励学生根据实际需要，对活动过程进行调整和改进，实现活动目的。课程实施不以教材为主要载体，不是按照相对固定的内容体系进行教学。在这一点上，与学科课程也有显著区别。

《指导纲要》强调，要引导学生运用各门学科知识分析解决实际问题，使学科知识在综合实践中得到延伸、综合、提升。对于学生在综合实践活动中所发现的问题，要在相关学科教学中进行深入分析，要防止用学科实践环节取代综合实践活动。

(三)混合教学模式

混合教学模式(Blended Learning)通常以学习者的发展为出发点和归宿，通过将网络教学环境与面对面教学环境有效整合，充分利用各种媒介优势，使学习环境中诸要素之间实现合理配置与协同运行，促进学习者全面和谐发展，达到学习最优化。有研究者认为，从学习理论的角度来看，混合学习是建构主义、行为主义和认知主义的整合。从学习环境来看，混合学习主要是传统课堂与在线学习的整合。从学习方式来看，混合学习是接受学习、自主探究学习、合作学习、网上学习、网下学习、同步学习、一般学习的整合。从学习资源来看，混合学习是传统媒体资源与数字化媒体资源的整合。从学习的参与主体来看，混合学习是学习者、教师、专家和网络计算机的整合。

混合教学模式的产生，一是基于因特网的数字化学习(E-Learning)对传统高等教育产生重大影响;二是因为网络化远程高等教育的质量监控面临挑战，数字化学习不再被看作高等教育的替代者，而是创新大学教学模式不可分割的部分，网络学习有机地融合到传统课堂教学中。

混合学习强调教师主导作用与学生主体地位的结合。教师设计学习环境，搭建学习支架，面对面授课，通过各种途径为学生提供帮助与支持;学生独立探究，充分利用各类学习资源，基于网络进行合作学习，通过学习社区研讨，通过电子邮件交流。混合学习的关键是对媒体的选择和使用。混合学习的本质是对信息传递通道的研究，研究哪些信息传递通道更具典型性、更利于学生学习知识、适合不同学生的学习风格。有代表性的混合学习的通道有：(1)实时面对面(正式)：课堂教学、研讨；(2)实时面对面(非正式)：学生组织间的联系，团队合作；(3)虚拟协同、同步：虚拟课堂；(4)虚拟协同、异步：电子邮件、在线公告板、在线学习社区；(5)自定步调的学习：网络学习模块、在线资源链接、视频音频、在线自我测试及练习等。

琼什·伯辛(Josh Bersin)将混合学习分为以下四个基本环节：(1)识别并定义学习需求；(2)根据学习者特征，制订学习计划与评价策略；(3)根据实施混合学习的环境，开发或选择学习内容；(4)执行计划，跟踪过程并对结果进行评价。[①]

混合教学模式大致可分为以下三类：教学环境的混合、教学方法的混合、教学组织的混合。这里主要是指在多种理论指导下，以教师为主导、学习者为主体，运用多种媒体、教材、技术，以使传统面对面教学与网上学习有机结合，使教学目标达到最优的一种教学模式。在课堂教学组织、学习环境设定等各方面采用线上和线下教学融合的教学策略，从而帮助学生提升学习效果。在混合教学中，有必要发挥教师在指导、启发和监督教学过程中的主导作用。它还反映了学生作为学习过程主体的主动性、积极性与创造性。混合的方式是多维度的，不是简单的线上和线下教学的相加。混合教学不管是以面对面教学为主导，还是以网络课程为主导，其目的都是将两者的优势进行有机结合，从而把学习者引向深度学习。

混合教学模式奉行四大原则：适配学习者原则、适配学习内容原则、适配学习过程原则、适配学习情境原则。其又主要包含五大要素：教学环境(传统课程、网络学习平台)、教学方式(自主学习、协作学习)、交互方式(师生交互、生生交互，面对面交流、网络交流)、教学媒体(教科书、黑板、电影、投影、视听媒体、多媒体课件、计算机教学系统)、教学评价(教师评价、学生评价、自我评价，定量评价、定性评价，形成性评价、总结性评价)。具体实行上可以包含四个步骤：

一是前期分析。前期分析总共有四个方面的工作：通过对学习者的认知特征、学习基础和数字化学习能力进行分析，评定学习者的基本情况和教学起点；根据本专题教学内容与学习者需求情况，确定教学要达到的三维目标；分析本专题包含知识点范围、类型以及各个方面知识点之间的联系；检测现有教学环境能否满足教学实际要求，不满足的话能否改善。

---

① 参见王子贤等：《混合教学模式下教学质量评价研究》，《上海教育评估研究》2018年第1期。

二是资源环境准备。首先，资源准备要按内容划分，总结相关主题资源建设方式，以此整合建设专题资源，且要充分考虑教学内容与教学目标的要求，还要考虑资源的类型是否符合学习者使用习惯，哪些适合用于在线学习，哪些适合用于课堂教学。其次，教与学环境要遵循环境搭建的原则，选择合适的新媒体与相关硬件设备进行搭建。

三是教学环节混合。根据课程属性，在教学环节上包含课前、课中即可。课前是在线学习，主要是教师搭建学习平台，推送学习资源，学生进行在线学习。课中是面对面互动教学，主要开展多个主题教学活动进行知识、技能的互动教学。为了减轻学习压力，知识内容尽量在课前和课中全部完成，因而不设置课后环节。在进行教与学活动设计时，要不断思考以下问题：哪些学习活动完成哪个教学目标？哪些活动适合在线学习？哪些活动适合课堂教学开展？在线学习活动与课堂教学活动有什么联系？活动设置是否符合"适当"要求？

四是学习评价。例如，采用在线学习情况（内容学习的参与度、完成度，自测结果，在线活动情况等）、课堂学习数据反馈（课堂活动参与度、完成度，完成质量分析）和在线考试（成绩分析）三种方式进行综合评价。

（四）合作学习教学模式

合作学习（Team-Based Learning）是一种组织化、系统化的教学策略，指小组一起工作指向共同的目标。与传统讲授式课堂教学比较，合作学习课程目标从关键概念认知向关键概念运用和问题解决转变，教师从信息传递者向内容设计者和小组管理者转变，学生角色从信息接收者向主动获取知识并与他人合作的学习者转变。

合作教学形式多样，其基础是六种教学交互理论：学生与教师的交互、学生与学生的交互、学生与内容的交互、教师与内容的交互、教师与教师的交互、内容与内容的交互。

从教师角度而言，教师合作教学是团队教学，是组建教师团队通过合作完成教学，从而提高教育教学效果的一种教学模式。这种教学模式具有如下几个优势：一是发挥不同教师的专业特长；二是激发学生学习的兴趣；三是有益于教师的专业发展。

这种合作教学模式一般包括四种：典型模式、支持模式、平行模式和嘉宾模式（项链式教学）。合作教学模式的划分依据是合作教师的分工：典型模式是指合作教师团队中所有的教师共同进行教学设计，并积极参与整个教学过程，分别从不同的视角讨论同一问题，在同一时间内和教学对象开展互动，并对最终的反馈和成绩评定负责；支持模式是指合作教学团队中的教师共同参与设计教学内容、共同承担学习者的成绩评定，但是每个教师分别呈现适合他们个人专长的教学材料;平行模式是指合作教师团队中的教师共同设计教学内容、教学过程以及教学活动,将同一个班级的学生分成若干小组,合作教师团队中的教师分别对不同的小组进行教学;嘉宾模式是指合作教师团队中的教师之一作为教学的主持人,承担教学内容的设计和学生的成绩评定,但定期邀请专家学者作为嘉宾合作教师参与教学活动。

合作学习可以先从 2～3 人小组开始,2～3 人的交流比大群体简单。通过不断改变,学生们逐步适应接受班级的任何成员作为他们的合作伙伴,根据不同任务进行合作学习。乔伊斯和韦尔通过案例,介绍了一种从两两合作到团体调查的合作学习方式:

英语课上,教师给学生们 12 首诗,这些诗是从 100 首最能代表当代美国杰出诗人的作品中挑选出来的。教师将学生分为 2 人一组,让他们阅读后根据诗歌的结构、风格和主题分类,然后各组与全班分享分类结果。这样,一组学生就能将自己的分类结果与其他各组比较。通过这种分享,全班学生获得了许多对诗歌结构、风格及主题进行分类的方法。接着,教师让学生重新分 2 人小组,给每组学生另外 12 首诗,让他们将这些诗按照前面获得的分类方法进行分类,也可以自己扩展新的类别。几轮做下去,直到学生们学会 48 首诗。接着,教师布置新任务:一是学会根据诗歌的风格和结构找出诗的主题,或根据主题找出风格和结构(即搞清风格、结构与主题的关系);二是让学生猜测某组诗歌是否是特定诗人的风格、结构和主题的独特结合。

乔伊斯和韦尔认为,团体调查模式可以以让学生面对一个感兴趣的问题为开端,如果学生对这个问题产生了反应,教师可以把学生的注意力引导到学生反应的差异上来。当学生们对这种差异感兴趣时,教师再指导他们自己澄清并界定问题,接下来学生们根据问题需要自己进行组织分工,采取行动,汇报结果。最后,小组根据最初的目标来评价自己解决问题的方法,这一过程自动重复,要么面对一个新的问题,要么从调查过程中产生另一个需要解决的问题。乔伊斯和韦尔将团体调查模式结构分为六个阶段:

阶段 1:学生面对问题情景(有计划或无计划的)。

阶段 2:学生对问题情景作出反应。

阶段 3:学生分析任务并组织研究(界定问题,分配角色和任务)。

阶段 4:独立工作和小组研究。

阶段 5:学生分析问题的进展和过程。

阶段 6:开始新一轮活动。

在团体调查模式中,乔伊斯和韦尔认为,教师起着顾问作用(帮助学生制订计划、采取行动,调控团体活动,有意识地使用一定的方法)。学生对问题情景作出反应，并检验自己对问题情景的反应，他们自己决定解决问题需要什么样的信息，并进行搜集。他们提出假设，并用相关知识去验证假设。他们评价自己的结果，以确定继续对原问题进行探究还是开始新一个问题的探究。教学的中心在于创设一种有利于合作的团体氛围，使学生掌握民主解决问题所必需的协商和解决冲突的技巧。此外，教师需要指导学生学会收集数据和分析数据的方法，帮助他们提出可检验的假设，找出能够对假设进行合理验证的构成要素。

近年来，对于合作教学的研究已从基础教育扩大到高等教育，范围越来越广，研究越来越深入，很多研究者通过对理论和实践的不断研究，探索出了很多有效的合作教学模式。

（五）O-AMAS模式

此模式是南开大学在总结教学研究的基础上推广的一种有效教学模式，近几年用于青年教师教学技能的培训。

O-AMAS模式中的O(Objective)代表教学目标设计。A(Activation)表示迅速激活，让学生进入学习状态，帮助学生从情感、身体、认知三方面入手，激发积极情绪，引发专注力，点燃好奇心。M(Multi-Learning)是多元学习，运用多种教学方法，令学生多感官参与、多同伴交互、多氛围调节、多层级学习。A(Assessment)表明有效测评，教得如何出自有效测评和课堂反馈。S(Summary)代表简要总结。

五、教学方法的基本类型

在当今教育理论界，由于人们对教学方法的认识不尽一致，给教学方法所下定义也各不相同。随着现代教学理论和实践的不断深入发展，人们对教学方法本质的研究将趋于深刻，教学方法的定义也会更具体和确切。但是，无论怎样界定教学方法，首先都必须明确体现以下两方面的思想和内容：第一，教学方法与教学目的相联系，是实现教学目的不可或缺的工具；第二，教学方法始终应包括教师教的方法和学生学的方法。

基于以上认识，我们可以把教学方法的概念表述为：教学方法是指在教学活动中，教师指导学生学习以达到教学目的而采取的教与学相互作用的活动方式的总称。

教学方法是联结师教生学的重要纽带、完成教学任务的必要条件、提高教学质量的重要保证和途径、影响教师威望与师生关系的重要因素，同时其也影响学生身心发展。

（一）常用教学方法

为方便初上大学讲台的青年教师，介绍一些目前大学教学中比较常用的教学方法，供读者参考借鉴。

1. 发现教学法

发现教学法是指在教师引导下，学生利用资料或情境自觉主动地探索，从而不断发现问题和解决问题，培养独立思考能力的一种教学方法。发现法的一般步骤：第一步，创设问题的情境，使学生在这种情境中产生矛盾，提出要解决或必须解决的问题。第二步，促使学生利用教师所提供的某些材料和所提出的问题，提出解答的假设。第三步，从理论上和实践上检验自己的假设。第四步，根据实验获得的一定材料或结果，在仔细评价的基础上引出结论。发现教学法可以促进学生智力发展，挖掘学生的潜力，激发学生的学习积极性，培养学生的创新精神，更好地巩固所学知识，并能学习研究方法。

2. 情景教学法

情景教学法是指教师在教学中创设一个有关的情景，以激发学生的学习兴趣和积极性，使学生更好地掌握知识，发展创造力。为教学创设的情境主要有生活展现情景、自主体验情景、实物演示情景、图画再现情景、音乐渲染情景、表演体会情景、语言描述情景等。

3. 尝试教学法

尝试教学法是指教师在教学中给学生创造一定的条件，让学生主动探索、独立思考、发现问题、分析问题和解决问题，以培养学生的探索精神和自学能力为主要目标的教学方法。它的特点是变先讲后练为先练后讲。过程为出示尝试问题、自学教材、尝试练习、学习讨论、教师讲解。

4. 成功教学法

所谓成功教学法就是教师在教育教学过程中，通过激发学生的成功动机，指导学生的成功行为，使学生感到成功的愉悦，进而升华成功目标，达到人人都主动争取成功，不断取得学习上的成功。成功教学法的基本要素有三个：一是积极的期望；二是成功的机会；三是鼓励性评价。

5. 案例教学法

案例教学法是德国教育家瓦·舍根提出的。教师通过对典型事例进行分析，使学生掌握科学知识和科学方法。精选案例是关键步骤，有利于学生创造能力及解决实际问题能力的发展，有利于学生知识的内化，有利于学生表达、讨论技能的提高和自信心的增强。案例教学大大地缩小了教学情景与实际生活情景的差距，可以帮助学习者理解教学中所出现的两难问题，帮助教师掌握对教学进行分析和反思的方法。步骤为设计案例课程（教学目标—案例标准），进行课前准备（学生—教师），执行课堂教学过程（引入—讨论—结论），最终评价与反馈。

6. 目标教学法

目标教学法是依据美国教育学家布卢姆的“教育目标分类学”和“掌握学习策略”,按既定的教学目标和形成性测试手段,落实大纲的学习任务,培养学生各项能力的教学方法。其三个环节为定标、实施、评价。

7. 程序教学法

程序教学法是指按照知识和能力的进展规律不断重复强化的学习法。美国著名的教育心理学家斯金纳通过动物实验建立了操作行为主义的学习理论,并据此提出了程序教学法。斯金纳认为,人类的学习也是一种操作反应的强化过程(“强化”在他的教学理论中占有核心的地位)。通过操作性强化,一个比较完整的行为单位可以被学会,或者被精炼。使教学或者训练获得成功的关键,就是要很精确地分析强化效果,根据学习的目标,不断地给予强化,促使学习者向着学习目标迈进。

8. 暗示(隐喻)教学法

暗示(隐喻)教学法又称“启发式教学法”或“启示法”,是教师通过各种暗示手段,将学生的逻辑思维与情感倾向结合起来,充分调动学生的无意识心理活动,提高其学习兴趣和自信心,使其在生动活泼、轻松愉快的环境中进行学习,形成最佳的学习状态,从而充分发挥学生的学习潜力,提高效果的一种教学方法。

9. 掌握教学法

许多教师认为在一个班级中只有部分学生能完全学会所教的知识。布卢姆认为:“正态曲线并不是神圣的东西,它所描绘的是一种随机的结果,教育是一种有目的的活动,在这种活动中我们力图使学生学会我们所教的东西。所以,如果我们的教学是有效的话,那么成绩分布应与正态曲线很不相同,成绩正态分布时,说明我们的教育努力是不成功的。”[①]掌握学习其实是改变课堂的综合计划,执行方式是:学生心理定向(学生知晓—激发个体—保证指导),学前诊断与矫正(达到同起点),单元教学与形成性评价(根据单元目标制订课时目标与设计课堂教学,清晰讲解—学习活动,形成性测验与评价,平行性测验,评定掌握等级)。

10. 研究性学习

所谓研究性学习,是指学生基于自身兴趣,在教师指导下,从自然、社会和自身生活中选择和确定研究专题,主动地获取知识、应用知识、解决问题的学习

---

① [美]本杰明·S·布卢姆等:《布卢姆掌握学习论文集》,王钢等译,福建教育出版社 1986 年版,第 23 页。

活动。步骤:提出问题—学习者投入对科学型问题的探索中;收集数据—学习者重视实证在解释与评价科学型问题中的作用;形成解释—学习者根据实证形成对科学问题的解释;评价结果—学习者根据其他解释对自己的解释进行评价;检验结果—学习者交流和验证他们提出的解释。

11. 愉快教学法

愉快教学法是指教师在教学中通过营造氛围,使师生、生生在轻松愉悦的气氛中学习,如愉快游戏法、想象引导法、动态图片法、情境表演法、故事感染法、动手操作法、讨论探究法、巧设悬念法、新奇引趣法、竞赛激励法、形象直观法,轻松音乐法等。

12. 问题教学法

问题教学法的步骤可分为以下四个阶段:运用已知方式解决问题——问题解决阶段的"关闭";产生问题情境并扩大对新的解决方式的探索范围;已被发现的原则的体现阶段;对所获得解答的正确性的检验。问题教学法的三种模式:杜威的疑难情景—确定问题—提出假设—推理—验证;当代美国流行的选问题—明问题—找线索—解问题;巴班斯基的创情景—集体讨论—证实结论—提出问题—作业。

13. 同伴互助教学法

同伴互助教学法是指以师生平等、生生平等为前提,尊重学生的人格和心理发展规律,相信学生自我成长的潜能,在教师的引导和组织下,有着相似性格特征、兴趣爱好的学生之间组成学习同伴或小组,互相帮助,彼此促进,共同提高。

14. 拼图式合作学习法

拼图式合作学习是指教师在教学中通过使每个学生负责小组内某一部分材料的教学来增强其合作学习能力。在此结构中,学生是两个不同的组"原属小组"和"拼图小组"的成员。最初,班级的学生被分配到"原属小组",每组的成员都作为一名"专家"被分配一部分的材料进行学习研究。然后"原属小组"被拆开,像一块块拼图玩具一样,和其他负责准备相同主题的学生形成新的小组,称为"拼图小组"。学生进入"拼图小组"后,在小组里讨论他们被分配的特定材料,以求更全面透彻地理解它。讨论完后,学生再返回他们之前的"原属小组",把他们的研究成果讲授给组内其他成员。在最后阶段,为了使学生的学习情况相一致,教师可以组织个人、小组甚至全班级举行一些活动。例如,可以使"原属小组"里的学生在课堂上演示他们的课题。在评估阶段,通过合作学习方法来评估研究结果。拼图法可以让学生积极参与学习过程。

15. 对分课堂—亮考帮

对分堂课—亮考帮这一方法本质上是一种讨论式教学法，是一种新的课程教学改革模式，即通过“课时对分＋隔堂讨论”形式，将传统课堂时间的一半给教师讲授新课，一半留给学生讨论前次课程内容。该模式基于认知心理学理论，融合传统讲授课堂与讨论式课堂各自优势，其出发点是调动学生的学习积极性、主动性与创造性。“亮考帮”指的是在对分课堂模式下教师用一半课堂时间进行讲授之后，让学生内化吸收自主学习，将所学知识分为三个层次的问题：“我会的”“我会的可能你不会的”“我不会的”。这三个层次的问题，通常被称为“亮闪闪”“考考你”“帮帮我”，简称为“亮考帮”。“亮闪闪”是指学生在温习知识框架、吃透重难点的基础上，列举出学习过程中自己感受最深、已经学懂学会的内容；“考考你”是指学生把自己掌握，但其他同学可能还没有掌握的知识，用问题的形式提出来让其他同学解答；“帮帮我”是指把自己不懂不会的、想掌握的知识点列举出来，寻求同学的帮助。

16. 世界咖啡

世界咖啡教学方法是一种有效的团队学习方法，是用对话解决问题、找到方案的学习方式，在一种真诚互利和共同学习的精神下把人们齐聚一堂，通过营造朋友聚会式的休闲氛围，让背景各异、观念不一，甚至素不相识的人能够围坐在一起，进行心无障碍的轻松交流和畅谈，让深藏的思想碰撞出火花，形成集体的智慧。它是构建学习型组织的基本方法，是团队协同共进的高效工具。

17. 漫游挂图

漫游挂图教学方法也是一种团队学习方案。完整漫游挂图包含了六个步骤，分别是前期准备、充分预热、家中研讨、串门巡视、回家查看和总结收敛。前期准备环节主要是确定主题、主题下面的议题和目标产出。充分预热环节是让参与者清楚研讨的主题、背景和目标产出，并准备好开展研讨。家中研讨，即小组成员在组长或引导师带领下在某个议题海报架面前开展讨论，形成本议题的目标成果。串门巡视，即各小组离开本组的议题海报架，依次去临近的下一个小组巡视，学习和了解这个小组的成果的同时，也发表和贡献本小组的观点，并呈现在海报上。回家查看，即各小组巡视完一圈后，回到自家海报面前，查看其他小组的观点和看法。总结收敛，即主引导师带领全体参与者分享巡视过程中的观点想法和心得体会，并依据目标产出的需要进行总结收敛。

大学的教学方法是多种多样的。近年来，我国大学教学方法发展表现出多个特点，学生的主体性不断突出，智力与情感等非认知因素逐渐整合，学习方法的研究在强化，教学方法逐渐心理学化、系统化、模式化。

(二)教学方法的基本类型

要形成独特的教学风格,教师应该对人类在漫长的历史发展中所形成的教学方法基本类型有所了解。教学方法体现了特定的教育价值观,指向实现特定的课程与教学目标。因此,要把握一种教学方法的本质,就必须着眼于它所体现的教育价值观,看它究竟指向怎样的课程与教学。教学方法受特定的课程内容制约,要使教学方法真正对教学过程起作用,必须与特定的课程内容结合起来,各门学科的教学必须运用适合各自学科内容的思维方法、研究方法、研究手段。教学方法还受教学组织形式的影响,例如,大班授课中,真正采用自主型教学方法就很困难。

从教师、学生、教材与环境几方面交互作用的视角来审视教学方法,可以把纷繁复杂的教学方法归纳为三种基本类型:提示型教学方法、共同解决问题型教学方法、自主型教学方法。

1. 提示型教学方法

提示型教学方法,是指教师在课堂上通过各种提示活动(如讲解、示范等)来教授课程,学生接受并内化这些内容。提示型教学方法的优点是能够使人在短时间内理解并接受大量文化知识,能够充分体现教师的主体性和主导作用,也可以充分调动学生理智与情感的主动性积极性。提示型教学方法的局限性在于:有助于人的认知能力的发展,却不利于人的实践能力的发展;有助于发展人的接受能力,却限制了人的发现探究能力的发展;不关注学生的认知结构,有可能导致注入式教学,使学生机械被动学习。

2. 共同解决问题型教学方法

共同解决问题型教学方法是指通过师生的民主对话与讨论来共同思考、探究和解决问题,由此获得知识技能、发展能力和人格。

共同解决问题型教学方法蕴含了较高的教育价值。首先,共同解决问题型教学方法体现了教育的民主性追求。这种教学方法把教学过程视为师生平等参与和民主交往的过程。其次,共同解决问题型教学方法能够充分调动教师与学生两类主体的主动性和创造性,有助于提高教学质量。再次,共同解决问题型教学方法有助于提高学生探究问题和解决问题的能力,有助于发展学生的社会交往能力和社会态度。

共同解决问题型教学方法主要包括“教学对话”和“课堂讨论”两种基本形态。教学对话就是通过教师的提问、激励与引导,学生自由思考、自由表达自己的疑问和见解而获得知识技能、发展能力与人格。教师组织和引导教学对话的关键,是恰当的提问:提问不仅要使学生再现已有知识,更要激发学生思考;提问要目标明确,能为学生提供思维方向;提问要富于教学机智,根据教学情景而变化。课堂讨论建立在教学对话基础上并扩大了教学对话，教师与学生之间、学生与学生之间共同讨论、探究与解决问题，学生由此而获得知识技能、发展能力与人格。课堂讨论的组织与引导可以按照以下规范进行：(1)创设课堂讨论情景，提出富有挑战性的、真正吸引学生的、有价值的问题与课题。如探讨现象的成因、命题的依据、关系与法则的理解、所认识的事物的价值、新的问题解决方法等。(2)教师以平等身份与学生展开讨论，尊重学生人格，创造良好的讨论氛围。(3)教师要帮助学生建立良好的讨论习惯与规范。

3. 自主型教学方法

自主型教学方法要求学生独立解决由本人或教师提出的课题，教师在学生需要时提供适当帮助，学生由此获得知识技能、发展能力与人格。组织理想的自主型学习活动，发展学生的自主学习能力以及自主探究能力，并最终形成学生的自主型人格，是当代高等教育的重要目标之一。因此，自主型教学方法是非常适应世界高等教育改革潮流的教学方法。

在大学课堂教学中，建议视具体教育情景的需要，将三种教学方法优化组合，使三种方法彼此之间相互作用、相互促进。

六、结语

要成长为一名优秀的高校教师，必须树立“以促进学生学习与发展为核心目标”的价值取向，并了解人类在漫长的历史发展中所形成的基本的教学模式与教学方法。此外，教师要反思并发掘自身的教学特质，形成自己的教学风格。作为青年教师，要重视课堂教学能力的提高，同时要独立思考且不要轻易被他人的课堂评价左右。

第五章　教学设计与教学目标

教学设计又称"教学系统设计"，于20世纪60年代逐渐兴起，属于教育技术学领域内的一个分支，是教师为达成一定的教学目标，对教学活动进行系统规划、安排与决策的一门应用科学，具有很强的实践性。作为教育技术学科体系中的核心课程，教学设计以解决教学问题、优化学习为目的，在理论与实践方面可以说是众多学科的综合，研究领域横跨教育学、心理学、系统科学、传播学等学科，同时吸收了这些学科研究的优秀成果。

一、教学设计的内涵

多位国内外学者从不同的侧面来研究教学系统设计。加涅曾在《教学设计原理》中对教学设计作了界定：教学设计是一个系统化规划教学系统的过程，教学系统本身是对资源和程序作出有利于学习的安排。[①] 帕顿在《什么是教学设计》一文中指出，教学设计是设计科学大家庭的一员，是对学业业绩问题的解决措施进行策划的过程。[②] 梅里尔等人则在《教学设计新宣言》中提出，教学是一门科学，而教学设计是建立在这一科学基础上的技术，因而教学设计也可以被认为是科学型的技术。[③] 我国学者盛群力在2005年出版的《教学设计》中，将教学设计界定为：教学设计实质上是对教师课堂教学行为的一种事先筹划，是对学生达成教学目标、表现学业进步条件和情景做出的精心安排。[④]

也就是说，教学设计主要是运用系统方法，将学习理论与教学理论的原理转换成教师对教学目标、教学内容、教学方法、教学策略和教学评价等环节进行

① 参加[美]R.M.加涅等：《教学设计原理》，皮连生、庞维国译，华东师范大学出版社1999年版，第20页。

② 参见何克抗等：《教学系统设计》，北京师范大学出版社2002年版，第3页。

③ 参加何克抗等：《教学系统设计》，北京师范大学出版社2002年版，第120页。

④ 参见盛群力：《教学设计》，高等教育出版社2005年版，第6页。

具体计划，创设教与学的系统过程或程序，而创设教与学系统的根本目的是促进学习者的学习。

徐继存和赵昌木在他们主编的《现代教学论基础》一书中，提出了狭义的教学设计和广义的教学设计理论。狭义的教学设计就是指某一门课程或某一教学单元，单课或某一项培训这一较小教学系统。广义的教学设计是指把课程设计计划（总体规划及各门具体课程计划）、课程教学过程、媒体教学材料看作教学系统的不同内容层次所进行的系统设计。① 事实上，这种广义的教学设计是基于教学设计的过程而言的，而狭义的教学设计则主要关注教学设计的结果。

显然，教学设计的共性要素包含学习者及其需要的分析、教学内容的分析、教学目标的确定与阐述、教学媒体的选择与运用、教学评价的设计。

针对教学实际，加涅提出了若干基本假设，实际上阐述了教学设计的方法和意义：教学系统设计的目的在于促进学习者的学习；系统设计的教学能够极大地影响学习者的个体发展；教学设计有许多阶段，而阶段既有即时的，也有长期的；教学设计应该以系统的方式进行；教学系统设计必须基于人们如何学习的知识。②

教学系统设计经历了艺术过程、科学过程、系统工程方法、问题解决方法、以人为本五个发展过程。当前的教学设计依据众多理论，包括：传播学理论，学习理论中的行为主义理论、认知主义理论、建构主义理论、人本主义理论，教学理论，系统工程理论等。

二、教学设计模式

教学设计模式是经过长期的教学设计实践活动所形成的教学设计的系统化、稳定化的操作样式，它用简约的方式，提炼和概括了教学设计实践活动的经验，解释和说明了教学设计的理念和有关理论。教学设计的模式既是教学设计理论的具体化，又是教学设计实践活动的升华，是教学设计理论与实践的紧密结合。

美国著名的教学设计专家马杰认为，在一个教学设计里，我们主要需要回答三个问题，第一，我们要到哪里去，也即教学目标的设定问题；第二，我们怎样到那里去，即教学过程的设计问题；第三，我们是否到了那里，也就是对教学结

① 参见徐继存、赵昌木：《现代教学论基础》，北京大学出版社 2008 年版，第 214 页。

② 参见[美]R.M.加涅等：《教学设计原理》，皮连生、庞维国译，华东师范大学出版社 1999 年版，第 31 页。

果的评价。①

关于教学设计模式的发展历程，国外有人将其划分为四个阶段，也有人将之划分为两代，即第一代教学设计模式和第二代教学设计模式。

（一）第一代教学设计模式

第一代教学设计模式泛指1990年之前的所有教学设计模式，其主要标志是：在学习理论基础方面，采用行为主义的联结学习，即刺激—反应理论。

第一代教学设计模式的代表性模式当首推肯普模式，这一模式为肯普于1977年提出，后来又经过多次修改，从而逐渐变得完善。这一模式的基本内容可概括为以下三个方面：在教学设计过程中强调四个基本要素；着重解决三个主要问题；适当安排十个教学环节。

四个基本要素是指教学目标、学习者的特征、教学资源和教学评价，这四个基本要素是任何教学设计过程都离不开的，它们构成了整个教学设计模式的总体框架。②

三个主要问题：一是学生必须学习到什么，这是确定教学目标；二是为达到预期的教学目标应该怎样进行教学，即根据教学目标的分析确定教学内容和教学资源，根据学习者的特征分析确定教学起点，并在此基础上研究教学策略和教学方法；三是检查和评定预期的教学效果。③

两个同心圆设计图形中，内环十个教学环节：一是确定学习需要和学习目标，为此应先了解教学条件，这是所有环节的中心；二是选择课题与任务；三是分析学习者的特征；四是分析学科内容；五是阐明教学目标；六是实施教学活动；七是利用教学资源；八是提供辅助性服务；九是进行教学评价；十是预测学生的准备情况。外环是形成性评价、总结性评价。内外环相关相连，外环的作用是修正内环环节。④

肯普模式的基本的指导思想是通过教师来促进和实现"刺激—反应"联结，在这个教学设计模式中，整个教学过程主要是教师向学生传授知识。这是一个典型的以"教"为中心、以行为主义学习理论为基础的教学设计模式。

第一代教学设计模式的另一个具有相当影响的教学设计模式是狄克-凯瑞教学设计模型，其开始结合认知主义学习理论。

肯普模式始于教学目的，经教学分析和确定学生初始行为及特征，写出行

---

① 参见高瑞利：《美国教学设计理论从ID1到ID2的发展》，《比较教育研究》2003年第2期。

② 参见[美]加里·R.莫里森等：《设计有效教学》，严玉萍译，中国轻工业出版社2007年版，第6页。

③ 参见[美]加里·R.莫里森等：《设计有效教学》，严玉萍译，中国轻工业出版社2007年版，第7页。

④ 参见[美]加里·R.莫里森等：《设计有效教学》，严玉萍译，中国轻工业出版社2007年版，第9页。

为目标、制定测验项目的参照标准、设计教学策略、开发选择教学资料，最后进行形成性评价、总结性评价并修改教学。

（二）第二代教学设计模式

第二代教学设计模式泛指 1990 年以后建立起来的教学设计模式，其学习理论基础是认知学习理论和建构主义，特别是奥苏贝尔的认知学习理论。

1. 史密斯-雷根模式

第二代教学设计模式的代表是史密斯-雷根模式。这一模式是由史密斯和雷根于 1993 年提出的，吸取了心理学家加涅在“学习者特征分析”环节中注意对学习者内部心理过程进行认知分析的优点，并注重认知学习理论对教学内容组织的指导作用，在学习理论上体现了行为主义与认知主义的结合，贯彻了加涅提出的“联结—认知”学习理论的基本思想。这一模式在国际上有较大的影响。

史密斯-雷根教学设计模式是在狄克-凯瑞教学设计模式的基础上发展起来的。史密斯-雷根教学设计模式的基本内容如下：

第一，将教学活动分为教学分析、策略设计和教学评价三大环节。

第二，将教学分析明确地分为三个方面：一是学习环境分析；二是学习者特征分析；三是学习任务分析（包括教学目标的分析和教学内容的分析）。

第三，有三类教学策略：一是教学组织策略，包括教学内容应该按哪种方式组织、教学程序应该如何排列以及具体教学活动应该如何安排等方面的策略；二是教学内容传递策略，指有关教学媒体的选择、使用以及如何将学生组织起来等方面的策略；三是教学资源管理策略，即如何对教学资源进行计划和分配等方面的策略。①

2. CLE 模型

无论是肯普模式还是史密斯-雷根模式，都主要是以教师为中心。在当下以学生中心的教育理念潮流下，涌现出一批新的教学模式，其中比较出名的是 CLE 模型。②

乔纳森建构主义学习环境教学设计模型（简称“CLE 模型”），以建构主义学习理论为指导，认为学生的学习只有在特定的情境中才有意义，学习和认知都是在特定的情境中产生的。主要内容为设计问题（包括疑问、项目、分歧等），这

---

① 参见［美］P.L.史密斯、T.J.雷根：《教学设计》，庞维国等译，华东师范大学出版社 2008 年版，第 327～361 页。

② 参见曹一鸣、秦晓红：《基于 D.H.Jonassen 构建主义学习环境设计模型的探索研究》，《数学教育学报》2005 年第 14 期。

是整个建构主义学习环境(CLE)设计的中心，学习者的目标是要阐明和解决问题(或是回答提问、完成项目、解决分歧)；展示相关实例(或个案)，与问题相关的实例或个案(如法律、医疗或社会调查等方面的实例或个案)；提供信息资源，与问题解决有关的各种信息资源(包括文本、图形、声音、视频和动画等)以及通过计算机从网上获取的各种有关资源；获取认知工具，主要指在计算机上生成的、用于帮助和促进认知过程的工具，通常是可视化的智能信息处理软件，如知识库、语义网络、几何图形证明树、专家系统等；运行会话与协作工具，使学习者群体可以相互交流、讨论、协商，共同建构问题的意义；争取社会背景支持，在设计建构主义学习环境时要考虑社会文化背景、客观环境、物质条件等方面对于当前学习所能提供的支持。

根据其内容进一步具体分为6个教学环节：确定学习主题、创设教学情境、信息资源设计、自主学习设计、协作学习环境设计和学习效果评价设计。CLE模型需要三种教学策略支持，建模策略有显性的行为建模和隐性的认知过程建模，行为建模用来表明学生在学习活动中应执行哪些活动以及如何执行这些活动，认知建模则说明学生在从事这些学习活动时应当使用的推理方法，提供操作实例就是"问题求解型"行为建模最常用的一种方法；教练策略则有利于激发学生的学习动机，可以观察、指导学生的操作并提供反馈，通过分析学生的成绩还可对他们的进一步学习提出中肯的建议；支架策略是根据维果斯基的最近发展区理论，对较复杂的问题通过建立"支架式"概念框架，使学生自己能沿着"支架"逐步攀升，从而完成对复杂概念意义建构的一种教学策略。

乔纳森建构主义学习环境教学设计模型通过帮助学生确立主题，创设一定的教学情境，让学生之间通过协作和会话，利用有效的资源和工具，自主学习，主动发现问题，协作解决问题。最后通过相关的自我积极评价，培养学生的问题意识，有利于提升学生的综合素质。当然，其实效还需结合教学实际，进一步探索实践，不断修正完善。

CLE模型的理念建立在知识是学生在学习过程中自己建构的，在建构知识的过程中教师只是指导者，学生是主体，环境起重要作用，强调学生自主学习。该模型认为教学设计的重点是学习环境的设计(物质环境和心理环境)。此模型的局限性是没有把自主学习设计放在最重要位置，而主要支持建构性学习环境提供指导，而不是为教学提供指导。其实建构主义并非适合所有的学习环节，只是常用于学习者个人或者协作的知识建构、问题解决。

(三)当前高等教育中常用教学设计模式简介

1. 基于理解的教学设计(UbD)

UbD是逆向教学设计的一种教学设计框架，以教学预期目标(目的地)为设计的起始，先预设评估标准（里程碑），再设计学习活动（到达路径），使学生真正理解他们所要学习的知识，并通过把所学的知识迁移到新的环境和挑战中，达成深度学习。这个教学设计原理由威金斯和麦克泰格二人提出，在《追求理解的教学设计》一书中有详细透彻的论述。其核心理念是围绕核心概念和核心问题组织课程内容；围绕要求知识迁移和应用的真实性评估任务来设计教学。其中，“理解”包含解释、阐明、应用、洞察、神入和自知六个方面。[①]

具体进行设计时分三个阶段，第一阶段确定教学目标，编制所要达到的目标，提出需要思考的基本问题和预期的理解以及学生将获得哪些知识和技能。第二阶段确定评估证据，体现目标、角色、对象、情景、表现/产品、标准。第三阶段含教学活动、学习方向和原因、吸引和保持、探索和体验、反思和修改、评价、量身定制、组织等设计。

2. 一致性构建教学设计[②]

在以学为中心的视角下，教学质量的关键不是教学本身，而是由教学指向的学习质量。那么，教师在进行课程设计时，如何能够确保通过对教的设计来真正促进学的质量？澳大利亚教育心理学家约翰·比格斯提出了一种课程设计原则：一致性建构。

一致性建构整合了“建构主义”和“一致性”这两个概念，建构主义学习是一种学生自己建构知识的过程。学生不是简单被动地接受信息，而是主动地建构知识的意义，即根据自己的经验背景，对外部信息进行选择、加工和处理，生成自己的理解，这一点也正是“以学为中心”理念的由来背景。学习目标、学习活动和学习测评三要素之间应该具有一致性、统一性。教师在进行教学设计时，首先制定预期学习目标，这是整个课程设计的核心，教师需要清楚无误地明确，希望学生学习什么知识和能力，然后在设计相应的学习活动和学习测评时，要与这个目标有直接的关系，保持一致和统一。一致性建构课程设计由以下几个步骤构成：

第一步，脚踏实地分析教学情境。教学是一种情境行为，它发生在一个特定的环境中，这个环境由处于特定的学科、专业、机构组织和文化中的教师和学习者共同构成。因此，教学情境因素塑造着教与学的发生和互动框架。影响教学情境的因素很多，我们把它们大致分为两大层级六个类别：教学过

---

① 参见[美]格兰特·威金斯、杰伊·麦克泰格：《追求理解的教学设计》，闫寒冰等译，华东师范大学出版社 2017 年版，第 28 页。

② 参见张伟、张茂聪：《我国高校一流大学建设的校际经验——基于 6 所高校一流大学建设方案的文本分析》，《中国高教研究》2018 年第 5 期。

程的内部因素包括课程性质、教师特点、学生特点；教学过程的外部因素包含课程体系的总体要求、学校的教育教学总目标、国家和社会对人才培养的要求。

第二步，勾画教学愿景。学生的学习不会仅仅囿于课堂之内，因此教师应该思考如何通过课程的精心设计，让学生的学习突破课堂的物理界限而达到深远的境地。为了更好地回答这个问题，需要抛开一些现实的制约因素，纯粹地思考一下希望自己的课程对学生的学习（更重要的是他们的人生）产生怎样的影响。通过对这一问题的思考，勾画出你的课程的教学愿景。这将让你能够专注于思考学生应该做什么，而不是去忧虑他们可能做不到什么，这将使你能够聚焦于一些更高层次、更具活力的目标，从而帮助你在后续的课程设计中，取得高质量的预期学习成效，提供更清晰的实施路径。

第三步，制定预期学习目标。使用一个表示学习活动的行为动词来描述学习目标，并明确期望这一学习活动达到的标准。让学生明确知道通过这门课程或者单元/模块的学习，自己能够学到什么。

第四步，设计与该行为动词对应的学习活动，使得学习目标能够被实现。

第五步，设计同样包含该行为动词的学习测评，使教师可以判断出学生的学业表现是否达到目标，并将这些判断转化为学习结果。

三、教学设计的主要内容模块

（一）学情分析

首先是学习需要分析，即学习者目前的水平与期望学习者达到的水平之间的距离。梅里尔将学习需要分为标准的需要（与教学大纲和培养目标之间的差距）、感到的需要（学生个体自我认识与渴望目标之间的差距）、表达的需要（自我学习渴望）、比较的需要（与他人比较体现的差距）、预期的需要（潜在但学生尚未意识到）、紧急事故的需要（很急迫的技能需要）六个方面。学习需要分析可以使教学设计有的放矢，利于形成恰当的教学目标。其分为内部参照分析法和外部参照分析法，分别从学校和社会两个角度进行操作。

其次是学习内容分析，从先导到后续课程两个角度分析现有基础和未来的需要，由此决定课程的重点和难点，以及学习时间的分配。

再次是学生学习特征分析，判断学生的群体共性（角色特征、学生发展、发展阶段性特征）和个体差异性（性格、气质、学习技能、初始能力、准备状态）。着重于从大学生智能和情感发展的一般特征，分析学习上有何种抽象性、逻辑性、系统性和理论性思维能力，以及学科成绩、学习方式和习惯、勤奋程度。学习方式是为使学生掌握课程内容、达到教育目标而采用的学习活动的类型、方法、途径的总和。学习特点还包含学习风格，分为场独立型与场依存型、整体性策略与序列性策略、沉思型与冲动型、内控与外控、劳特斯的情感与认知分类、Kolb的发散型—同化型—集中型—顺应型等。另外，分析合作学习习惯，包含课堂守纪习惯、合作学习参与程度等。

最后是学生学习动机分析，分析其学科兴趣和态度。学习动机是推动学习者进行学习活动的内在动力，包含好奇心、成就感、自我效能感、努力意志。凯勒将学习动机的各种来源整合成一个通用型动机模型，提出了 ARCS 模型，其中 A 表示注意力、R 表示针对性、C 表示自信心、S 表示满足感。

学生分析的同时，也可以通过多种方法与途径，对教师自身特征进行反思分析。除了教学能力之外，对自己影响教学行为的基本性格特征进行分析，可以应用塔奇曼的教师特征测试问卷体系，问卷包括 28 对截然相反的项目，每个项目设定五个水平层次，分别是：新颖—陈旧、有耐心—无耐心、热情—冷漠、友善—不友善、有创造力—墨守成规、大方—羞怯、反传统—传统、平易近人—严厉的、公正—缺乏公正、具一贯性—反复无常、谨慎的—率直的、条理严谨—缺乏条理、友好—不友好、足智多谋—反应迟钝、果断—优柔寡断、富想象力—思维呆板、有计划性—缺乏计划性、积极的—消极的、乐于接受—挑剔、沉静的—活泼的、开朗的—退缩的、有控制力—缺乏控制力、谨慎的—浮躁的、有主见—缺乏主见、恪守习俗—反传统的、保守的—有冒险精神的、内向—外向、说话严厉—说话温柔。

（二）教学目标

教学目标是教学活动实施的方向和预期达成的结果，是一切教学活动的出发点和最终归宿，具有导向功能、控制功能、激励作用、中介功能、测度功能。因此在教学设计中，教学目标是否明确、具体、规范、可测，直接影响到教学是否能沿着预定的、正确的方向进行。教学目标应依据教学大纲，主要以教师为主导，着眼于教师教学的愿望，反映教师对教学活动的希望，并以学生为接受主体，着眼于学生的学习结果。

按照布卢姆的教学目标分类理论，教学目标分为认知领域的知识、领会、运用、分析、综合与评价（或分析、评价、创造）；情感领域的接受、反应、价值评价、组织、由价值或价值复合体形成的性格化（接受、思考、兴趣、热爱、品格）；动作技能领域的知觉、定势、指导下的反应、机制、复杂的外显反应、适应、创作（模仿、理解、协调、熟练、创新）。

而在加涅的教学目标分类理论中，智慧技能包含辨别、具体概念、定义概念、规则及高级规则；认知策略包括复述策略、精加工策略、组织策略、理解监控策略、情感策略；言语信息则是符号学习、事实性知识、有组织的言语信息学习；

运动技能是操作规则、肌肉协调能力；态度策略则含心理状态，这影响到认知、情感和行为。

基于奥苏贝尔有意义学习理论的六分法教学目标体系，则将教学目标分为核心知识、学以致用、触类旁通、人性维度、志趣情怀、学会学习六大方面。

根据课程性质和教师对教学要求的不同，可以选用不同的目标设定模式，目标有三分法和六分法的多种形式。三分法传统上是指知识、能力和素养，或者知识与技能、过程与方法、情感态度与价值观。

教学目标一般使用动宾短语进行描述，撰写要求是明确、具体、可测。

（三）教学内容组织

教学内容规定学习者学习的范围、层次、广度与深度，反映了一个时代或者一段时期内教学活动的培养目标和教学目的。教学内容选择好之后，还需要以恰当的、有效的方式和结构加以组织和安排。

1. 纵向组织和横向组织

人们常说的循序渐进，就是对纵向组织的一种概括。众所周知，教学内容的纵向组织是人们所重视的，需要注意的是在实际的操作中，将纵向组织做到理想的程度。横向组织是指打破学科的界限和传统的知识体系，将各门学科的知识横向地联系起来，以便让学生有机会更好地将各门学科的知识进行关联，从而更好地探索社会和个人最关心的问题。知识本来就是一个有机的整体，虽然被划分为各个不同的学科，但是各门学科之间的知识存在着不可分割的联系，必须将各门学科相互联系成为一个整体，才能真实地反映客观世界的整体性。

2. 逻辑顺序和心理顺序

教学内容的组织既要考虑逻辑顺序又要考虑心理顺序。所谓逻辑顺序，就是知识本身的系统和内在的逻辑联系；所谓心理顺序，是指心理发展顺序和心理活动顺序。一般来说，逻辑顺序相对比较容易把握，现成的参考书在编写过程中都较多地考虑了逻辑顺序，而心理顺序，熟悉心理学的教师一般能够把握，但是如何紧密地结合教学的实际真正妥善地、尽可能有效地处理好心理问题则需要在实践中不断探索。

3. 直线式和螺旋式

教学内容的编排方式有直线式和螺旋式两种。所谓直线式，是指将一门课程的内容组织成一条在逻辑上前后相联系的直线，前后内容基本上不重复。所谓螺旋式，是指在不同阶段上充分呈现特定的教学内容，但逐渐扩大范围和加深程度，使之呈螺旋式上升的态势。教学内容直线组织方式与螺旋组织方式各有其优缺点。直线组织方式的优点在于它能够较完整地反映一门学科的逻辑体系，能够避免教学内容不必要的重复，其缺点主要在于不太利于各个具体领域的知识之间的横向联系和一定阶段上相对完整的知识结构的形成。教学内容螺旋编排方式的主要优点基本就是避免了直线方式的主要缺点，而它自身的缺点主要在于，有时候容易造成教学内容的臃肿和不必要的重复。在实际的教学内容组织时，总体上讲应该将直线式和螺旋式两种组织方式结合起来。

4. 渐进性组织与跨越性组织

人们对教学内容的组织总的来说，一直是非常强调循序渐进的，然而，各种事实和有关研究表明，在教学内容的组织上，适度地跨越也是必要的。教学内容的跨越性组织之所以也具有合理性，是因为它具备一些前提条件，如知识之间的联系是多层次、多路线、多方向的，借助于深层联系可以更多地实现渐进性组织。

（四）教学策略

教学策略的基本含义有多种：其一是指教学内容按顺序排列和师生之间连续的有实在内容的交流；其二是用来表示为达到某种预测效果所采取的教学行动；其三是为了实现教育教学目标、完成教学任务所采用的方法、步骤、媒体和组织形式等教学措施构成的综合性方案；其四是为完成特定目标而设计的指示性的教学技术。除此之外；也可定义为以一定的教育思想为指导，在特定的教学情境中，为实现教育教学目标的制定，并在实施过程中不断调节、优化以使教学效果达到最佳的系统决策和设计。①

教学策略应依据教学目标、教与学的相关理论、教学内容、学生和教师条件，分为以教为主的教学策略和以学为主的教学策略。以教为主的教学策略包括启发式策略、先行组织者策略、掌握学习策略、示范—模仿策略、情景—陶冶策略。以学为主的教学策略包含发现学习策略、支架式策略、抛锚式策略、随机进入策略等。另外，网络学习的教学策略也可以选择协作式、情感式、案例式等。

（五）教学媒介

教学中涉及大量的信息文法。对教学进行设计时，不仅要考虑教学的过程、教学的方法等方面，还要考虑如何有效使用信息交流的手段，即教学媒体。

媒介的选择应遵守图比表好，动比静好的原则。传统教学媒体是指参考书、黑板、粉笔、挂图、标本、模型、实验演示装置等。传统教学媒体不是一成不变的，随着新材料、新工艺的不断发展，传统教学媒体也在发生着变化。现

① 参见张朝珍：《教师教学决策的运行机制研究》，中国社会科学出版社 2016 年版，第 45 页。

代教学媒体是随着信息技术的发展而发展起来的，如广播、录音、录像、电影、电视、电脑等。

（六）教学评价

教学评价是指以教学目标为依据，制定科学的标准，运用一切有效的技术手段，对教学活动的过程及其结果进行测定、衡量，并给以价值判断的过程。对学生而言，按照评价的功能来分包含诊断性评价、形成性评价、总结性评价。具体形式可以选用作业分析、考试考查、调查问卷、课程论文、现场观察、学习档案、量规表等。

教学设计作为对教学系统的一种预先规划和设计活动，有着它自身的优越性。第一，教学设计比较充分地注意到学习者的特点。第二，教学设计有利于教学目标、教学过程、教学评价一致进行。第三，教学设计有利于实现教学过程与教学效果的最优化。第四，教学设计促进了教学传播系统的有效使用。

现代教学设计有上述的许多优越之处，但教学设计并非可以解决教学过程中的所有问题，它也有着自身的局限性。教学设计是对尚未进行的教学过程与活动的一种预先的设想。因此，教学设计工作不可能事先预见和解决教学过程中所有的问题，比如，教学设计不可能预见到教学活动中所有的偶然或突发事件，不可能对教学过程中的每一个细节问题都做非常精细的设计。实际教学过程是一个动态活动过程，因此教学设计方案的实施就带有一定的不确定性，教师实施教学设计方案不应当是一个被动的、机械的或教条的执行过程，要依靠教师在方案指导下的积极主动创造。

教学设计日益专业化，“国际培训、绩效与教学标准委员会”于2012年新修订了教学设计评级标准，新标准涵盖了专业基础、计划与分析、设计与开发、评价与实施以及管理五个能力领域，共22项标准105个子条目。每项标准又分为基础级和提高级，如“专业基础领域”中“以图示的、口头的或书面表达的形式有效地进行交流”为基础级；“将研究和理论运用于教学设计学科”则是提高级（见案例1）。

附：教学设计案例1

《物理化学》第二部分相平衡/克劳修斯-克拉佩龙方程

课程：物理化学　　学时：1（总学时96）　　开课时间：2020年4月27日

课程类别：专业基础课　　　　　　　　　专业班级：应用化学1801班

一、学情分析

1.知识基础：已有无机化学、高等数学、大学物理相关理论知识，能简单运用微积分推导，对本课程已学过的热力学第一定律比较熟悉。这部分内容会影响后续单组份系统相图的学习。

2.学习态度：学生课堂听课率较高，学习动力强，课堂容易产生共鸣。大学二年级的学生已经开始关注自己的职业定位和生涯，因此课程吸引力较大。

3.学习习惯：学习方法单一死板，局限在知识的掌握，视野不够开阔，不善于应用所学分析生活和科研案例。

4.合作精神：不善于把所学讲给同学，不习惯于通过交流合作方式共同提高，参与讨论的积极性不强。

5.学习资源：课前推送东北大学和北京师范大学的物理化学慕课，内容精炼但较为书本化，原理多但应用少，学生课前观看率不高。推荐内容较丰富的其他参考书，部分同学已经预习。

二、课程目标

1.知识：能够讲解克拉佩龙方程和克—克方程中任意两个变量之间的变化关系趋势。

2.能力：可以具体计算某温度液体的饱和蒸汽压，向其他同学解释冻梨和液珠跳动等生活知识和科研前沿成果。

3.素养：乐于分享和交流，增强科学精神和专业追求，感受国家科技进步，强化爱国情怀。

三、主要参考教材及分析

1.印永嘉等：《物理化学简明教程》，高等教育出版社 2007 年版；

2.傅献彩等编：《物理化学》，高等教育出版社 2006 年版；

3.天津大学物理化学教研室编：《物理化学》，高等教育出版社 2009 年版。

4.本部分内容三种参考书均有阅读学习价值。印永嘉教材通俗易懂，结构简单明了聚焦，适合初学者，但视野不够广阔，理论深度不足。傅献彩教材传统经典，理论有深度，但艰涩难懂。天津大学教材符号系统容易造成困惑，但不失为既易懂又有深度的好教材。

四、教学重点

1.克—克方程应用于解决液体蒸汽压计算。

五、教学难点

克—克方程推导过程和使用条件的提炼总结。

六、教学手段

多媒体系统，教学课件，雨课堂系统，钉钉或 QQ(在线直播课)。

七、教学实施

采用 BOPPPS 模式(参见下表)，以小组讨论、师生互动形式强化学生参与，以多种教学策略促进教学实施。总用时 50 分钟。

过程编号	BOPPPS架构	教学策略	内容	师生活动	时间
1	导入B	(1)顶级研究文章吸睛 (2)实验视频营造探究情境 (3)设疑启发聚心 (4)语言声音教姿教态增强渲染力(激情澎拜)	以2016年《自然》杂志研究文章为案例导入,液滴会自己起跳,还越跳越高。液滴滴在超疏水表面上(涂有特氟隆类材料的微观硅柱网格),降低气压后犹如落在运动员的蹦床,自动起跳并越跳越高,似乎违背热力学第一定律,就此提出疑问。	(1)老师链接播放视频	5分钟
			分析"反物理常识"现象。这源于液滴不断蒸发造成液滴下压力较高,推动液滴起跳;同时液滴表面因蒸发而冷却硬化,具有弹性之后温度反而上升到零度致使蒸发加速,液滴有了再次起跳的更大能量。	(2)老师提问讲解	
			引入本节课主题:蒸汽压,液体蒸发热,温度的影响。		
2	目标O	条目清晰以加深印象	(1)学生能够讲理论说关系。 (2)学生能够用公式计算和分析生活、科研现象。 (3)爱国情深,专业追求,主动分享交流。	老师讲述	1分钟
3	前测P	(1)由浅入深 (2)循序渐进 (3)娓娓道来 (4)抢答有奖	以不同温度下水蒸发达到气液平衡为例,分析状态和情景,开始推导克拉佩龙方程。首先建立: $\mathrm{d}G_\mathrm{m}(\mathrm{l})=\mathrm{d}G_\mathrm{m}(\mathrm{g})$ 提问学生曾经学过的热力学基本关系式,以评价学生前期学习情况,并决定下一步老师讲解和提问的深度。进一步导出任意两相必然成立: $-S_\mathrm{m}(\alpha)\mathrm{d}T+V_\mathrm{m}(\alpha)\mathrm{d}p=$ $-S_\mathrm{m}(\beta)\mathrm{d}T+V_\mathrm{m}(\beta)\mathrm{d}p$	(1)老师讲授 (2)展示课件动态推导过程 (3)提问	5分钟

续表

4	参与式学习P	(1)环环相扣 (2)步步衔接 (3)逻辑清晰	前式可得 $[S_m(\beta)-S_m(\alpha)]dT$ $=[V_m(\beta)-V_m(\alpha)]dp$ $dp/dT=\Delta S_m/\Delta V_m$ 而$\Delta S_m=\Delta H_m$(可逆相变焓)$/T$ 整理得到克拉佩龙方程： $\frac{dp}{dT}=\frac{\Delta H_m}{T\,\Delta V_m}$	(1)老师讲授 (2)提问	4分钟
		(1)分组讨论 (2)四人一组的中等规模利于此问题交流和互助 (3)不同基础学生搭配 (4)关联其他学科 (5)激励、鼓励	(1)布置研讨主题：克拉佩龙方程的使用条件是什么？ (2)提示大家根据推导过程总结提炼。 (3)鼓励小组主动在全班分享。 (4)分享之后揭开谜底：克拉佩龙方程适用于单组分系统两相平衡。 (5)总结升华和拓展视野，一级相变特征方程，二级相变的定义和实例(硬盘存储等)。	(1)学生分组讨论 (2)学生主讲分享 (3)老师总结拓展	10分钟
		(1)语言、声音、教姿、教态增强渲染力(激情澎拜) (2)环环相扣 (3)重难点突出	由于$\Delta V_m=[V_m(g)-V_m(l)]$ $\approx V_m(g)=RT/p$ 讨论和推导气液平衡、气固平衡中上式代入克拉佩龙方程的结果： $\frac{d\ln p}{dT}=\frac{\Delta_{v}apH_m}{RT^2}$ 此式称为“克劳修斯—克拉佩龙方程”，简称“克—克方程”。	(1)老师讲授 (2)学生分组讨论 (3)老师点评	12分钟
		(1)顶级研究文章激发动力 (2)设疑启发聚心 (3)语言、声音、教姿、教态增强渲染力 (4)课程思政升华课堂 (5)留疑问备用后续内容	拓展：水蒸发，能发电？2017年1月30日《自然》纳米技术子刊上发表了中国科学家的创新性研究文章，华中科技大学周军教授和南京航空航天大学郭万林教授在玻璃板上打印了两条石墨烯电极，进一步处理之后放入蒸馏水中，两个电极间逐渐产生了大约1伏电势差，四个串联之后可以点亮液晶显示屏，该文登上了《自然》杂志的封面。	(1)老师链接播放视频 (2)老师讲解	5分钟

续表

5	后测 P	(1)限时练习 (2)雨课堂提交和分享	克拉佩龙方程与克—克方程应用练习：环己烷在其正常沸点 80.75 ℃时，气化热为 358 $J\cdot g^{-1}$，液、气密度分别为 0.7199 $g\cdot cm^{-3}$和0.0029 $g\cdot cm^{-3}$，(1)计算沸点时 dp/dT 的近似值和精确值；(2)估算$p=5\times10^4$ Pa 时沸点；(3)欲使环己烷在25 ℃时沸腾，应将压力降低至多少？	(1)老师布置任务 (2)学生解题上传	5 分钟
6	小结 S	(1)简短有力 (2)设疑引发(下节课学习内容)	掌握与应用：两个方程，适用条件。 提示下节课将讲解水的相图并做展示。 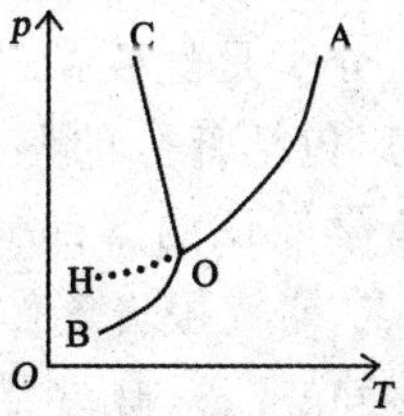	老师讲解	3 分钟

八、课后作业

教材第 103 页第 5、6 题，搜索和查阅流动电势的产生原理和应用。

九、教学反思

1.课堂比较成功，听课率、参与度高，学生整个学习过程兴趣盎然，BOPPPS 可以增强课堂吸引力。

2.参与式学习部分超时 3 分钟，挤压了总结的时间，应明确讨论的时间，时间控制力(也是课堂组织能力)需要进一步提高。

3.为不使课堂平淡，必须经常更新教学方法，计划尝试五星教学法、5E、金字塔法等，毫无疑问一种或者少数几种教学法难以让整个学期 96 学时都充满活力。

十、教学理念

1. 亲其师信其道。

2. 具身认知理论，愉快平和奋进的课堂氛围将极大影响学生学习成果的大小。

3. 皮格马利翁效应，老师的期待和赞赏会提高学生的自信，让他们产生获得更多欣赏的动力！

四、教学目标分类理论

(一)国外的教学目标理论

有效的教学目标设计应该建立在科学的理论基础之上，国内外学者也围绕着教学目标提出了若干理论。国外的教学目标理论主要包括布卢姆的教学目标分类理论、安德森的学习目标和内容分类理论、加涅的学习结果分类理论和梶田叡一的教学目标类型理论。

1. 布卢姆等人的教学目标分类理论

美国学者布卢姆及其同事提出的教学目标分类理论主要包括认知领域、动作技能领域和情感领域三部分。[①] 其中认知领域划分为识记、理解、运用、分析、综合、评价六个层次。识记是指能够对先前学过的知识材料进行回忆,包括对具体事实方法、过程理论等的回忆。理解是把握知识或者材料意义的能力,这一目标可以通过转换、解释、推断三种形式来表明。转换是用自己的话或用与原先不同的方式来表达所学的内容;解释是对一项信息如图表数据等,加以说明或概括;推断是预测将来的趋势或后果。运用是把学到的概念、原理、方法、理论等应用于新的情景。分析是把复杂的知识整体分解为各个组成部分并理解各部分之间联系的能力,包括部分的鉴别、部分之间关系的分析和认识其中的组织结构。综合是将所学知识的各部分重新组合,形成一个新的知识整体。评价是对材料如论文、观点、研究报告等作价值判断的能力。

动作技能领域分为感知、准备、有指导的反应、机械动作、复杂的外显反应、适应、创新七个层次。感知是了解动作活动的要求和程序;准备是对固定动作的心理定向、生理定向和情绪准备;有指导的反应是在教师指导下或者根据自己对结果的了解,不太熟练地执行简单动作;机械动作是能够自信地、熟练地执行简单的动作类型;复杂的外显反应是能够流畅地、精确地执行复杂的动作类型;适应是修正已经建立的动作类型,以便符合具体的情景和问题要求;创新是创造新的动作类型。

情感领域分为接受或注意、反应、评价、组织、价值体系的性格化五个层次。接受是学习者愿意注意某些特定的现象或刺激;反应是学习者主动参与、积极反应,表现出较高的兴趣;评价是学习者用一定的价值标准,对特定的现象、行为或事物进行评判;组织是学习者在遇到多种价值观念呈现的复杂情境时,对几种价值观加以比较或确定它们之间的相互关系,接受自己认为重要的价值观,形成个人的价值观体系;价值体系的性格化是指学习者通过对价值观体系的组织,逐渐形成个人的品性。

2. 安德森等人的学习目标和内容分类理论

随着教育理论的发展,很多学者对布卢姆的教学目标分类理论进行了修订和改进。美国教育研究专家安德森和克拉斯沃尔联合教育心理学家梅耶等近

① 参见[美]莫里森、罗斯、肯普:《设计有效教学》,严玉萍译,中国轻工业出版社2007年版,第100页。

十位专家对布卢姆等人的教学目标分类理论进行了修订，将教学目标分为知识维度和认知过程维度；将知识分为事实性知识、概念性知识、程序性知识和元认知知识四个维度；将认知加工维度分为记忆、理解、运用、分析、评价、创造六个层次。事实性知识是学习者在掌握某一学科或解决问题时必须知道的基本要素；概念性知识是指整体结构中基本要素之间的关系，表明某一个学科领域的知识是如何加以组织的；程序性知识是如何做事的知识，包括了技能、算法、技巧和方法的知识；元认知知识是关于一般的认知知识和自我认知的知识，即对"认知"本身的认知。与布卢姆的教学目标分类理论相比，这一理论将原有的"一维"教学目标分类理论改造为认知和知识的"两维"，不仅提出了四个水平的知识维度，而且在认知过程中突出强调认知过程的理解与创造的价值和特点。

3. 加涅的学习结果分类理论

美国当代著名的教育心理学家加涅将学习结果分为态度、动作技能、言语信息、智力技能和认知策略五部分。[①] 态度是学生通过学习形成的影响个体行为选择的内部状态。动作技能包括两种成分：一是描述如何进行动作的规则，即动作的程序；二是因练习与反馈逐渐变得精确和连贯的实际肌肉运动。言语信息是指学生通过学习，能记忆诸如事物的名称、符号、地点、时间、定义、对事物的细节描述等具体事实，并能够在需要时将它们表述出来。智力技能是指学生通过学习获得了使用符号与环境相互作用的能力，由简单到复杂、由低级到高级可分为辨别、概念、规则和高级规则。认知策略是学生借以调节他们自己的注意、学习、记忆和思维等内部过程的技能，即自我监控或元认知。

加涅以学习者应具有的能力倾向作为其目标分类的基础，从一个新的视角提出了教学目标分类理论。他认为不同种类的学习结果需要不同的学习条件，要根据各种能力所需的学习条件确定教学目标。

4. 梶田叡一的教学目标类型理论

日本学者梶田叡一在布卢姆教学目标分类理论的基础上，将教学目标划分为三种类型，提出了包括达成目标、提高目标和体验目标在内的目标体系。[②] 达成目标是学生必须掌握的具体的知识和能力，是任何学生都应达到的要求；提高目标是学生向某个方向不断深化提高和发展的目标；体验目标不以学生产生的某种行为变化为目的，而是以产生特定的内在体验感受为目的。这三类目标都包含认知情感、动作技能领域的一系列目标。

---

① 参见张大均：《教学心理学》，西南师范大学出版社1997年版，第102页。

② 参见钟启泉：《现代课程论》，上海教育出版社1989年版，第311页。

(二)国内的教学目标理论

1. 从三维教学目标到核心素养

20世纪80年代以来,我国学校教育改革逐渐形成了"双基",即基本知识、基本技能的课程与教学目标模式。为了改变教育过程过于注重知识传授、忽视学生能力发展的倾向,始于2001年的基础教育课程改革中提出"三维"课程与教学目标,即知识与能力目标、过程与方法目标、情感态度与价值观目标。"三维"目标强调形成积极主动的学习态度,使基础知识与基本技能的获得过程同时成为学会学习和形成正确价值观的过程。由于"三维"教学目标具有清晰的条理和较强的操作性,也逐渐成为高等教育教学目标设计的重要参考。随着以人为本时代理念的彰显和新的历史时期立德树人教育目标的明确,原有的"三维"课程目标被超越,核心素养理论成为从基础教育到高等教育都倡导的目标设计新思路。

"核心素养"作为教育领域的概念广泛传播始于20世纪90年代。国内教育界聚焦核心素养研究,缘于教育部印发的《关于全面深化课程改革落实立德树人根本任务的意见》(教基二〔2014〕4号)中提出"研究制订学生发展核心素养体系"的新任务。2016年9月《中国学生发展核心素养》研究成果在北京正式发布。核心素养是个体在信息化、全球化、学习型的未来社会,面对复杂、不确定的情境,综合运用所学的知识、观念和方法解决实际问题所表现出来的关键能力、品格与价值观念。[①] 作为核心素养主要构成的关键能力和必备品格,实际上是三维目标的提炼和整合,把知识、技能和过程、方法提炼为能力,把情感态度、价值观提炼为品格。

2. 课程思政与教学目标

课程思政建设的目的在于向学生传授课程知识的同时树立正确的价值观,这就意味着思政育人目标要融于学生知识学习和能力提升过程中。教师要树立寓道于教、寓德于教、寓教于乐的教学意识,把专业课知识点与思政课的育人主题进行有机结合。公共基础课程的教学设计注重在潜移默化中坚定学生理想信念,厚植爱国主义情怀,加强品德修养,增长知识见识,培养奋斗精神,提升学生综合素质。专业教育课程要增加课程的知识性、人文性、时代性和开放性深度,挖掘提炼专业知识体系中蕴含的思想价值和精神内涵。实践类课程要注重学思结合、知行统一,增强学生勇于探索的创新精神、善于解决问题的实践能力,热爱劳动,在艰苦奋斗中锻炼意志品质。案例2体现了教师将专业课程的

---

① 参见搜狐网:《中国学生发展核心素养正式发布》,https://www.sohu.com/a/114389183_100928。

知识结构、思维方法与课程思政相关主题进行有机结合确定教学目标。

附:教学设计案例 2

《国际关系学导论》课程知识点结合思政主题

1. 用马克思主义观点、方法,将古今中外的国际关系知识尽可能进行转化。
2. 用中国化的马克思主义国际关系概念,讲述国际关系基本内容。
3. 博采众长,初步形成以马克思主义为指导的本课程内容体系。

五、专业认证背景下的教学目标制定

教学的效果与教学目标的质量密切相关。教师进行教学设计首先要提出以下问题:教学目标应该从哪里来?教学目标包括哪些方面?怎样写教学目标?教学目标落实得如何?但是在日常教学过程中,也不乏存在以下现象:教师或者不制定教学目标,或者教学目标只是停留在教案上,没有发挥目标对教学实践的指导作用。教学过程结束之后也很少对教学目标的制定及其实施进行反思。对于有些教师而言,教学目标就是从各种参考资料、网络上抄来的。为什么要写目标呢?是因为教学检查要求写,而对于目标落实情况往往就随着下课置于脑后。缺乏目标意识表现在教学设计环节,只讨论教学内容与教学方法就相当于尚未讨论要"去哪儿"就先讨论"怎么去";在教学过程中教师只能"以己昏昏,使人昭昭";教学反思时只关注教学的片段问题,无法在整体上促进教学过程的完善。对于一名高校教师而言,制定一个清晰合理、规范专业的教学目标,对于保证教学质量和提高教学设计能力具有同等重要的意义。

(一)专业认证对教学目标设计的要求

教学目标规定着一切教学活动的方向,影响和制约着教学活动的各种因素。教学目标是对学习者接受教学后应该表现出来的可见行为的具体明确的表述,是学习者在教学活动实施中应达到的学习结果。教学目标的内涵具有两个基本特点:(1)它是教育主体的一种预期,体现了学校教育是一种有目的、有组织、有计划的活动。(2)教学目标制定的主体是教师,所指向的主体是学生,是对学生发生各种变化的一种规定,最终要促进学生的身心发生有益的变化。[①]教学目标有学年教学目标、学期教学目标、单元教学目标和课时教学目标之分。其中单元教学目标起着承上启下的作用,既统领着课时教学目标,又指向学期和学年教学目标,因此是比较常用的教学内容组织形式。根据教学单元的内容类型可以分为知识单元、主题单元、问题单元、项目单元等。

① 参见李森、陈晓端:《课程与教学论》,北京师范大学出版社 2015 年版,第 76 页。

1. 我国的专业认证现状

高等教育认证最早源于美国，专业认证是一个国家高等教育质量保障体系的重要组成部分。所谓专业认证指的是专业性认证机构针对高等教育开设的职业性、专业性的认证，由职业协会和该专业领域的教育工作者一起进行，为专业人才进入职业界从业的职前教育进行评估，保证培养质量。重点对学生培养目标、师资队伍、课程设置、实验设备、教学管理、各种教学文件及原始资料等方面进行评估，专业认证的核心理念是"学生中心（Student-Centered）、产出导向（Outcome-Based Education）、持续改进（Continubus Quality Improvement）"三大方面。

我国的专业认证是从工程教育起步的，目前已经开展了医学类专业认证、经管类专业认证和师范类专业认证，其他专业认证也在积极筹备中。1985 年以来我国在全国范围内进行专业认证的探索和实践；2005 年开始提出工程教育专业认证体系；2009 年我国开始实施认证的学科已经近 30 个；2016 年中国成为国际工程联盟大会《华盛顿协议》的正式成员，标志着我国工程教育质量得到了国际认可。我国目前推进的认证组织机构主要有三个：一是中国科学技术协会所属的"中国工程教育专业认证协会"，它已经正式加入《华盛顿协议》和"亚太地区工程组织联合会"；二是住房和城乡建设部所属的"中国建筑学会和全国高等学校建筑学专业教育评估委员会"，它已正式加入《堪培拉建筑教育协议》；三是中国职业教育质量保障与评估研究会牵头组织的"《悉尼协议》应用研究高职院校联盟"，该联盟致力于《悉尼协议》的应用研究和推进高职工程教育专业建设与实践。2017 年 10 月，我国教育部印发《普通高等学校师范类专业认证实施办法（暂行）》，正式开展师范类专业认证。2018 年 1 月，教育部发布《普通高等学校本科专业类教学质量国家标准》，成为高校本科专业开展专业认证的国家标准和操作依据。

2. 专业认证背景下的教学目标设计

专业认证是基于目标达成的教育质量评价，因此在三大核心理念中，特别强调产出导向（OBE 理念）。产出导向聚焦于学生"学到了什么""能做什么"，而不是"教的什么"，强调学生在受到专业教育之后的产出标准，将目标与产出紧密联系起来。培养过程始于目标设计，终于目标达成，教学目标必须对日常教学活动和学习结果起导向和保障作用。因此强调"反向设计、正向施工"的实施原则，即以学生学习效果为导向，对照毕业生能力素质要求，反向设计课程体系与教学环节，配置师资队伍和资源条件，评价专业人才培养质量。反向设计的本质是从专业培养目标出发，反向来设计教学目标，体现了一个从结果到预设的反向教学目标链条，即学校定位决定专业培养目标；专业培养目标决定学生毕业要求；毕业要求决定课程目标；课程目标决定教学目标和活动设计、师资及教学资源配置。正向施工则是从教学目标出发，由教学目标的达成实现课程目标的达成，再以课程目标的达成支撑毕业要求的实现，通过毕业要求的实现完成专业培养目标。“反向设计，正向施工”是一个立足于上位的专业培养目标，思考次位的课程目标，再到下位的单元教学目标的逆向设计过程，是通过下位目标的达成支撑上位目标实现的双向循环过程。专业培养目标规定了课程目标和教学目标的具体设计思路。从案例3可以看到专业培养目标、课程目标与教学目标之间的关系。

附：教学设计案例3

专业培养目标表述

通信工程专业：面向通信与信息行业，口径宽适应面广的行业，培养具备通信基础理论，掌握各种现代通信技术，能在信息通信领域从事科学研究、工程设计、设备制造、网络经营和技术管理以及能在其他相关行业从事与信息通信技术相关的开发及应用的高级技术人才。

电子信息工程专业：面向信息、通信及传媒行业，培养具有电子技术与信息系统等方面的知识，具备多媒体通信技术、多媒体信息处理技术、数字电视设备与系统等方面的设计、开发、应用能力，能够从事各类电子设备和信息系统的研究、设计、制造、应用、开发和技术管理的高级工程技术人才。

小学教育专业：本专业以区域小学教育需求为导向，立足沂蒙、面向山东，培养以立德树人为己任，热爱党的教育事业，热爱小学教师工作，具有深厚学识和扎实的学科素养，能够有效开展小学学科教学和小学班队管理工作，善于学习并能结合工作需要开展教育教学研究活动，具有可持续发展能力的优秀小学教师。

从上述案例可以看出，专业培养目标定位于毕业生在未来五年的预期目标，基于不同的专业发展需求和办学特色进行设定。通信工程和电子信息工程的专业培养目标主要是面向相关行业的高级工程技术人才；师范类专业培养目标则体现“践行师德，学会教书，学会育人，学会发展”的教师专业标准。上述的不同专业培养目标，在每一维度上都应该设置相应的课程体系，形成人才培养的实体支撑，每一门课程则通过教学过程完成育人大厦的奠基工作。

（二）从课程目标到教学目标

1. 专业毕业要求与课程目标

对一个专业的培养目标进行细化从而形成毕业要求指标，在若干毕业要求指标下，通过专业共同体构建课程体系以支撑毕业要求。课程体系中的不同课程类型，对毕业目标的支撑作用也不同，存在着高度支撑（H）、中度支撑（M）和低度支撑（L）的程度差异。具体到每一门课程，首先要确定该课程在总体上对毕业目标的支撑程度;其次是确定该课程从哪几个方面来支撑相应的毕业要求指标点,形成具体的课程目标;再次是确定课程中的具体课程单元或者教育主题支撑哪一个课程目标,该单元或主题所占权重是多少;最后在此基础上设计单元或者主题的教学目标(见案例4)。

附:教学设计案例4

《教育概论》课程目标:

1. 通过了解教育与人的发展、教育与社会发展之间的关系,掌握学校教育活动的基本理论和基本规律;

2. 理解小学课程与教学、班级管理等教育实践活动的基本理论与方法,能够对教育问题进行专业判断与价值澄清,形成现代教育理念和正确的教育观、教师观、学生观;

3. 能够初步运用教育理论与操作方法,对出现的育人问题进行批判性分析,找出问题,并提出相应的解决策略。

《教育概论》是面向小学教育专业开设的一门教师教育必修课程。通过本门课程的教学,使学生了解教育理论的基本体系,理解教育学的基本概念、基本原理,掌握教育实践的基本技能和基本方法,初步形成运用教育理论分析、解决教育实际问题的能力;为学生现代教育观念的确立奠定理论基础,为后续学习提供理论支撑,为从事中小学教育实践活动提供理论指导,是师范生走进教师职业的理论基础。其中课程目标1和3为支撑毕业要求"班级指导"部分;课程目标1和2为支撑毕业要求"综合育人"部分。三个课程目标下分设不同的教学单元,教学单元的目标设计、内容的组织和考核评价都按照这些目标展开(见案例5)。

附:教学设计案例5

教育研究问题的提出

[教学目标]

1. 理解选择和确定研究问题的意义;

2. 掌握选择研究问题应遵循的原则;

3. 了解教育研究课题的来源。

[支撑课程目标1和3]

课程目标1:理解和掌握基本的教育研究方法,重点内容包括:选题、文献检索、研究设计、实验法、调查法(问卷法、访谈法、测量法)、观察法;

课程目标3:培养学生对该教育研究的兴趣和情感。

案例中,"教育研究问题的提出"属于小学教育专业《教育科学研究方法》这一课程的一个教学单元。该教学目标设计体现了单元教学目标如何支撑课程目标的设计思路。该单元的3个教学目标分别支撑着课程目标1和课程目标3,并与其他教学单元形成合力,共同完成本课程的教育任务。

2. 产出导向的教学目标达成

为保证专业培养的质量,课程学习结束后的考察考试环节还设置了目标达成度评价,运用综合评价手段检测课程目标的完成情况和质量。课程目标达成度的计算要通过检查每一个教学单元的完成情况来进行,因此教学单元目标是整个专业培养目标体系的基本单位,贯穿于“确立目标—导向—目标评估”的全过程。目标确立环节的主要任务是进行目标设计与分解,要完成学习结果分析、学习任务分析和学习者分析三方面的工作;目标运用环节的主要任务是进行目标实施的预设与生成,要考虑在教与学的过程中如何实现预设目标的问题;目标评估环节的主要任务是通过目标达成度计算或者质性评估等多元评价手段,了解教学效果,以便于反馈信息、改进下一轮的教学目标设计。

3. 教学目标中的思政育人目标

2020年3月份,教育部发布了《高等学校课程思政建设指导纲要》(教高〔2020〕3号),要求把思想政治教育贯穿人才培养体系,在全国所有高校、所有学科专业全面推进课程思政建设工作。这就意味着教师在进行教学目标设计的时候必须体现课程思政目标。

课程思政目标的制定首先要发掘课程中蕴含的思政元素:围绕政治认同、家国情怀、文化素养、宪法法治意识、道德修养等重点,科学设计课程思政教学目标体系。[①] 可以从知识点中发掘思政元素,通过知识模块重组、广度延伸、深度解读发掘德育内涵。也可以对专业课程内容进行拓展,发掘教学内容中所蕴含的认识论、方法论、自然辩证法等哲学思想与元素。案例“《音乐欣赏》课程知识点融入思政要求”较好地体现了专业课程知识点融入课程思政的教学目标设计要求(见案例6)。

附:教学设计案例6

《音乐欣赏》课程知识点融入思政要求

1. 讲授民族音乐时,知识点包含民族音乐的定义、特点,所介绍的音乐家有中国的也有外国的,他们的共同特点是都是爱国主义者;

2. 教学过程是从本民族音乐入手,先让学生对中国优秀传统音乐作品有所了解,把优秀的民族作品、爱国主义作品介绍给学生;

---

① 参见李寒梅:《走向深度教学:高校思想政治理论课教学改革的必由之路》,《思想理论教育导刊》2018年第6期。

3. 引入国外有代表性的音乐，使学生欣赏外国音乐的同时，产生对祖国的民族自豪感，增加文化自信。

六、教学目标设计的过程

教学目标设计的过程包括以下四个环节：学情分析、教学内容解读、目标层次分解和教学目标表述。

（一）学情分析

学生的发展现状是教学的逻辑起点，只有充分了解学情，才能够为整个教学目标设计奠定基础。学情分析包括了解学生的学习期待、学习需求和学习准备状态等方面。

在了解学生的学习期待方面，教师需要通过问卷调查、访谈、观察等方式了解自己所教学生的学习愿望，如学生最喜欢什么样的课堂教学方式、更愿意教师布置什么样的作业类型等。

学生的学习需求既包括特定学段学生的群体共性需求，也包括不同学生的个别化需求。分析学生学习需求的目的是帮助教师在进行教学目标设计时思考以下问题：在这种情况下需要开展直接教学吗？如果不需要教学，那么应运用什么样的学生指导策略？如果有必要开展教学，那么应该教些什么？教学应达成什么目标，即最终应让学习者具有什么样的专业素养？

了解学生的准备状态包括了解认知准备状态、心理准备状态与情感准备状态。认知准备状态是学生既有的认知基础，心理准备状态是学生参与到当下学习活动中的自觉性和关注度，情感准备状态是学生学习的兴趣、态度。苏联学者维果茨基提出的“最近发展区”理论很好地解释了学生的认知准备状态。他认为学生的发展有两种水平：一种是学生的现有水平，指独立活动时所能达到的解决问题的水平；另一种是学生可能的发展水平，也就是通过教学所获得的潜力。两者之间的差异就是“最近发展区”。教学应着眼于学生的“最近发展区”，为学生提供带有难度的内容，调动学生的积极性，发挥其潜能，超越其“最近发展区”而达到下一发展阶段的水平，然后在此基础上进行下一个发展区的发展。美国学者布卢姆根据一系列研究数据得出结论，学生的情感准备状态在一定程度上决定或影响学习成绩，情感准备状态与相关学科认知测验成绩的变化有25%的相关性。

（二）教学内容解读

教学内容解读的第一个任务是进行课程性质定位。教师要了解自己任教课程的专业属性，了解该课程在专业课程体系中的价值定位，如该课程在专业课程体系中是必修课还是选修课，属于理论性质的课程还是实践性质的课程。这一分析过程既要凸现学科理论知识的内在价值，又要挖掘学科理论应用于实践的工具价值。在此基础上对课程内容进行解读，了解该课程的学科结构或概念框架，以便于对课程进行诠释、加工，从而转化为具体的教学目标。

课程内容解读的第二个任务是分析课程的内容属性，将内容属性与教学目标对应起来。对于课程内容的分析可以从两个角度来进行：一是按照内容的基本属性分为陈述性知识、程序性知识、策略性知识三部分；二是按照内容的呈现方式分为事实、概念、命题、方法与技能、原理与规则、问题解决与创造等方面。每一种类型的内容对应着相应的教学目标要求，如识记、理解、运用、分析、综合、评价，从而形成内容和目标相关联的二维结构。

课程内容解读的第三个任务是分析内容的方法属性。不同的课程内容要求运用与之相适应的教学方法。在理论课上经常采用的讲授方法，就不能作为主要方法应用在实践或技能课上。教学方法的选择与设计既要与课程内容密切相关，又必须指向特定的教学目标，教师要根据课程内容的属性，结合学情特点，采取适合的教学方法、教学策略、教学手段等。

（三）目标层次分解

目标层次的分解是从毕业要求到专业目标，从专业目标再到课程目标，从课程目标再到单元教学目标的一个链条。日常的教学活动主要是根据专业培养目标，将课程目标分解为若干教学单元目标，在每一个教学单元目标下设置课时目标，每一课时的教学目标细化为相应的核心素养指标。与具体的教学目标相对应，组织安排若干学习任务或教学活动，以培养学生的学科素养、关键能力、必备品格和问题解决能力等核心素养。

（四）教学目标表述

按照教学目标呈现的方式，相应的表述方式主要有三种。

1. 行为目标的 ABCD 表述法

（1）目标的表述。行为目标指用可观察和可测量的行为陈述的目标。美国学者马杰根据行为主义心理学的理论，提出了 ABCD 的学习目标理论与技术。A 即“Audience”，意指“学习者”，他们是目标表述句中的主语；B 即“Behavior”，意为“行为”，要求说明学习者学习后应能做什么，是目标表述句中的谓语和宾语；C 即“Conditions”，意为“条件”，要求说明上述行为在什么条件下产生，是目标表述句中的状语；D 即“Degree”，意为“程度”，要求明确上述行为的标准。标准可从行为的速度、准确性与质量等方面确定，如能够指认 8 个当中的 3 个则属于达到准确性；1 分钟内跑完 200 米属于速度要求；至少达到 80 分属于质量标准。

示例 1:给予 20 个要填写形容词的未完成的句子,学生能在 15 分钟内分别写出形容词以完成句子。请问其中的 ABCD 教学目标是什么?

答:A"学习者"是"学生";B"行为"是"写出形容词";C"条件"是"20 个需要填写形容词的未完成句子",D"标准"是"15 分钟内完成句子"。

(2)行为目标设计应注意的问题。使用行为目标的表述方式应注意以下问题:第一,行为主体必须是学生而不是教师。在目标表述时,不能采用"使学生……让学生……培养学生……"等教师控制行为活动的用语,而应该使用体现学生主体作用的"能问出……能描述……能设计……"等表达方式。第二,行为动词必须是可测量、可评价、具体而明确的。不要使用不规范、标准模糊的行为动词。比如:"熟练掌握……的性质""准确熟练地进行……的运算""深刻理解……"第三,教学目标的陈述要反映学习类型。教学目标中对学习类型的反映是通过能力动词来体现的,即不同类型的知识,采用不同的能力动词来陈述(见表 5-1、5-2、5-3)。

表 5-1　认知领域教学目标可供选用的行为动词

目标层次	目标特征	可供选用的行为动词
知道	对信息的回忆	为……下定义、列举、说出(写出)……的名称、复述、排列、背诵、辨认、回忆、选择、描述、了解、指明
领会	用自己的语言解释信息	分类、叙述、解释、鉴别、选择、转换,区别、估计、引申、归纳、理解、举例说明、猜测、摘要、改写
运用	将知识应用于新的情境	运用、计算、示范、改变、阐述、解释、说明、修改、制订计划、制订方案、解答
分析综合	将知识分解找出各部分之间的联系;将知识各部分重新组合,形成一个新的整体	分析、分类、比较、对照、图示、区别、检查、指出、评价; 编写、写作、创造、设计、提出、组织、计划、综合、归纳、总结
评价	根据一定标准进行判断	鉴别、比较、评定、判断、总结、证明、说出……价值

表 5-2　动作技能领域教学目标可供选用的行为动词

目标层次	目标特征	可供选用的行为动词
知觉能力	根据环境刺激作出调节	旋转、曲伸、保持平衡、按住(某物体)、踢、移动
体力	基本素质的提高	提高耐力、迅速反应、举重

续表

目标层次	目标特征	可供选用的行为动词
技能动作	进行复杂的动作	演奏、使用、装配、操作、调节
有意识交流	传递情感的动作	用动作表达感情、改变面部表情、舞蹈

表 5-3 情感领域教学目标可供选用的行为动词

目标层次	目标特征	可选用的行为动词
接受或注意	愿意注意某事件或活动	听讲、知道、看出、注意、接受、赞同、容忍
反应	乐意以某种方式加入某事	陈述、回答、完成、选择、列举、遵守、听从、称赞、欢呼、表现、帮助
价值判断	对对象或行为作价值判断，从而表示接受、追求某物，表现出一定的坚定性	接受、承认、参加、完成、决定、影响、支持、辩论、论证、判别、区别、解释、评价、继续
组织化	把许多不同的价值标准组成一个体系，并确定它们之间的相互关系，建立重要和一般的价值	讨论、组织、判断、使联系、确定、建立、选择、比较、下定义、系统阐述、权衡、制订计划、决定
个性化	具有长期控制自己的行为以致发展个性化的价值体系	修正、改变、接受、判断、拒绝、相信、继续、贯彻要求、抵制、认为一致

第四，行为条件是指影响学生产生学习结果的特定的限制或范围，为评价提供参照的依据。

马杰的 ABCD 表述方法描述的是学生的外显行为，确定的学习目标比较具体、明确、清晰，也便于观察和测量。但其局限性也很明显。该方法过分重视学习结果的行为化，并没有考虑到有时学习过程也是重要的学习结果，也没有很好地关注学生内部心理的变化。

2. 内部过程与外显行为相结合的表述法

美国学者格朗伦在《课堂教学目标的表述》中提出，先用描述内部心理过程的术语来表述学习目标，以反映理解、运用、分析、创造、欣赏、尊重等内在的心理变化，然后列举反映这些内在变化的例子，从而使这些内在心理变化可以被观察和测量（见示例 2、示例 3）。[①]

---

① 参见[美]诺曼·E. 格朗伦德、苏珊·M. 布鲁克哈特:《设计与编写教学目标》，盛群力等译，中国轻工业出版社 2017 年版，第 3 页。

示例 2:学生能读懂全文,理解课文表达的寓意

(1)分角色朗读课文,会读写生词。

(2)能在课文中找出表达课文中心意思的句子。

(3)能用自己的话说出课文的中心意思。

(4)能在论坛上发表自己对课文的感悟。

示例 3:理解有理数的意义

(1)用自己的话陈述有理数的概念。

(2)能根据给定的一些数,判断其是否为有理数。

(3)能区别一个数是正数还是负数,能举例说明生活中一些具有相反意义的量。

3. 表现性目标的表述法

美国学者艾斯纳在批判行为目标基础上提出了表现性目标理论。表现性目标是指学生在具体的教育情境、教学活动和学习活动中的个性化表现,旨在培养学生的创造性,强调学习及其结果的个性化。表现性目标要求明确规定学习者应参加的活动或项目,但不精确规定学习者应从教学活动中习得什么(见示例 4)。

示例 4:观看《网络工程师培训 1》,交流自己的想法

(1)用自己的语言描述《网络工程师培训 1》的意境。

(2)小组合作设计一个班级 logo,并在课堂上发表设计思路。

(3)参观科技园并讨论那里有趣的科学发现。

(五)教学目标的特征总结

1. 指向性。教学目标的设计应该既能反映学生的学习结果,同时也能反映教师对该课的设计思路,反映出教学过程中教师所采取的学习活动方法和策略。

2. 清晰性。教学是主目标,应该由明晰的子目标组成;每个子目标则设计、组织清晰的活动内容。

3. 连续性。整体教学目标通过单项教学目标的分解和逐步达成来完成;数项具体目标之间是相互关联和融合的关系。

4. 教学目标既是预设的,也是生成的。教学目标应该进行系统化的预设,预设的教学目标在实施过程中应该根据教学活动的开展和学生学习情况的变化及时调整(见案例 7)。

附:教学设计案例 7

学习效果检测

一、下面是《教学设计》这门课程在认知领域中的几个目标,请大家分析它

们分别归属于哪个学习目标层次。

1. 能记住“教学设计”“教学目标”“教学模式”“教学评价”等名词术语。

2. 能结合网络环境的特点，运用教学设计的方法开展网络教学设计。

3. 能用教学流程图的方式表示“问题探究教学模式”的实施过程与步骤。

4. 能概述教学资源设计的方法。

5. 能比较两份教学设计方案的优劣。

6. 能运用所学知识，分别设计一份教学资源设计方案和教学过程设计方案。

二、这位数学教师设计的教学目标有什么问题？为什么？

《二面角》的教学目标：

1. 使学生正确理解二面角、二面角的平面角的概念。

2. 会用不同的方法做二面角，并能根据已知条件进行简单计算。

3. 引导学生给二面角的平面角下定义，培养学生的类比能力、观察能力、归纳总结能力。

三、以下行为教学目标的ABCD要素各是什么？

1. 历史学专业的学生参考教师提供的阅读材料，能全面比较两种古代文化的差异，并列举每种文化的至少5个主要特征。

2. 科技兴趣小组的全体成员通过集体讨论，写出一篇关于科学家传记的读书报告，报告感情真挚、文字流畅，字数在2000字左右。

3. 在实验室测试时，现代教育技术学选修课的学生，能在30分钟内做好刻录光盘的准备工作。

第六章　大学课堂教学的有效性及其提升技巧

大学课堂教学作为引导大学生探求知识、发展能力、丰富完善个性品质的主要方式，是大学培养人才的主阵地，其有效性的追求理应满足大学生成长、发展的需求。这是一个既包括学生对所学课程理论知识由感性认知到理性内化，再到创造性外化的不同层次，又包括学生情感、态度、价值观培养的复杂过程。其指向不是单纯的某一方面，而是一个多元的综合体系。因此，对课堂教学有效性的追求必须基于全面性、正当性、持续性的原则，否则极易走入误区。“课堂教学是一种目的性和意识性都很强的活动。通过教学，要使学生掌握知识，习得技能，发展智力，形成态度和相应的品质。可以说，有效性是教学的生命。学生学到什么，得到什么，这是任何教学改革都必须首先追问和考虑的问题。”①

一、大学课堂教学有效性的内涵

课堂教学有效性“在知识上表现为学会，在能力上表现为会学，在情感上表现为学得有趣”。它是基于三维目标的发展，处于“最近发展区”的发展，乐于教学交往的发展，认同于教学伦理的发展，利于师生双方的发展。② 为此，广大教师在实践中应围绕“通过课堂教学，促进学生发展”这个根本问题，不断追求课堂教学的有效性，聚焦于学生的成长，关注于“教的课堂”向“学的课堂”的转型，着力于拓宽“教师研究共同体”的实践空间。③

通俗地说，课堂教学有效性是指通过课堂教学活动，学生在学业上有收获、提高、进步。具体表现为：认知上，从不懂到懂，从少知到多知，从不会到会；情

① 余文森：《课堂教学有效性的探索》，《教育评论》2006 年第 6 期。

② 参见陈瑞生：《课堂教学有效性界说偏失的现状、影响及其纠正》，《教育探索》2008 年第 2 期。

③ 参见陈瑞生：《课堂教学有效性的问题、诊断与矫正》，《教育探索》2010 年第 1 期。

感上，从不喜欢到喜欢，从不热爱到热爱，从不感兴趣到感兴趣。[①]

从专业角度说，有效性指通过课堂教学，学生获得发展。

就其内涵而言，发展指的是知识、技能，过程、方法与情感、态度、价值观三维目标的整合。相对于人的发展这一目标，任一维度的目标都不能脱离整体而单独提供优质服务，缺失任一维度都无法实现真正意义上的发展。其中，知识和技能目标只有在学习者的积极反思、大胆批判和实践运用的过程中，才能实现经验性的意义建构；情感态度和价值观目标只有伴随着学习者对学科知识技能的反思、批判与运用，才能得到提升；过程与方法，只有学习者以积极的情感态度和价值观为动力，以知识和技能目标为适用对象，才能体现它本身存在的价值。总之，人的发展是三维目标的整合，缺乏任一维度，都会使发展受损，但这并不意味着三维对人的发展的贡献是等值的。因而，着眼于人的发展的教学，要根据各学科的特殊性和学生原有基础而有所侧重。就教学而言，一方面要注重挖掘学科教材中蕴含的知识、技能，过程、方法，情感、态度与价值观（静态、凝固、共性）；另一方面要注重开发课堂教学中生成的知识、技能，过程、方法，情感、态度与价值观（动态、流动、个性）。

就其层次而言，发展包括现有发展区和最近发展区。苏联著名心理学家维果茨基就教学与发展问题，提出了"最近发展区"之说。关于教学作用于儿童发展的途径，由于维果茨基引进了区分儿童发展的两种水平的原理而揭示出一个清楚的观念。第一种水平是现在发展水平，由已经完成的发展程序的结果而形成，表现为儿童能够解决智力任务。维果茨基把第二种水平称为"最近发展区"。"最近发展区"是指尚处于成长状态的儿童还不能独立地解决任务，但在成人的帮助下，在集体活动中通过模仿，却能够解决这些任务。儿童今天在合作中会做事，到明天就会独立地做出来。所谓教学促进发展，就是把"最近发展区"不断转化为现有发展区。

就其形式而言，发展分为"内在发展"与"外在发展"两种形式。内在发展是一种以着重追求知识的鉴赏力、判断力与批判力为标志的发展；外在发展是一种以追求知识的记忆、掌握、理解与应用为标志的发展。新课程强调内在发展，为此，在教学基本任务和目标方面，应该通过课程知识的学习而培养学生的怀疑意识、批判意识和探究意识，从而使他们从小懂得没有哪一种知识是不需要质疑和发展的，新的观点、新的方法、新的技术永远值得关注和学习。

就其机制而言，发展有预设性发展和生成性发展两种发展机制。所谓预设性发展是指可预知的发展，是从已知推出未知，从已有的经验推出未来的发展；

---

① 参见余文森：《课堂教学有效性的探索》，《教育评论》2006 年第 6 期。

所谓生成性发展是指不可预知的发展，这种发展不是靠逻辑可以推演出来的。在教学中，它往往表现为“茅塞顿开”“豁然开朗”“悠然心会”；表现为“怦然心动”“浮想联翩”“百感交集”“妙不可言”；表现为心灵的共鸣和思维的共振；表现为内心的澄明与视界的敞亮。新课程在注重预设性发展的同时，强调生成性发展。

就其时间而言，发展可分为当下发展和终身发展。所谓当下发展是指即时发展，要求立竿见影，注重可测性和量化；所谓终身发展是指面向未来的发展，着眼于可持续，注重发展的后劲和潜力。

就其主体而言，发展则分为学生发展和教师发展。不仅仅要让学生学到有利于自己发展的知识、技能，获得影响今后发展的价值观念和学习方法，而且要注意让教师在课堂里拥有创设的主动权，能充分根据自己的个性、学生与社会发展的需求来发展自己的教学个性，这正是新课程背景下课堂教学有效性需达到的目的。

显然，课堂教学的有效性绝不仅仅限于教学的效率与效益，更不能将其窄化为考试分数。

二、大学课堂教学有效性的误区

当前，对大学课堂教学有效性的追求，仍然存在着以课堂为中心、以书本为中心、以教师为中心的状况。教师习惯于以讲解法为主，把教学归纳为单纯的技术操作过程，机械地实施教案，并严格控制学生，以期在规定的时间内完成计划中的教学任务。这些现象错误地解读了课堂教学有效性的内涵，造成了课堂教学低效、无效甚至是负效。

（一）教学目标的误区：只关注学生的知识技能，冷落过程与方法、情感态度与价值观

从发展内涵上讲，学生的发展是基于三维目标的发展，即知识与技能、过程与方法、情感态度与价值观的整合。对于新课程提出的三维目标在课堂教学中是什么关系，应以什么为主，有些教师一直感到困惑，于是在课堂教学中往往顾此失彼，出现了割裂三维目标现象。①

教学目标作为教学活动实施的方向和预期达到的结果，对整个教学活动起着规范和导向作用，是大学课堂教学正确取向的保障。因此，教学的有效性必须基于教学目标的正确、合理，否则教学越“有效”，对学生的负面影响可能就越大。长期以来，人们过分强调大学课堂教学的认知属性，忽视课堂教学过程的

① 参见陈瑞生：《课堂教学有效性的问题、诊断与矫正》，《教育探索》2010 年第 1 期。

教育性，对课堂教学有效性的追求更多的是在知识目标上做文章。一是课程教学目标的设计过于笼统空泛，往往只有知识目标，忽视了学生科学精神的培育、创造能力的激发及良好品质的养成等目标。二是课堂教学过程只关注课程知识目标的达成，而教学过程所内含的意义生成和价值延伸则完全被遮蔽了，使本来“成人”的课堂，变为“成材”的场所，这不仅割裂了知识与智慧的有机联系，而且背离了大学课堂教学的本质要求，严重削弱了课堂教学的育人功能。著名学者熊丙奇认为，一个人如果只有高学历，而没有高素质，知识和技能反而可能成为祸害社会的工具。因此，课堂教学不仅仅要让学生学会“正确做事”的知识、技能，更重要的是要让学生确立“做正确的事”的观念，学会选择“做正确的事”。只有这样才能充分发挥知识的作用，并确保知识的价值不被误用和滥用。①

（二）教学活动的误区：只关心学生的“动”与“乐”，缺失自主、探究、合作活动的灵魂

在课堂教学中只关注教师“教”的方面是否有效，而对于学生“学”的是否有效则很少顾及。具体而言，课堂教学管理偏重教师的教学规范，并以此作为评价教师课堂教学的依据，使教学有效性的评价变为对教师单方面教学技巧、策略的关注。课堂教学主要运用教师讲授、学生接受的方式，单纯追求“教”的高效率。因为从单纯的知识记忆、理解的角度看，讲授—接受的方式是一种省时、省力、高效的教学方式。学生被视为纯粹的客体存在，教师成了推动课堂教学的唯一驱动力，这虽然可以保证教学计划的实施，但其直接后果是：学生自主性的缺失和个体差异性的消解。

从发展的性质看，课堂教学有效性是师生双方的发展，教学活动的有效性是从学生有效学习和发展的角度来规定的，而促进学生有效地学习、实现了可持续发展的活动就是有效活动。但在课堂教学实践中，有些教师只注重形式的活跃，每堂课都有分组讨论，每堂课都有表演与抢答，出现了“为活动而活动”的现象。这种形式化的活动是散漫的、随意的、肤浅的、局限于表层的活动。具体表现在：一是探究有形无实。由于不问对象、不看内容地盲目探究，过度探究，只讲研究的形式，结果造成了不当、无序的探究，甚至“探究”变成了“瘫痪”，导致了探究学习的浅层化和庸俗化，致使课堂教学低效化。二是“自主”变“自发”。课堂上展现的是虚假的主体性，而失去的是教师有针对性地组织与指导等职责。三是合而不作。合作学习开展的前提是有主体的意愿，有可分解的任务，有共享的权利和互惠的效益。在没有合作意愿和没有可分解的合作任务的

① 参见李杰：《高校课堂教学有效性的误区及其成因分析》，《中国大学教学》2014 年第 1 期。

情况下，学生缺乏平等的沟通，这是难以产生合作效果的。凡此种种，都是课堂教学实践缺少思维力度，不能触及学生心灵深处而使其精神愉悦的表现。①

雅斯贝尔斯认为，“生命的精神交往”是大学的基本任务。教学过程的展开是以师生之间的交流、对话为载体的，因此教学积极效果的达成取决于师生双方有效的交往对话。提高教学有效性的切入点可以选择“教”的一方，但应该明确“教”的目的是促进学生“学”的有效。因此，对于课堂教学是否有效不能仅从教师的角度审视，更重要的是要站在学生的角度反思，可以说离开了“学”的有效，“教”的有效是毫无意义的。

(三)教学发展的误区：重视眼前即时的有效性，无视长远持续的有效性

课堂教学效果的表现有不同的状态、层次和方面，不仅有即时短期效果，而且有长远持续效果。由于前者效率高、易检测，而后者效率低、难评估，所以在许多大学无论是课堂教学，还是教学考核，普遍存在着重结果轻过程、重分数轻能力的现象。如在课堂教学中教师只注重教材基本知识的传授，忽视对学生创造性学习能力及思维品质的培养。对教师教学的考核、评价关注的是教学工作量的完成情况，“以数字论英雄”；对学生的成绩考核则主要是通过期末闭卷笔试的方式，“以分数论英雄”。其直接的后果是，“教师讲教材有的，学生学老师讲的，考试考笔记上记的”。很显然这是一种只顾眼前有效、忽视长远有效的短视行为，是对学生的成长、发展极不负责的行为，从根本上背离了大学课堂教学的目的要求，严重制约着我国大学教学质量的提高。②

(四)教学内容的误区：只注重学生的学科世界，割裂学科与日常生活世界的联系

从发展的过程看，学生的发展是理论学习与生活实践的结合。学生日常的活动与其在精神世界的知识及其意义建构是一个完整的、相互关联的整体。③过去，学生的学科世界与日常生活世界的割裂导致学生脱离了对周围世界的实感，必然丧失用心的体验，最终导致责任感的缺失。传统教学观认为，所谓“课堂教学”无非是精通知识的教师向未成熟的学生传递知识的作业，教学的成败取决于教师的教授法和学生的个人能力。④ 现代教学观认为，课堂教学不仅要把握教师的教育作用，同时还要把握学生之间的相互交流，课堂教学并不是教师机械地向学生进行“单项的信息传递”，而是要把握学生自身接受与学生之间

---

① 参见陈瑞生：《课堂教学有效性的问题、诊断与矫正》，《教育探索》2010 年第 1 期。

② 参见李杰：《高校课堂教学有效性的误区及其成因分析》，《中国大学教学》2014 年第 1 期。

③ 参见钟启泉：《教育的挑战》，华东师范大学出版社 2007 版，第 262 页。

④ 参见[日]高垣真弓：《教学设计的前沿》，北大路书房 2005 年版，第 1～2 页。

的交互影响，以及社会文化系统的种种外部变量对学生自身的“内在逻辑变化”的影响和面向学生周遭的全部情境。[①] 因此，为了保证课堂教学的有效性，教师必须刻苦钻研，力求精通所教学科的课程标准、教科书等文本课程，而且还要开发在课堂教学中与学生一起实实在在地体验、感受、领悟、思考到的课程，并使其不断转化为“自己的课程”。[②]

（五）教学过程的误区：只追求课堂的有序或开放，带来的是预设与生成的彼此冲突

从发展的机制上讲，发展分为预设性发展与生成发展，没有预设的课堂是不负责任的课堂，而没有生成的课堂是不精彩的课堂[③]，在课堂教学的实践中常常会出现这两方面的冲突。预设与生成并不深奥，如果把预设看成是教师备课的话，那么生成就是教师在课堂教学中的灵活变通。其冲突表现在“预设过度”与“生成过度”上。“预设过度”会使课堂教学变得机械、沉闷和程序化，缺乏乐趣和兴趣，缺乏对智慧的挑战和对好奇心的刺激，使师生的活力在课堂中得不到充分发挥，从根本上讲，这是低效教学的课堂；“生成过度”会影响预设目标的实现以及教学计划的落实，使教学失去中心，失去方向，同样会造成教学的随意性和低效化。因此，无论预设还是生成，都要恰当地服从于学生的发展。

（六）教学伦理的误区：只要求学生接受知识，导致对学生粗暴训斥或极端化取悦

在道德的教化及教学的合理化过程中，教师的作用是巨大的，教师作为有影响的人，应该有一种“理智上的诚实”。正如韦伯所说，“在课堂里，唯有理智的正直和诚实，才是最有价值的美德”[④]。所谓理智的诚实，是指在教学过程中，教师不自欺欺人，不装腔作势，也不讳言错误，从而为学生道德的发展创造人性化的空间。除了理智上的诚实，教师还应具有“理智的宽容”，即对不同见解和错误的宽容，但不是对异说、暴力或残酷的宽容。当前的课堂教学实践中，有些教师仍然不能用正确的方式对待学生，要么将学生看成不懂事的小孩子，要么粗暴地训斥学生，要么以无原则的、极端化的表扬来取悦学生，而以这种极端化、泛滥化、扭曲化的赏识来取悦学生。最终带给学生的是不悦。[⑤]

---

① 参见钟启泉：《课程的逻辑》，华东师范大学出版社2007年版，第282页。

② 参见陈瑞生：《课堂教学有效性的问题、诊断与矫正》，《教育探索》2010年第1期。

③ 参见余文森：《课堂教学有效性的探索》，《教育评论》2006年第6期。

④ ［德］韦伯：《学术与政治》，冯克利译，三联书店1998年版，第49页。

⑤ 参见陈瑞生：《课堂教学有效性的问题、诊断与矫正》，《教育探索》2010年第1期。

三、大学课堂教学有效性误区的成因分析

课堂教学有效性的误区之所以存在，在于教师教学意识的泛化。教学意识泛化的表现是以课堂为中心、以课本为中心以及以教师为中心。说到底，课堂教学是“为考试而教、为考试而学”，还是“为学生的发展而教、为学生的发展而学”这两种不同价值观的冲突。“为考试而教、为考试而学”体现了以应对考试和进行选拔为基础的课堂教学的价值取向；“为学生的发展而教、为学生的发展而学”则以提高学生的全面素质为宗旨，考试只是作为教育评价的一种具体形式，其主要功能是促进教学，即检查学习情况和学习效果，甄别与选拔只是它的附属功能。

（一）对教学目标的误读，其根源是把教学的动力归因于升学的需要与压力

将教学的目标定位在学生的知识与技能上，强调的是学生的学习是以记忆为主，学生的课后学习是采用题海战术对知识点进行强化。当然，我们需要给学生传授知识，培养其技能，需要对知识点强化，需要高升学率，但我们不能忘了人的充分、自由和整体发展这一价值尺度。“为考试而教，为考试而学”是以选拔为宗旨，即以考试得分为手段，将把少数人从大多数人中选拔出来作为唯一目的的片面追求升学率的课堂教学，其指导思想是功利主义的。虽然高升学率是“为考试而教，为考试而学”的主观诉求，但绝不是“为学生发展而教，为学生发展而学”的必然结果；相反，高升学率不是“为学生的发展而教，为学生的发展而学”的刻意追求，却是“为学生考试而教，为学生考试而学”的当然结果。①

（二）对教学内容的误读，其根源是把教学的根本归结于对教材的讲授

教学的根本不是教材，而是学生，不能唯教材至上，在使用的过程中必须经过教师重组与积极建构，教材的内容不等于教学的内容，教师应该积极思考如何教的问题。因此，对教学内容的把握应做到立足教材，优化教材，超越教材，这就要求教师将学生的学科世界与日常生活世界结合起来。但在课堂教学实践中，一些教师不能较好地将生活引进课堂，使课堂只有虚拟的符号、概念。究其原因，一是教师无视学生生活的缺乏，没有及时调整学生生活与教学内容之间的差距，不能较好地将生活转化为教学资源；二是漠视生活的价值，不能引导学生走进生活，感受生活，使其成为引领学生参与课堂活动的重要元素；三是片面理解生活，往往导致教学的操之过急。

（三）对教学活动的误读，其症结是把教学的本质等同于教师角色的隐退

新课程提倡自主、探究、合作的学习方式，其本质是学生的主动学习，但不

① 参见陈瑞生：《课堂教学有效性的问题、诊断与矫正》，《教育探索》2010 年第 1 期。

等同于教师角色的隐退。一是不能将教学活动简化为学生“动”起来。在课堂教学实践中，学生应该表现出强烈的自我意识，能自我计划，自我选择，自我监控；表现出强烈的主动意识，能主动计划，主动选择，主动监控。教学活动中学生的“动”起来，不是来自教师的策划，不是学生根据教师的“剧本”扮演角色，反复操练。二是不能将教学活动简化为学生“乐”起来。课堂教学实践不是设备的大比武，课件的大比拼；不是教师煞费苦心地台上展示和学生如醉如痴地台下欣赏。三是不能将教学活动简化为教师角色的隐退。在课堂教学实践中，常常出现为突出学生的“自主”，明知其力不胜任，却让他们去探究，教师则退避三舍，或为体现学生“能动”，明知学生走偏，却由学生去兜圈，教师则主动退让的现象。在这样的过程中，教师往往忽视“讲”的地位，错失“讲”的良机，轻视“讲”的作用。①

（四）对教学过程的误读，其根源是把教学的隐喻描绘成工厂的流水线或信马由缰

对教学过程的误读，将造成教学意识的泛化。其根源首先是把课堂教学看作工厂流水线；其次是借口淡化文本而抛弃文本，借口课堂教学的开放性和动态性而忽视了教学的封闭性与计划性，使教师在教学过程中信马由缰。教学是工厂流水线的隐喻暗含着教师劳动是一种具有可重复性、可测量性和可还原性的技术，直接否定其创造性、不确定性和复杂性。在这样的隐喻中，人与人的关系被人与物或物与物的关系取代，使得机械的知识传授成为师生之间关系的纽带。信马由缰的比喻暗含着教师劳动是一种多样性、丰富性和随机性的劳动，直接否定其目的性、计划性和效率，教师被学生牵着鼻子走。教学过程的误读原因有三：首先，观念上、认识上的模糊。教师对到底什么是生成，课堂上该如何生成，该如何有效地促进和把握生成，心里不是很清楚。其次，操作上严重失控。面对课堂教学中学生不断涌现出来的各种各样的信息，不能把有价值的信息纳入教学的过程，使之成为课堂的亮点，成为点燃学生智慧的火种；同时，对价值不大的信息，未能及时排除和处理，使课堂回到预设和有效的轨道上，以保证课堂教学的正确方向。最后，关系处理不当。教师在课堂教学中，往往拘泥于预设，对意外的生成缺乏心理准备和必要的智慧。②

（五）对教学伦理的误读，其缘由是把教学的功能仅局限于学生智慧的提升

课堂教学有效性的标志是学生人格的完善和智慧提升的统一。现代学校关注学生的人格培育，强调教学的伦理性。教学的伦理性是以“实践理性”为基

① 参见陈瑞生：《课堂教学有效性的问题、诊断与矫正》，《教育探索》2010年第1期。

② 参见陈瑞生：《课堂教学有效性的问题、诊断与矫正》，《教育探索》2010年第1期。

础的。“实践理性”是康德在研究伦理问题时提出的一个核心概念,是从绝对的总体出发,经过概念(善恶的概念),再到道德情感和道德行为,寻求“道德”的最终根据。康德说:“我们终究被赋予了理性,作为实践能力,亦即作为一种能够给予意志以影响力的能力,所以它的真正使命,并不是去产生它意图的工具,而是去产生在其自身就是善良的意志。”所谓“善良意志”“并不因它促成的事物而善,并不因为它期望的事物而善,也不因它善于达到预定的目的而善,而仅是由于意愿而善,它是自在的善”。[①] 教学伦理的标准是其在教学过程中的“善良意志”,即“人是目的,而不是手段”。根据这一标准,教学过程中“打骂学生是为了学生好”的认知,显然是不符合教学伦理要求的;那些尽管没有打骂学生,但却将学生的成就当成自己“摇钱树”或“敲门砖”的教学行为也是不道德的,它会使学生形成不健全的人格。

四、提高大学课堂教学有效性的策略

在课堂教学实践中,教师的课程意识是指教师在课程实施中,在对课程价值认同和课程目标认识明晰的基础上,自觉地将课程目标细化为教学目标,且在教学过程中不断审视教学目标的合理性,并根据教学情境的变化不断选择适当的教学方法实施教学,在课程情境中寻求教育意义,致力于课程“成人”功能的实现,从而真正走向课程实践的自觉。[②] 透过上述课堂教学有效性问题与诊断分析,我们不难看出,要在实践中提升课堂教学的有效性,必须促成教师课程意识的回归。

(一)明确教学目标,使其成为学生发展的基石

要实现三维目标,应以知识与技能为主线,过程与方法以及情感态度与价值观都是以知识为载体来实现的。所谓“过程与方法”是指学生在获得知识和技能的过程中运用了什么方法,是教师灌输获得的,还是通过自主、探究、合作的方式获得的。所谓“情感态度与价值观”是指学生在学习的过程中所持有的情感和态度,是积极的、主动的、自觉自愿的,还是消极的、被动的、应付的;是富有兴趣的,还是随便迁就的,或者是厌学乏味的;通过一节课的学习,学生的价值观、人生观等会发生什么样的变化,道德得到了什么样的教化。只有这样,才能在实践中实现三维目标。[③]

大学教师必须明确:课堂教学作为培养人的实践活动,其有效性的追求必

① [德]康德:《道德形而上学原理》,苗力田译,上海人民出版社 1986 年版,第 45、43 页。

② 参见钟启泉:《教育的挑战》,华东师范大学出版社 2007 版,第 263～264 页。

③ 参见陈瑞生:《课堂教学有效性的问题、诊断与矫正》,《教育探索》2010 年第 1 期。

须以学生的发展为根本目的。因此，一是要处理好社会需求和学生自身发展需求的关系，应从二元对立的僵化思维中解放出来，使课堂教学价值指向兼顾社会和学生双方发展的利益诉求，给每一个学生提供充分发展的机会和空间。二是要处理好学生知识的学习和情感、态度、价值观的形成之间的关系，充分体现出知识、情感、价值观的和谐统一。这要求教师在教学过程中，既要帮助学生把握知识和技能，又要让学生体验到知识对于自身的理想追求和现实社会发展的意义，使知识的学习与丰富多彩的生命活动紧密联系在一起。①

（二）重视如何实现有效性的问题

对课堂教学不仅要关注对学生教什么的问题，而且要重视用什么方式来教的问题，从而使有效教学的方式能合乎道德性的要求。首先，必须建立新的教师价值观，重新审视教师在现代课堂教学中的角色定位。随着社会的发展，教师在教学活动中的地位和作用发生了很大的变化，正“从‘独奏者’的角色过渡到‘伴奏者’的角色”②。即由过去高高在上的权威者变为学生学习的指导者、组织者和合作者。因此，作为一个合格的大学教师，不仅要严谨治学、善于研究，不断提升学科专业理论水平，而且要不断提高自己的教学学术修养，善于用自己的教育智慧给学生以创造性的启迪和引导。其次，要尊重学生、相信学生，以学生能够并乐于接受的方式展开课堂教学活动，注重教学方式的多样性和实效性。让学生真正以主体者的角色参与到教学中来，使课堂不再是教师的“一言堂”；教师则以平等对话者的角色参与学生的学习过程，关注学的方法、学的结果，使学习不再只是学生的事。努力构建一种平等对话、和谐共进的现代课堂教学模式，突出教学过程的主体性、交互性和生成性，以此促进学生自主创新能力的不断提高。

（三）让生活步入课堂，使课堂成为生活的组成部分

课堂教学有效性不应该是虚拟的，也不只是观念和符号。生活是课堂教学有效性的原型和资源，拓展教学的时空，丰富学生的生活，理应成为教师的追求。让课堂因生活而精彩，让生活因课堂而丰富。要引生活之水，凸显课堂生活底色，以促进学生凭借生活认识课堂，凭借课堂认识生活，使他们借助生活走进文本，延伸文本，走进生活，感悟人生；要再现生活场景，让课堂充满生活情趣，以促进学生变课堂为生活感受，使他们享受学习的乐趣、生活的情趣；要顺应生活需要，使他们在课堂上感受生活气息，以促进学生学有所用，用有所学，缩小课堂与生活的距离。

---

① 参见李杰：《高校课堂教学有效性的误区及其成因分析》，《中国大学教学》2014年第1期。

② 联合国教科文组织：《教育——财富蕴藏其中》，教育科学出版社1996年版，第126～127页。

(四)清楚应追求什么样的有效性问题

教学是一门慢的艺术。因为学生智慧的觉醒、技能的提升、人生价值观的确立不是立竿见影的,所以教师应清楚:有效性的追求在关注眼前即时教学效果的同时,更应该关注课堂教学效果的持续性,使学生能将外在的教育影响内化为自身成长的资源,为终身的发展积蓄力量。因此高校必须加大教学管理改革的力度,彻底摒弃那些简单化、形式化、功利化的教学管理及评价标准,引导教师处理好教学与科研的关系,真正把教书育人作为首要任务。同时,充分发挥教学团队的作用,积极开展课堂教学研究和改革,以教会学生学习为重点,从促进学生可持续发展的角度来设计教学活动,使课堂教学成为学生持续进步的阶梯和动力。当然,这些问题的解决并不是孤立的,它需要一定的物质条件、管理制度等方面有效的保障。高校应通过改革整合校内教育资源,健全教学质量保障体系,确保教学的中心地位。在组织领导、队伍建设、资金投入、设施建设等方面,为课堂教学有效性的提高打造一个“硬”环境,使课堂教学在培养大学生创新能力、完善个性品格等方面真正发挥主阵地的作用。[①]

(五)让活动走出误区,使主动成为教学活动的本质

教学活动中出现的偏离,反映了人们对自主、探究、合作学习方式认识的片面与盲从。要走出教学活动的误区,必须从根本上去认识它,从本质上去理解它。为此,一是要注意课堂气氛的调节,激活学生的内在需要。课堂的氛围要具有接纳性、支持性和宽容性,情境的设计要具有挑战性、趣味性和目标性,使学生在这样的氛围与情境中平和心境,舒畅心情,放飞心灵,放飞情思,以激活学生的内在需要与动机,保证课堂活动自主、自由而不自流,放开、放松而不放任。二是注重教学方法的选择,突出教学目标。教学方法要服务于教学目标,要处理好它们之间的关系,以有效的教学方法显示课堂的活力,以知识的魅力吸引学生主动探究。三是着力教师角色的转变,彰显学生的主体作用。教师是学生学习的引导者、促进者和协作者,要让学生积极地思考与主动地探究,以实现教学相长与共同发展。开展课堂教学活动,决不意味着教师无需讲解,要明确讲解的作用,化抽象为具体,化语言为形象;要把握讲解的契机,起到“画龙点睛”与“雪中送炭”的作用;要讲究讲解的方法,使讲解始终指向学生的人格完善与智慧提升,使讲解始终贴近于学生的“最近发展区”,使讲解始终凸显教学目标与教学重点和难点。[②]

---

① 参见李杰:《高校课堂教学有效性的误区及其成因分析》,《中国大学教学》2014 年第 1 期。

② 参见陈瑞生:《课堂教学有效性的问题、诊断与矫正》,《教育探索》2010 年第 1 期。

(六)让教学插上双翼,使预设与生成在融合中精彩

预设与生成是精彩课堂中不可或缺的两个方面。预设是在熟读课程标准、建立课程标准与实践教学内容的对应关系的基础上,选择比较恰当的教学方式,预想学生可能在教学中遇到的问题以及思考对应的策略。生成指的是师生的教学活动离开或超越原有的思路和教案,使学生获得了非预期的发展。可见,要使预设与生成融合,首先要读懂文本。这样才能充分地理解教材,有的放矢地设计教材,驾轻就熟地引导教材。其次,要及时调整。课堂是不可预测因素的综合体。教师的预设在课堂教学中常常会遇到超越学生知识、忽视学生认知特点、滞后学生实际水平的情况。这些现象会造成学生力不从心,学无兴趣,课堂教学张力不足,这时就需要教师进行调整,以保证教学满足学生的需要。最后,捕捉和点化。教师在课堂中要眼观六路,耳听八方,善于捕捉疑难点、偏差点和浅近点,并分别给以点化、纠正和跨越,以促进预设目标的达成与新目标的生成。

(七)让伦理融入教学,使学生人格与智慧同构共生

教学的伦理性是指不管教学的意向,还是师生双边互动的形式或教学的具体内容,都必须符合一定的文化体系中伦理规范的要求,采取一种在道德上能够接受的方式进行。① 从这个意义上讲,对学生进行讽刺、挖苦、侮辱和恶意体罚的行为就不能称之为“教学”行为。这些现象的共同特征是对人的蔑视,对生命的蔑视。陈玉琨教授指出,提升学生的道德,首先要提升教师的道德。爱心需要爱心来唤醒;冷漠的教师,不可能培养出充满爱心的学生;诚信需要诚信加以教育,一个虚伪的教师,也很难教育出诚信的学生。② 为此,要让伦理融入教学之中,教育不仅要提升学生的智慧,还要实现学生人格的完善。首先,要建立一种动力机制,让教师把课堂教学有效性的实现当作教师人生价值实现的过程、教师专业发展的过程。其次,要关爱生命。不能把学生当作随意侮辱的对象,那会影响学生身心健康地发展。再次,要做到公平公正。学生总是有差异的,有家庭背景的差异,有自身兴趣爱好的差异,有种族与性别的差异等等。公平公正的关键在于平等地对待每一个学生。最后,帮助学生认同教学伦理。让学生用情去感悟,用心去感悟,进入情境中去感悟。对于道德的教化而言,教师还应在教学过程中将讨论引入理智的批判和对话之中,因为理智的批判和对话是发展学生道德的最佳途径。③

---

① 参见石中英:《教育哲学导论》,北京师范大学出版社 2002 年版,第 198 页。

② 参见陈玉琨:《陈玉琨教育讲演录》,华东师范大学出版社 2007 年版,第 107 页。

③ 参见陈瑞生:《课堂教学有效性的问题、诊断与矫正》,《教育探索》2010 年第 1 期。

第七章　教学反思的认识与运用

国际教师教育界公认教学反思应该成为教师教育的重要组成部分。然而反思作为一种思维方式,其本身的复杂性使得我们很难去界定教学反思,因此教学反思能力的培养成为一个难点问题。由于研究者的理解不同和阐述角度不同,国内外有关教学反思的定义有多种表述。从最贴近课堂的角度来理解,教学反思是有意识地对已经发生或正在发生的教学活动进行批判性思考和审视。在此过程中,教师要运用以往的知识和经验,发现并深入认识教学活动中存在的优势与不足、困惑与问题,继而通过行动解决问题并进一步积累教学知识、重构教学经验。

一、何为教学反思

所谓教学反思,是指教师对教育教学实践进行再认识、再思考,并以此来总结经验教训,进一步提高教育教学水平的思维活动。教学反思是教师提高个人业务水平的一种有效手段。现在很多教师会通过教育实践来反观自己在教学中的得失,通过教育案例、教育故事或教育心得等来提高教学反思的质量。

二、教学反思的价值

教师专业发展不是一个静止、封闭、线性的过程,它具有终身性、动态性和开放性的特点。教学反思是教师专业发展的动力和基础,教师在教学过程中合理运用反思性教学,可以及时发现自身在教育理念和实践技巧等方面存在的问题,并找出对策加以改正,从而不断完善和发展自己。没有反思性教学,教师的专业发展就无从谈起。

20 世纪 70 年代,欧美研究者在对“反思”进行思考和探究的基础上提出了反思性教学,并将之视为促进教师专业发展的重要理论和途径。美国教育家杜威将“反思”定义为:它不仅是一个思维过程,更是将思维转化为实践的过程。

它绝不能只停留在沉思阶段，而应当付诸行动，将猜测和假设付诸实践并反复检验。教育学研究者熊川武认为，反思性教学是指教学主体为了解决教学目的、教学工具等问题，通过行动实践不断探索和研究，将教学与学习有机统一，提升教学活动合理性的过程。[①]

反思性教学与个性化教学、对话教学、创造性教学有本质区别，它不是单纯回顾教学过程，而是对教学过程中存在的问题进行探究和检测，结合教育理论、校园文化、背景机制等因素，创造性地解决这些问题。教师在备课阶段就要思考选取何种教学方式，达到怎样的教学目的，教学过程中可能会出现哪些问题及如何应对，自身所掌握的学科知识、实践技巧、教育学知识是否能够满足课堂需求等问题。教师的教学和成长过程就是不断进行教学反思的过程：教师要反思学生是否真正掌握自己所讲授的内容和知识；自己是否与学生实现了有效沟通；学生是否接受自己采用的教学方法，并对其中出现的问题进行分析和总结；教师也应加强对自身合作能力的反思，要根据课堂教学和反馈及时调整教育行为。可以以日志形式每天坚持教学反思，及时发现教学过程中出现的问题并认真记录，分析思考这些问题，找到相应的解决策略。

三、教学反思的组成部分

（一）认知成分

这是教师进行教学反思的基础。教师已有的相关知识和经验在头脑中相互关联，以一定的结构组织起来，成为图式。这些知识和经验可以在一定的情境中被有效存储和快速提取，这构成了个体理解世界的基础。在对教学活动进行思考、审视和分析的过程中，必然要依赖已往的知识和经验。另外，对教学事件的认识还要依赖于教学理念和价值观，这些构成了教学反思的认知成分。有研究者对专家型教师和新手型教师关于课堂事件的解释作了对比研究，结果表明，专家型教师在教学决策过程中的行为体现出更深刻的具有丰富联系的图式。这些图式使他们能够准确判断哪些事件值得关注，并从记忆中提取出有关信息，以便选择最恰当的应对策略，这是他们能够自动处理各种问题的基础。

（二）行为成分

教学反思既是一个思维过程，也是一个将思维付诸行动的过程。反思是解决问题的一种特殊形式，它起源于问题或困惑。反思主体利用知识、经验和价值观，深入分析问题后形成解决方案，并通过实践加以检验，根据实践结果进行经验重构或开始下一轮反思。因此，没有经过实践验证的思考和设想，即使经

---

① 参见熊川武：《论反思性教学》，《教育研究》2002 年第 7 期。

过探究已经形成解决问题的方案，但也只能是空想，而不能确定其结果。

教学反思的目的是解决教学实践中的具体问题，进一步提高教师的教育教学能力。教学反思是教学实践者在与教学情境的对话过程中框定问题并解决问题的过程。反思者如果脱离实践，任何所谓有效的方法和措施都是无力的。杜威说："思维活动是从疑难的情境到确定的情境，思维不单是从情境中产生出来的，它还要回归到情境中去。"[①]教学反思起源于教学实践，还要回归于教学实践，只有经过教学实践的检验，才能将含糊的、疑惑的情境变为清楚的、确定的情境。

四、教学反思的过程

（一）产生疑惑，识别问题

思维起源于疑惑，起源于问题，起源于不确定性，它的发生由某种事物作为诱因，这样才会引发思考和探究。进行教学反思，首先要让反思者发现教学中的困惑现象，即通过对教学的观察、回顾或通过他人对教学的评价，反思者意识到教学实际情况与自我认知情况不符、教学中存在一些不知如何解决的困惑或还存在一些问题需要改进。这些现象将刺激反思者去深入思考和探究，寻找解释困惑的证据，寻求解决问题的方法和途径，进一步促使自己的教学行为发生改变。在专家型教师与普通教师的对比研究中发现，专家型教师具有不断探索和试验、质疑看似"没有问题"的问题和积极回应挑战的特征。专家教师具有的是将貌似正常的情境"问题化"，主动去发现问题、定义问题的能力，而不是解决已呈现出来问题的能力，这是他们和非专家教师的关键区别。

（二）分析问题，探究解法

如果没有对问题的分析和探究，疑难终究是疑难。识别出问题或困惑之后，接下来就要考虑对它们作出近乎合理的解释，以寻求解决问题的方法。这需要凭借以往的相关知识和类似情境的经验，它们以图式的方式存储于头脑中，需要将其在图式系统（认知结构）中提取出来。在这一过程中，需要思考的是：当前的问题或困惑可以与什么相关概念、理论或相关事件联系起来？这些概念、理论或事件是否可以为此提供佐证或作出解释？这一问题产生的原因是什么？有哪些影响因素起作用？有什么相似情境的经验可以提供借鉴？通过这些方面的考虑，反思者从多角度、多侧面分析、评价教学活动及其背后的观念、假设，积极寻求多种可能解决问题的方法，进而作出合理的判断和选择。

---

① ［美］约翰·杜威：《我们怎样思维·经验与教育》，姜文闵译，人民教育出版社2005年版，第87页。

（三）实践检验，重构经验

有了解决问题的方案，就要在实践中解决问题，一切假设和推理都需要在真实的情境中得到检验。检验的结果可能会产生两种情况：一是出现了所期望的结果，假设和解决问题的方法得到验证和加强；二是产生的结果与期望的结果不一致，需要继续反思，然后付诸行动。在经过实践检验之后，反思者要在已有经验的基础上对经验进行重新组织和重新建构，目的是达到对各种教学活动的背景有新的理解，对自身作为教师和教学活动的文化环境有新的理解，对关于教学的一些想当然的假设有新的理解。由于教学实践的不确定性、情境性、复杂性和创造性，教师的专业发展带有明显的个人特征，它不是一个把现成的某种教育教学知识或理论应用于教育教学实践的简单过程，而是蕴含了将一般理论个性化、与具体的应用场景相适应并与个人的个性特征（情感、知识、观念、价值观等）相融合的过程。

因此，教师必须以自己的经验为基础，对自身的教学实践不断重新认识和理解，不断建构和提升自身经验，才能深入理解教学实践，才能创造性地发展教学实践，才能不断提高自身的教学专业水平。正如杜威所说，“真正的思维必然以认识到新的价值而告终”[①]。

五、阻碍教师反思的因素

（一）恐惧困境，逃避反思

教学反思，就是教师需批判性地对待自己的教学实践。现实中，囿于自身的能力，很多教师虽然能发现自身教育教学中的不足之处，但要找到解决问题的方法并不容易，这常使许多教师陷入困境。一旦反思有了起点，往往会有很多疑问萦绕心中。这容易让人烦恼和急躁，若短时间内解决不了，则易产生挫败感。因此，部分教师选择远离困境，沿于惯性，继续采用原有的教学方式。

（二）囿于教学思维惯性，无从反思

有些教师虽然认同教学需要反思，但是往往发现不了需要反思的问题，其原因多在于教师的教学思维惯性。如当课堂教学出现问题时，教师往往惯性地认为是由学生的因素导致，而未从教学本身出发，探究是否因为教学环节设计不够合理，或是对学生的心理特点把握不够到位，或是教学内容未能激发学生的学习兴趣。因此，有些教师常空有“反思之志”而无科学、全面、客观的反思切入点。

---

① [美]约翰·杜威：《我们怎样思维·经验与教育》，姜文闵译，人民教育出版社 2005 年版，第 65 页。

(三)囿于惯性行为,集体无意识

同一学校、同一学科的教师容易形成惯性教育教学行为。许多教师即使想换一种教学方法或教学思路,解决一些固有的教学问题,却常常囿于面子,或者担心“枪打出头鸟”,而不敢在教师集体教研中提出改革想法。长此以往,这种思想会变成一种集体无意识。大家都安于现状,对自己目前的教育教学状态不加批判,认同其合理性。跳出自己学校的圈子,反观其他学校的一些不同做法,有助于教师认识到自身教育教学的不足。现在的教师轮岗制度,初衷是为了教育均衡发展,促进教师教学反思只是其顺带的“红利”。

(四)为惰性思想所累,不愿改变

一些教师囿于惰性思想而不愿反思,不愿直面已有的教育教学问题。如在一些活动中,当专家试图向小学教师分享一些培养小学生良好阅读习惯的经验时,在场的部分教师只想了解相关做法的难易程度及所花费的时间,而放弃对可能的良好教育结果的期待,缺少对相关操作细节的追问;一味衡量新做法是否会增加工作量,而放弃衡量学生可能得到的收获及教师可能的成长空间。这些惰性思想既不利于开展教育教学活动,不利于促进学生成长,也阻碍了教师自身教学能力的提高。

六、培养教学反思的策略

(一)建立批判态度,突破行为习惯

教学反思就是要把日常的教育教学活动当作观察对象,探寻常规和习惯掩盖下的教育实践的真正意义。生活中人们对习惯存有极大的依赖,常常依据习惯对具体的生活情景作出反应。在教育教学实践中,教师也大多依据惯例来应对具体的教学情境,并且常常有将自己的行为合理化的心理倾向。惯常行动图式在使人行动便捷的同时也消解了人的批判意识和创新意识。教育反思的实质就是抗拒与颠覆这种惯常行为图式和思维图式,改变那种单纯以风俗、习惯和前见为基础的判断倾向。通过批判,理性剖析自己的教学行为和教学观念,在这个过程中发现教育教学中的问题和困惑,促使自身去改善教学行为和观念,以实现教育实践的真正意义,彰显教学反思的本真价值。

(二)培养问题意识,建立觉察性

一切探究性思维的发生,都发自于对自己感兴趣问题的研究和分析,反思性思维也是如此。我们发现,有些教师在教学中缺乏反思意识,对自己的教学行为缺乏足够的敏感性和觉察性。面对这种情况,如果只是宣传反思的重要性和反思对自身专业成长的意义价值不大。更重要的是,要引导他们从自己的教育教学实践中寻找突破,发现问题。当他们觉察到教学行为的实际结果与预期结果不协调，或心理产生各种疑难、困惑的时候，他们会去改变行为，去解决心中的疑难和困惑。问题和疑惑是激活反思的内在动因，通过自我分析主动发现问题和疑惑比单纯确定它们更重要。正如杜威所说，“对解决困惑的需求在整个过程中是稳定的并具有导向性的要素”①。

（三）发现成功之处，形成再生点

对于新手教师来讲，虽然失误和问题比较容易引起他们的注意，但自己教育教学过程中的成功经历也会使他们产生满足感，对他们起到鼓励作用，促使他们产生改善教育教学的动力。因此，在反思过程中，也要让他们注意到自己在教学过程中表现出的优势，总结经验，思考如何发挥优势，使之成为新的再生点。

（四）加强总结提炼，提升已有经验

很多时候，教师在实践中采取的教育教学策略是适应当时教育教学情境随机产生的，是即时迸发的，并不是当初设计好的，教师认为这样做是自然而然的，并不会刻意思考和总结。还有的教师在教学中对课堂的教学和整体把握都很好，让其交流经验和体会时却说不出所以然来。这都说明，无论是对于短期迸发型还是长期积累型的教师，都应该及时创造条件引导他们总结提炼自己的教学特点和教学经验，积极思考和探究教学过程，促进新经验与以往经验的融合，不断建构和提升自身经验。

（五）了解理论动态，寻找实践融入点

教育理论和理念在不断更新，它们直接指导着教育教学实践。工作在教学一线的教师要及时获悉教育改革和发展的最新动态，深入学习和理解教育的最新理论和理念。但理论在具体实践中的应用不是套用的过程，而是能动与发展的过程，是理论和理念在实践主体内植根和成长，并在实践中不断创造可能性和发展自由空间的过程。因此，要深入学习和理解并在实践中深刻体会教育教学理论和理念的本质与精髓，思考教育实践中具体的、切合实际的、适合自身的融入点，做到将理论和理念真正融入活生生的教育教学实践，使其在实践中得到充分运用、探究、理解和发扬。

（六）鼓励协作反思，促进深度交流和柔性碰撞

反思是指向自我的，教学反思的目的和实质是进行自我分析，最终实现自我发展，但不代表反思的过程中不需要共同协作。自我反思容易使自己陷入个人经验和自我思维定式，而群体协作有助于纠正独立反思的偏差，深化个体反

① [美]约翰·杜威：《我们怎样思维·经验与教育》，姜文闵译，人民教育出版社2005年版，第89页。

思。同时，协作反思能够消除教师的孤独感和无助感，为教师提供情感上的支持。此外，只有当信念对自己而言真实、清晰的时候，才能与别人交流，才能促进个人化信念的发展。

在协作反思的过程中，要促进深度交流。首先，需要勇于袒露自我，勇于展示内心的想法，可以通过抛出一些问题或困惑的形式邀请大家来帮助解决，要适时鼓励或主动探询他人提供不同看法，这样才能深入地进行群体反思。其次，要减少习惯性防卫心理，要善于倾听大家的想法和意见，并能针对他人看法给予积极回应，当表达不同观点时，要注意表达方式，提倡在不同看法间的柔性碰撞。再次，在相互交流的过程中可以衍生出新问题。当大家的观念或看法存有差异、解决问题的方案产生冲突时，就会使问题呈现出来，就会碰撞出新知识、新问题与新的解决方法。在民主和谐的环境氛围下，在一种无拘无束的探索中更容易产生新问题。但一旦民主氛围缺失，教师之间相互敌对，也就难以碰撞出智慧的火花了。

七、培养教学反思的方法

（一）观察学习

观察学习是通过反思将他人经验映射到自身。班杜拉将人类的学习分为直接经验的学习和间接经验的学习。显然，观察学习属于间接经验的学习，是一个人通过观察示范者的行为形成新反应机制的能力。通过观察教学活动，可以在真实的、具体的教学情境中理解教学，解构教学活动的复杂性，学习教学活动中蕴含的隐性知识，通过反思将他人的实践经验映射到自身。

在观察学习的过程中要有关注焦点，焦点可以是教学活动中的教学行为/学习行为、课程结构、对技术的运用、教学方法、学生反应、师生之间/生生之间的关系等等。观察过程中要记笔记，要采用描述性语言，避免使用判断性语言，以便为日后查看提供明确客观的参考记录。对于新手教师来讲，应尽量确定单一的关注点，可以选用一些简单的记录行为以及行为发生程度的工具，如一览表和 Likert 量表帮助发展观察能力。随着学习者观察能力的逐步提高，可以选择较复杂的关注点，可以灵活选用标准和工具，可以用流水账、示意图等方式提供更详细的描述。

（二）实习课

用反思联结教育理论与实践实习课为理论在实践中的运用提供了一个演练场，反思充当了一个纽带。通过行动中和行动后的反思，学习者将先前学到的相关教学理论转化为自身的实践知识，总结个人化的经验。实习课中的教学对象一般是同伴，教学方式主要包括微格教学和反思性教学。

1. 微格教学。微格教学以模拟课堂的形式展现，在一定程度上弥补了职前教师欠缺接触真实教学情境机会的不足，使他们将书斋中获得的理论付诸行动。它可以帮助实习者在支持性的环境里练习教学方法、技巧，发展一些具体的教学策略。在此过程中，实习者可以及时地获得指导者、同伴对自己的评价。由于这是一种面对人数较少、教学时间较短的模拟教学形式，也会减轻实习者的焦虑感。同时，同伴作为模拟学生，在参与教学过程的同时也在进行着观察学习，并在对同伴教学过程的评价中发展教学评价和教学反思能力。在对教学的评价过程中，可以使用事先制定好的评价量规，也可以共同商议制定评价量规。商议中可以促使大家考虑教学过程中的重要要素，有助于加强对教学的理解，增强主人感并有利于量规的使用。

2. 反思性教学。也称为"反思性模拟教学"，与微格教学类似，是一种面向同伴的教学方式，目的是促进教学方法的改进和教学效率的提高。反思性教学可以提供全面、客观地分析教学的机会，可以给教学者提供及时反馈以及反思的机会，培养教学者和参与者对教学进行反思的习惯。在这样的活动中可以体会和分享教学经验，形成有利于同伴交流的氛围，提供观察他人教学实践的机会。

（三）叙事研究

教育叙事研究让反思回归到教育现象本身，它对教师日常的专业生活进行描述与反思，注重教师独特的体验与个体化的思想与行为。教育叙事对反思的意义体现在：它是教师教学实践对象化的过程，这个过程不仅为思维主体建构了反思的对象，而且使思维主体获得一种审视自身的距离。教师通过叙事从自己教学实践中抽身而出，在叙述中沉思自己日常活动中蕴含的个人化行动和观念，通过追问与诘难，发现叙述话语背后体现的教育学意义。

教育叙事是一个基于现象学理论建构起来的反思过程，现象学对现象本身的回归是试图消除固有理论与观念对事件意义的遮蔽，它关注的是人的情感价值判断，并关注人的意识。教师日常教育教学行动的过程和细节是对教育实践最真实的现象还原，通过叙事研究达到直面教育现象本身的目的。正如 Ayers 所认为的："教学的秘密发现于局部的细节和教师的日常生活中；教师是教学知识最丰富和最有用的源泉；那些希望理解教学的人必须在某些时候求助于教师自己。"[①]通过教育叙事，我们可以探询教师个体化的思想和观念，并在将这些隐性知识显性化的过程中，重构教师个体化的实践知识和智慧。

---

① Jack Martin, "Autobiographical Memory, Experiential Understanding, and Knowledge about Teaching", *Teaching & Teacher Education*, vol.11, no. 4 (July 1995), p. 421.

1. 反思日记

波斯勒强调更多的学识来自于对经验的反思而不是经验本身。反思日记可以帮助反思者系统反思自己的教学行为、工作状态、个人专业发展、个人信念与价值观，使得教学者的实践与个人信念、价值观联系起来，当反思者掌握了日记写作的方法并且得到针对反思内容有意义的反馈时，才能达到真正的反思效果。反思日记的内容可以是一次教学活动，也可以是一段时间发生的事。一般会描述事件的情节，对事件做出解释和说明，运用相关理论分析原因与影响因素以及可能造成的影响。可以记录通过事件联想到的关联事件和问题以及从中学到的东西，并尝试从事件中分析个人信念和价值观。还可以针对事件作出假设，提出可能的改善方案。为了保证日记能够真实、客观地反映教学现实，最好在事件发生后及时记录。

2. 自传

写自传，然后对故事的含义、相关因素进行反思，可以促进教师对经验进行分析，帮助他们认清自己教学观点、观念以及态度的变化。这些是在他们的信念、目标、感悟以及生活中与人的交往等基础上形成的，它们在故事情节中呈现出来。自传使教师反思当前的经验，进而能够更加理性地处理问题。长此以往，将促进教师的自我认识、个人成长以及专业发展。奥尔森认为，学习者的行为反映了他们的文化背景，而学习者的自传反映、影响他们所处的文化背景。①

3. 案例分析

由于教学的复杂性、课堂观察时间的有限性以及系统观察教学的必要性，案例分析成为教师教育领域中的有效做法。案例是教师教育教学经验的浓缩，来源于现实教育教学情境中的疑难问题，具有典型性。对案例中教育教学事件的分析，可以为教师在现实教学情境中处理真实问题积累经验。案例分析方法为教师提供了一种在短期内接触并处理大量教育实际问题的机会，通过鲜活的、具体的案例让教师身临其境，间接获得处理各种教育问题的经验。

案例的撰写要注意几点：第一，要以第一人称或第三人称进行记叙；第二，要详细描述真实的教学事件，记录尽可能多的细节；第三，记叙时要采用生动、活泼的描述性语言，不要加入个人推断；第四，对教学事件的描述要完整，要有事件发生的具体过程；第五，案例中的事件要含有问题或疑难情境，最好是有多种解决方案、需要分析者进行决策的问题或情境。案例的分析评论是案例的精华所在，分析评论就是运用先进的教学思想和教学理念，围绕主题评析案例的

---

① 参见[美]杰曼·L.塔加、阿尔弗雷德·P.威尔逊：《提高教师反思力50策略》，赵丽译，中国轻工业出版社2008年版，第136页。

成功或不足之处，针对教师外显的教学行为分析其内含的理论依据，进而提炼出具有普遍意义的新理念、新观点、新策略，给人以启示。

（四）行动研究

行动研究将反思嵌入真实的教育情境。澳大利亚学者凯米斯(S.Kemmis)认为："行动研究是社会情境中的实践者为了提高对所从事实践的理性认识，改善他们的实践活动及其所处的社会情境而进行的自我反思的探究形式。"[①]由于教育实践具有情境性、不确定性，所面临的问题复杂、多变、独特，埃利奥特从解释学的立场出发进一步强调"没有教师对情境理解的发展，就不可能改进实践情境"[②]。因此，教育中的行动研究就是反思性实践者在具体的、真实的、不确定的教育情境中不断框定问题并解决问题，以改善教育实践的反思性对话过程。通过行动研究，教师把关注点从技术理性转移到审视教学过程，将注意力从教学技能转移到批判性地思考教学实践和其中蕴含的原理以及它们的替代方案，不再毫不怀疑地依据课本进行教学，而是更加关注后果和教学情境中的问题（比如学生的需要），更加关注策略、方法以及模式的恰当运用。在此过程中，教师在真实的教学情境中通过反思获得个体性的实践知识，增强了对教学的深入思考；深化了对教师角色的认知；增进了对理论、观念与实践之间差距的认识；更加关注学生，对学生需要的感知更加敏锐。长此以往，行动研究将帮助教师形成反思、解决问题的行为习惯，促进教师的专业化发展，最终更好地改善教育实践。

实施行动研究，第一步是要界定问题。问题应该来自教师的困惑或者理想与现实之间的差距，同时应确定核心问题和相关问题；然后，确定目标以及实施每一步骤的原则，这些原则将就研究中的一些伦理道德问题给教师提示，同时包括一些用于问题解决的干预措施；通过各种途径（如现场记录、访谈、社会关系网图、学生作品、录音、录像、观察等）收集数据。第二步（也是至关重要的一步）是数据分析。它主要对研究中所得到的数据进行解释，用来判断干预措施的作用。第三步是应用研究结果并考虑下一步的研究。

（五）构建反思共同体

构思反思共同体为反思营造广阔的对话空间。反思是为了使教师能够更好地理解教学、实现自我认知、促进自我发展。我们往往通过观照他人对自我

---

① W. Carr & S. Kemmis, *Becoming Critical: Education, Knowledge and Action Research*, Melbourne: Deakin University Press, 1986, p. 162.

② J. McKeman, *Curriculum Action Research: A Handbook of Methods and Resources for the Reflective Practitioner*, London: Kogan Page and Palgrave Macmillan Press, 1996, p. 30.

行动的反馈来认识自我、建构自我，他者是自我建构的一面镜子。正如范梅南指出的，“正是常常在与他人的对话中我们能够最好地对一个具体情境的意义进行反思”①。反思共同体中应该包括教育研究者、同行教师和学生。教育研究者可以为教师提供理论上的援助，同时也可以从教师那里获得第一手的实践资料，共同在教学研讨中受到启发；同行教师可以形成学习小组，共同学习，共同发展；学生可以为教师提供教学反馈，有助于教师站在学习者的立场反思自己的教学行为和观念。这种结构层次为教师的反思活动营造了一个广大的对话空间，在这个空间中，具有不同背景的认识主体提供了对教育教学实践的不同认识和不同理解，形成多元对话空间。他们在不同观点和理念的碰撞和讨论中，寻求对具体教育教学实践情境的理解，提高教学实践行动的合理性和有效性。

在教学实践中，教师应该以坦诚的态度将自己的课堂向研究者和同行开放，在反思共同体成员之间的深度交流和柔性碰撞过程中，可以以更广阔的视野看问题，并将想法、观点与行动联系起来。在反思共同体中，要提倡参与者之间的平等和民主，建立个体之间相互信任的健康文化氛围，保证交流和讨论在轻松、自在的状态下进行。如此才能细致深刻地分析问题，才能深入反思。有效反思共同体会保证反思的连续性，确保共同体成员有充分的对话时间，促使个体质疑并改革那些对学生无效的做法，研究新的教学观念。有效反思共同体还会促使教师对教育教学实践始终保持开放的好奇心，包容各种不同的意见，共同致力于学生的成功和健康成长，通过解决问题、建设性的批判反思以及辩论形成团队意见。

---

① [加]马克斯·范梅南:《教学机智——教育智慧的意蕴》,李树英译,教育科学出版社 2001 年版,第 154 页。

第八章　教学研究:青年教师成长的阶梯

我国老一辈教育家陈元晖先生有句名言:“教师要当教育家,不做教书匠。”那么,什么是教育家呢?当代著名教育家顾明远先生在《教师怎样做才能成为教育家》一文中作了精辟的回答:“很多教师一辈子从事教育工作,培养一大批人才,而且有教育思想,有自己的教育风格,这就是教育家。”①一辈子从事教育工作不难,培养一大批人才也不难,但有自己的教育思想和教育风格却不是易事。对长期从教的教师来说,要想形成自己的教育思想和教育风格,必须从事教育教学研究,养成教学反思的良好习惯。

一、教学研究的本质

与专家学者的教学研究相比较而言,教师的教学研究主要是教师通过对自身教育教学行为的观察、内省、反思与探究,以改进、完善自己的教育教学实践为目的的研究。它是置身丁教育教学之中、改进教育教学的研究。通俗地讲,教师的教学研究是教师以参与者而非旁观者的身份进行的研究。它是要教师“把自己摆进去”,聚焦自己特定教育教学情境的经历、体验与感悟,描述自己教育教学生活中实际的遭遇、困惑与迷茫,以及尝试理解、诠释与解决的过程,是对自己生存、发展意义的不断探寻和叩问。教师教学研究的这些内在特性要求我们“不宜用专家学者旨在建构理论的严格的学科规训,来规范教师丰富多样的个别化研究之路,不能用专家学者的研究范式来排斥、否认教师的研究及其成果的价值和水准”②。教师的教学研究也因其具有这些内在特性而在教育世界里具有独特的地位与作用。毫无疑问,反思是教师教学研究的起点。

何谓“反思”?不同的人有着不同的理解。我国古代,儒家从人格修养的角

---

① 顾明远:《教师怎样做才能成为教育家》,《现代教育报》2011 年 12 月 20 日。

② 全国十二所重点师范大学联合编写:《教育学基础》,教育科学出版社 2002 年版,第 295 页。

度，倡导“吾日三省吾身”。“三省”意指多次自我反省（内省），也就是反思。在洛克哲学中，反思被看成是心灵通过对自己的活动及活动方式的关注和反省产生“内部经验”与知识的途径。黑格尔则把反思看成是一种反复思考的过程，一种思想的自我运动，一种把握事物内在本质的方式。[①] 杜威在《我们怎样思维》一书中则把“反思”界定为“对于任何信念或假设性知识，按其所依据的基础和进一步结论而进行的主动的、持续的和周密的思考”[②]。上述对反思的界定，都认为反思是行为主体批判性地省思自己言行或其他事物的过程。因此，我们可以将教学反思界定为：教学反思就是教师把自己的教学活动作为省察的对象，不断地审视、深思、探究、评价，从而提高自身教育教学素养效能的过程。

教师的反思，按不同的标准可分为不同的类型。[③] 按时间可分为教育行动前的反思、行动中的反思和行动后的反思。教育行动前的反思主要体现在对特定教育教学活动的设计上，这种反思具有前瞻性，目的在于使教育教学成为一种自觉的实践，并有效地提高教师的教育教学预测和分析能力；行动中的反思则是指教师根据教育教学情景的变化对教育教学过程的调控，这种反思具有监控性，旨在使教育教学高效地进行，并有助于提高教师的教育教学的调控和应变能力；行动后的反思则主要是对已发生的教育教学的评价，这种反思具有批判性，旨在使教育教学的经验理性化，并有助于提高教师的教育教学的总结和评价能力。按反思的主体可分为自我反思与合作性反思。自我反思是指教师自己通过收集来自不同方面的信息资料，对一个特定的问题进行反思。它可以通过反思教学日记、录音录像资料、他人对自己教学的感受、他人的教学经验等方式进行。合作性反思则是指教师通过与他人（管理者、教师、科研人员、学生等）就共同关心的问题进行的对话和研讨，如教研活动、教学观摩、师生座谈等进行反思。当然，这些反思既具有一定的独立性，也相互交叠、关联。

过去，教师大多被定位为“传道、授业、解惑”的文化传承角色，因此，教师只需掌握必要的学科知识和教育教学技巧即可。人们甚至认为只要拥有了某方面的知识就可当教师，即所谓“学高为师”。现在，人们日益认识到，教师除了掌握必要的学科知识和教学技能之外，还必须拥有一种“扩展的专业特性”（Extended Professionalism），它的内容主要包括：(1)把对自己教学的质疑和探讨作为进一步发展的基础；(2)有研究自己教学的信念和技能；(3)有在实践中对

---

① 参见刘岸英：《反思型教师与教师专业发展——对反思发展教师专业功能的思考》，《教育科学》2003年第4期。

② ［美］约翰·杜威：《我们怎样思维·经验与教育》，姜文闵译，人民教育出版社2005年版，第88页。

③ 参见李润洲、张良才：《论“教师即研究者”》，《教育研究》2004年第12期。

理论进行质疑和检验的意向；(4)有准备接受其他教师来观察他的教学，并就此直接或间接地与他进行坦率而真诚的讨论。总而言之，扩展的专业特征就是：有能力通过系统的自我研究、通过研究别的教师和通过在课堂研究中对有关理论的检验实现专业上的自我发展。从中我们可以看出，教师的这些专业特征需要教师把自我或自己的教育教学活动本身作为意识的对象不断地进行审视、追问、探究与评价，即进行"反思"。众所周知，问题是教科研的逻辑起点，没有问题也就没有研究。但是，问题并不会自动地走进教师的头脑。正如爱因斯坦所说：提出一个问题比解决一个问题更重要，更有价值。教师要有可思、可研的问题，在教育教学实践中，就要做有心人，善于观察，深入思考；要以事实、经验和逻辑为依据，敢于怀疑，勇于质疑；要不断变换思考问题的角度，并进行类比与移植；要深入探究现象，勇于创新……而这一切都有赖于教师的反思。

倡导教学反思，究其本质，就是期盼教师以思考者、追问者、探究者与反思者来看待教育教学中的一切现象或事实，就是希望教师对熟视无睹、见怪不怪的教育现象或事实追问"何以"如此等问题，就是希冀教师把那些不言而喻、心照不宣的个人信念、预先假设推到个人理性的"审判台"，就是期待教师对自己的教育教学行为从理性的层面上多问几个"为什么"，以促使教师增强问题意识和"解题"能力，提高教育教学的实效性。从某种意义上说，当教师对习以为常、见怪不怪的教育现象或事实追问"何以"如此等问题时，也就意味着教师进入了研究教育教学的状态。也可以说，当教师以"思考"的目光审视校园，以"探究"的姿态从事教育，以"反思"的襟怀走进课堂时，无疑就具有了"研究者"的特质。正是从这种意义上，我们认为，反思是教师教学研究的起点。

二、教学研究的意义

"人的存在有别于并优越于动物的生存之处，根本上在于它赋有意义并追求意义。意义是人的生命机能、生存张力、生活意蕴的自我体验、自我觉醒，亦是人对自身生活于其中的整个生存世界的'人化'属性的领悟。"①也就是说，人的存在是有价值、有意义的存在，但人存在的价值和意义又不是与生俱来的，而是由人有目的的活动创造和生成。教师作为人的存在自然要追寻生活的意义，其意义有二：

(一)自我发展的意义

教育是一种有目的、有计划培养人的社会活动，教师的劳动具有创造性。

---

① 张曙光：《生存哲学——走向本真的存在》，云南人民出版社2001年版，第347页。

“有创造性才能使人的生活具有不可还原的意义，才能标明人的存在身份。”[①]正是教育生活的创造性才使教师的人生意义不断生发，才使教师的教育生活变得丰富而充实。不过，传统意义上的教师形象大多被定位为既定知识的传授者、课程和教学程序的操作者以及社会的“代言人”。这样，教师的发展就被定格在获得和形成“匠艺”上，而失去了在教育教学过程中的自我创造和生成。这是教师感受不到从事教育事业意义的重要原因之一。而长此以往，教师就会出现职业倦怠。

职业倦怠(burnout)是指对工作提不起兴趣，对职业充满了厌倦情绪，工作绩效明显降低，身体疲惫。2004 年 12 月，中国第一份“工作倦怠指数调查”报告显示，在 15 个行业的倦怠指数调查中，教师的倦怠程度仅低于公务员和物流从业人员，居第三位。[②] 2005 年中国教师职业压力和心理健康调查结果显示：82.2%的被调查教师感觉压力大，近 30%的被调查教师存在严重的工作倦怠，近 90%存在一定的工作倦怠，超过 60%的被调查教师对工作不满意。美国教育协会(NEA)主席迈克古瑞也指出：教师职业倦怠这一新的疾病正在折磨着教育业，如果不能及时纠正，就会达到流行的程度。[③]

教师在教育生活中感到“无聊”“单调”，说明教师的教育生活已经囿于某种既定的模式或格局，陷于单调的重复和简单的循环之中，从而丧失了生机、活力和创造性，失去了人自觉自由的向度。这是由传统教育的形式化、刻板化、精细化和条文化所造成的。在这种教育格局中，教师日复一日、年复一年，似乎每天都在重复着“备课—讲课—批改作业”。在单纯的外在目标的实现(社会、他人的目标)使教师成为他人、社会代言人的同时，也压抑和牺牲了他们的个性，使教师在从事教师职业时“感受不到因从事这一职业带来的内在尊严与欢乐的满足”[④]。

教育教学研究就是要赋予教师自我发展的权利和机会，倡导教师要成为自己的创造者，成为自己生存意义的守护者；要自觉地形成自我发展意识，树立起正确的生活信念；要对自己的生存价值和意义予以认真的思索和筹划，努力克服外部各种有碍于实践合理的教育教学生活方式的障碍，获得主动、积极的自我发展，使自己的生活富有意义。苏联著名教育家苏霍姆林斯基曾说过：“如果你想让教师的劳动能够给教师带来一些乐趣，使天天上课不至于变成一种单调

① 张曙光：《生存哲学——走向本真的存在》，云南人民出版社 2001 年版，第 347 页。

② 2004 年 12 月 6 日公布的由中国人力资源开发网主持完成的《中国“工作倦怠指数”调查结果》，www. China HRD. net。

③ 参见高金锋：《教师职业倦怠的原因、影响及缓解策略》，《宁波教育学院学报》2007 年第 10 期。

④ 叶澜：《教育角色与教师发展新探》，教育科学出版社 2001 年版，第 10 页。

乏味的义务，那你就应当引导每一位教师走上从事研究的这条幸福的道路上来。”[①]一语道破“研究者”角色对教师发展所具有的意义。当教师以一个研究者的目光和心态看待教育教学世界时，教育教学世界就成了教师认识和改造的世界与对象。教育教学世界就成了教师的客体，教师就成了教育教学世界的主体，构成一种主客的关系，教师就成了教育生活的主体。作为教育生活的主体，教师认识自己所面对的教育生活，改造或改进教育生活，就成为内在需要。也就是说，认识、改造教育生活和教师的人生追求，教育教学世界与教师的个人生活就融为一体。认识学生真实的内心世界，帮助学生成长，了解教师职业生涯的真实性，成了教师最大的乐趣，从而把失去或被剥夺的教育意义寻觅回来。

如果说，教师知识传授者的角色定位难以使教师领略到教书育人的乐趣，难以使他感受到教师职业的自主与尊严，难以使他体验到教师职业的价值与意义，只能照章办事、亦步亦趋、墨守成规，那么，“研究者”的角色则使教师具有了教育者、研究者和学习者的多重身份。教师可以在教育中研究，在研究中教育，从而持续地成长与学习，享受到提升教育理念的乐趣、发展新知与技能的喜悦，获得教学相长的益处，从而享有自己人生的价值与意义。

如果说，教师社会“代言人”的角色使教师只是把教育过程视为一种单调的、机械的“操作活动”，只是发挥着知识搬运工和技术操作员的作用，那么，“研究者”则会促使教师对教育实践不断反思，对教育行为不断改进，对教育意义不断追问，对教育境界不断重塑，使自己真正成为教育的实践者和创新者，拥有自我改变、自我超越与自我实现的内在推动力，逐渐摆脱“已成的我”而获得新生，从而引来实现自己人生价值与意义的“源头活水”。

（二）学生成长的意义

《中华人民共和国教师法》明确规定：教师是履行教育教学职责的专业人员，承担教书育人，培养社会主义事业建设者和接班人、提高民族素质的使命。教师生命质量的提升不仅仅是教师个人自我发展需要的满足，也是社会、他人发展需要的满足，是岗位职责和职业使命所在。因为任何人自我发展需要的满足都离不开对他人、社会发展需要的满足。一个人如果不需要他人、不需要社会，他就不是正常存在的现实之人。为他人、为社会所需要，也是“作为人的人”的一种本质，这是人实现自我能力、实现自我价值和意义的需要。教师成为“研究者”，一方面具有促进教师自我发展的内在功能，使教师走向专业化发展的“幸福之路”；另一方面，它并不是让教师像专业研究者那样以一个旁观者的身份对教育进行研究，也不是让教师发表所谓“标志性”的论文，更不是让教师把

① 转引自李瑾瑜：《课程改革与教师角色转换》，中国人事出版社2002年版，第135～136页。

教育撇在一边，只在办公室里“另起炉灶”进行研究，而是教研结合，在教育中研究，在研究中教育。究其实质，教师的教育研究是在教育实践中、通过教育实践、为了教育实践的研究，是为了解决教师在教育教学中所遇到或面临的问题而展开的研究，是源于教师解惑的需要且为了改变教师所面对的独特教育教学情境而进行的研究，其目的在于通过研究使教师获得一种自我反思、自我批判的可持续发展的学习能力，养成一种反思、追问与探究的生活方式。在这种生活方式中，教师将体会到自己的责任，体会到教育的意义和自身存在的价值；教师也能凭借自己的力量，把自己和服务对象（学生）紧紧地联系在一起，并与之共同构成自己的生活世界。因此，教师的教育研究就内在地具有促进学生发展的功能，也可以说，促进学生发展是教师成为“研究者”所具有的内在功能的外在体现。

诚然，无论是教师自我发展的意义，还是学生成长的意义，都要靠教师在教育实践中有目的的活动来创造和生成，表现为教师对自身教育生活无限可能性的发现、开掘和实现，表现为教育活动本身的创造性，二者相辅相成，相互依存，共同促进。

三、教学研究应注意的几个问题

叶澜教授说：“一个教师写一辈子教案难以成为名师，但如果写三年反思则有可能成为名师。”[①]林崇德教授提出了“优秀教师＝教学过程＋反思”的成长模式。[②] 可见反思对于教师成长的重要性。做好教学反思和教学研究，应当重点关注如下几个方面问题：

（一）增强问题意识

思维是从问题开始的。要想解决问题，就必须先发现问题，具备“问题意识”。那么，什么是“问题意识”呢？人们的能动意识，就是去发现矛盾、发现问题；人们的积极行为，就是去解决矛盾、解决问题。这种主动发现问题并努力解决问题的积极心理状态，就是“问题意识”。但在现实中，许多教师，尤其是刚入职的教师，往往不知道自己在教育教学方面存在什么问题。究其原因，主要是他们的“问题意识”比较淡薄，具体表现是：迟钝，自我感觉良好，满足于现状，对自身存在的问题不敏感，小问题熟视无睹，大问题想象不到；懒惰，不愿分析问题，漠视新生事物，以不变应万变，以小变应大变，以迟变应快变；虚荣，不敢正视问题，不愿意承认差距，甚至是讳疾忌医、文过饰非。教师要想增强“问题意识”，可以从以下方面入手：

① 转引自许亚文：《幼儿园管理的66个细节》，吉林大学出版社2014年版，第117页。

② 参见闫珍珍：《中学理科教师反思能力发展研究》，陕西师范大学硕士学位论文，2014年。

首先，培养良好的观察习惯。科学研究表明，人的大脑所获得的信息，有80%～90%通过眼睛和耳朵吸收进来。对于教师来说，若要找到可值得研究和改进的问题，就要在教学中做有心人，善于观察别人的成功之处，善于发现学生的细微变化，善于寻找自己的不足，并深入思考。

其次，养成大胆质疑的习惯。宋儒朱熹说："读书无疑者，须教有疑，有疑者，却要无疑，到这里方是长进。"(《朱子语类・卷十一・学五》)明代学者陈献章说："学贵有疑，小疑则小进，大疑则大进。疑者，觉悟之机也。"(《白沙先生全集・卷四》)可见，质疑是觉醒领悟的基础。在教育教学过程中，教师一定要多问几个"为什么"，比如，"为什么有的学生上课总是走神""为什么有的教师成长得那么快""为什么自己的教学设计不够好"……如果教师能够正视这些"为什么"，并积极想办法解决，一定可以快速地提升自己。

最后，获得积极的情感体验。科学研究是一项艰苦的劳动，没有积极的情感体验是难以坚持长久的。作为研究者，教师在寻找问题、解决问题的过程中投入"喜欢""快乐"等积极的情感，其成长就变成主动发展的过程。

(二)唤醒成功意识

常言道：不想当将军的士兵不是好士兵。虽然我们不能说不想当教育家的教师不是好教师，但成为教育家是很多教师的梦想。

我们不难发现，部分教师虽有参与教学研究的热情和愿望，但容易受到多年来只忙于学科研究而疏于教学"反思"习惯的影响，表现不自信、不主动，教学成功意识非常淡漠。作为一名高校教师，必须明白教书育人是其首要职责，科学研究是为教书育人服务的。没有科学研究，课堂教学就会缺乏学术性，影响学生的发展水平。没有教学研究，教师不知道如何有效地将科学知识传授给学生，并在知识传授的过程中充分发展学生的思维能力，必然会导致"事倍功半"。所谓茶壶里煮饺子，尽管心中有数，但是倒不出来呀！因此，对于高校教师来说，学科研究与教学研究是相辅相成的，二者缺一不可。一个上不好课的学者总是不完美的，可以说是一个不称职的教师。作为年轻教师，必须首先过好教学关，这是人生幸福的基础。

对于青年教师来说，首先要有当教育家、做好老师的志向和愿望。如果一工作就迷失目标、得过且过，对于自己没有高标准、不严要求，甘愿"不骑马不骑牛，骑个毛驴站中游"，那么其人生就注定会有许多遗憾。2013 年 5 月 4 日，习近平总书记在同各界优秀青年代表座谈时的讲话中指出："人的一生只有一次青春。现在,青春是用来奋斗的;将来,青春是用来回忆的。”[①]人生之路是漫长的,但紧要处只有几步,尤其年轻的时候。没有奋斗的青春一定是苍白的,没有可供回忆的青春一定是悲哀的。青春时期碌碌无为者,人生必然留下遗憾;青春时期浑浑噩噩者,内心必将充满悔恨。只有经历了激情奋斗、顽强拼搏的青春,才无愧时光、无悔此生。换言之,对于青年教师来说,将来想拥有美好的青春回忆,就必须把握青春、奋斗青春。

(三)注重合作探究

学校是一个复杂的生态系统,教师文化对于促进教师自主发展发挥着巨大的引领作用。哈格里夫斯(A.Hargreaves)认为,教师文化的内容指某教师团体或教师共同体所共享的大量态度、价值观、信念、习惯、假设和行为方式等,或者把它看作教师的所思、所说、所做。而合作(Collaboration)将日益成为教师文化的中心和应对教育重构挑战的策略。[②] 霍姆斯小组 1990 年发布的报告《明日的学校》指出:“在专业发展学校中,探究应该成为教师、行政人员和教授在平等的基础上走到一起的一种方式。它有助于在中小学校和大学中熔铸一种共同的职业认同。探究还会成为一种职业规范,围绕着它,合作得以发生,关心学校进步的许多团体也会走到一起。”[③]由此可见,探究不仅是教师自己的事情,还是教师与其他人员一道合作的事情。合作是探究的手段,而探究是合作的目的。因此,合作与探究成为教师文化的基本要素。在学习上“独学而无友,则孤陋而寡闻”;在研究上“独研而无友,则会孤芳而自赏”。在教学研究中,教师还要加强与同事或专家的合作与交流。与同事谈论自己的困惑与假设,同专家一起进行批判性对话,都可以获得他们对自己所研究问题的不同看法。同事或专家犹如一面镜子,可以折射出自己研究的不足与纰漏,从而为进一步完善自己的研究提供宝贵的信息资源。

合作探究的教师文化应是一种人际和谐的文化,生活和工作于其中的教师和睦共处,具有幸福感和认同感。为此,在研究中要遵循感情先行和情智相长的原则,让参与者体验到成长的快乐。感情先行是指注重研究中的感情调节,使感情既先于研究活动的正式开展,又寓于整个教育活动当中。情智相长是指教师研究中积极、愉悦的情感投入有助于教师智慧的生成,而教师智慧的增长又会产生积极、愉悦的情感,激发教育研究的热情,二者相得益彰。具体来说,

---

① 习近平:《在同各界优秀青年代表座谈时的讲话》,《人民日报》2013 年 5 月 5 日。

② A. Hargreaves, *Changing Teachers, Changing Times: Teachers'Work and Culture in the Postmodern Age*, London: Cassell, 1994, p. 238.

③ [美]里根等:《成为反思型教师》,沈文钦译,中国轻工业出版社 2005 年版,第 56 页。

在研究开展之前要先了解合作者对研究的态度、看法、困惑等，在自愿的基础上组建研究团队。在研究过程中，倡导合作者相信自己、尊重同伴、学会沟通、互助共进，营造“求大同、存小异”的研究氛围。在这样的环境中，教师彼此尊重各自理解经验的方式，分享他人的成功喜悦，打破教学疏离和教师个人主义倾向，包容和批判性地反思与评价各种观点，不断挑战自我，达到新的认识水平。有一句很形象的话，就是同伴互助，搀扶发展。

（四）实现教学研合一

教学研究的关键是研究问题的选择，“要把找准的问题，转化为课题，即要形成一种‘问题—主题—课题’的机制，以课题的形式深入研究，并能将研究及时转化为现实的教学力”①。为此，教师就要有问题意识，敏锐地将教育教学中发现的典型问题进行梳理。要明确主题，形成课题，建立合作研修的平台。青年教师应当积极申报学校层面的教学研究项目，可以借助教研室和课题组的力量，集思广益，不断求证，尝试解决这些问题。同时，相互参与课题组，可以起到同伴互助、共同发展的作用，调动教师从事研究的积极性，逐步形成“组组有课题，人人都参与”的局面。这样一来，一方面困扰教师们的一些热点、难点问题以课题的形式展开研究，体现了研究内容的实践性；另一方面以教研组为基础的课题组，其所研究的问题是从课堂中来，研究“心得”又反馈于课堂而验证，必然促使课堂教学不断得以改进。

当然，确定了研究课题，只表明要研究，并不代表会研究。教师由“我要研究”到达“我会研究”的境地，中间还有很长的路要走。况且，研究所得是否能够应用于教学实践、改进教学，取决于合适的方法和恰当的时机。为实现“教学—研究—培训”一体化，必须创造教、学、研相互促进的合作探究局面。

一是“教中研”，即反思教学实践，聚焦需要解决的问题，寻求改进方式，总结提炼经验。问题是什么？问题就是困扰和影响学生发展的难点和症结。问题找准了，研究的主题明确了，课题形成了，教师合作研究的平台也就搭建好了，教学研究就有了起点和目标，教师研究的积极性和主动性也会随之提高。

二是“研中学”，即教师的研究困惑引发其进一步学习的需要，较为系统地学习一些与研究主题相关的理论，使研究成为教师自身的不断学习、思考、行动、再反思的智慧提升过程。教师的教学研究过程绝不可能是一马平川的坦途，而是充满着各种各样的艰难险阻。从问题的确定到问题的分析再到问题的解决与检验常常是一段艰辛的炼狱过程。有时为了解决某一问题，白天食不甘

---

①　王俭：《促进教师专业发展的校本机制研究》，《教师教育研究》2012年第2期。

味，晚上辗转反侧的情况时常发生。在假设与求证中，教师需要不断地进行理论学习。理论学习在研究中具有不可替代的重要作用：(1)理论学习可以帮助教师冲破习惯和经验的束缚，让教师掌握先进的教育教学思想，促进教师树立新的教育教学观念，并及时了解先进的教育教学经验和教改信息，从而为教师的问题求证提供正确的理论基础。(2)理论学习可以为熟悉的事件提供不熟悉的阐释和另外的工作方式，从而给问题求证提供不同的视角。(3)理论学习可以帮助教师升华自己的教育教学经验。教育教学经验总是具有个体性、情境性的，而理论学习可以使教师的教育教学经验得到某种理论的确证，从而升华到理论层面。①

三是"学促研"，即通过学习相关的教育理论知识，并借鉴同行专家学者的研究成果或案例，不断修正研究方式方法，及时总结和调整研究思路，减少研究中的盲目性，提高研究效率。闭门造车、固执已见，都是教学研究的大忌。

四是"研促教"，即将研究所得置于教学中"验证"，尝试解决教学之惑，以教学实践变革来激发新学习与研究需要的产生。教师的教学研究不同于一般的科学研究，其目的直接指向教育实践的改善。"一般的科研研究唯一关注的是假设是否得到证实或证伪，假设一旦被大量的事实重复证实，或者大量的观察结果一再显示原来的假设的不成立，它就意味着此项科学研究的终止和结题。"教师的教育研究由于其改善教育实践的目的，就决定了教师不得不通过后续教育来观察教育问题发生的由来，尽管它并不排除查阅已有教育文献寻找类似教育问题的案例。因为它还有一个更重要的额外关怀："它需要采取相关的教育或教学行动改变学生的思维或其它教育问题。"②如果经过"假设—求证"的程序发现了"反复讲解的知识而学生不会、不懂"的原因在于学生缺乏连接新知识的经验，"假设—求证"程序并不是终点，接下来的事情是采取相应的教育行动来解决这一问题。

因此，与专业研究者相比，教师对问题的求证具有自己的特点。专业研究者对问题的求证可以通过逻辑证明或证伪，但教师对问题的求证并非简单地检查思考此问题是否在逻辑上成立，也不只是思考某个特定的因果链是否真实。教师的问题求证是基于对教育实践的关注、改善，由此决定了教师研究具有"实践性"特征。由于问题来源于自己的教育教学过程，教师是在教学中研究，在研

---

① 参见[美]布鲁克菲尔德：《批判反思型教师 ABC》，张伟译，中国轻工业出版社 2002 年版，第 37～48 页。

② 郅庭瑾：《教会学生思维》，教育科学出版社 2001 年版，第 274 页。

究中改进，在改进中发展，体现了教师专业发展在实践中、通过实践、为了实践的特征。这样，教学实践是研究的"活水源头"。学习是研究的准备，研究成为学习的动力，而学习与研究最终变成提高教学执行力的手段。

总之，倡导教学研究，就是期盼教师以思考者、追问者、探究者的姿态来看待教学中的一切现象，以增强教师的问题意识和解题能力，提升教学智慧。毫无疑问，当教师对习以为常、见怪不怪的教学现象能够主动追问"为什么""怎么办"时，也就意味着教师已经养成了教学反思的良好习惯，具有了"研究者"的特质。从这个意义上说，教学反思既是教师专业发展的起点，也是自我成长的恒动力。

第九章　现代教育技术在教学中的应用

——从技术和资源的视角

在信息技术飞速发展的今天，信息技术与课程整合的思想、理念和现代教育技术在教学中的应用不断冲击着广大教育工作者。现代教育技术作为一种先进的教学手段和理念，以其直观、灵活、实时和立体化的优势，越来越受到广大教师和学生的青睐，对教育教学起到了积极的推动作用。

现代教育技术在教学中的应用，主要体现为信息技术与课程的整合，是通过实现信息技术与学科教学之间的“融合”，达到优化教育、教学过程的目的。它的本质是在先进的教育思想、教育理论的指导下，把以计算机及网络为核心的信息技术作为促进学生自主学习的认知工具、情感激励工具及丰富教学环境的创设工具。同时，将这些工具全面应用到各学科的教学过程中，整理、组合各种教学资源、各个教学要素和教学环节，从而实现培养学生创新精神与实践能力的目标。

一、教育技术与现代教育技术

（一）教育技术

教育作为人类社会的一种现象，贯穿整个人类社会始终。自从有了人类社会，就有了教育现象，也就有了教育的媒体与方法，或称作“教育的技术”。一般认为教育技术从20世纪视听技术诞生后开始发展起来，是技术发展和教育变革需要相结合的产物。教育技术作为一个专业术语于20世纪60年代在美国出现。1970年，美国政府的一个专业咨询机构教育技术委员会在给总编和议会的一份报告中指出：“教育技术可以按两种方式加以定义。在较为人们熟悉的教育技术意义上，是指产生于传播革命的媒体，这些媒体可以与教师、课本和黑板一起来为教学目的服务……组成教育技术的部分包括电视、电影、投影器、计算机和其他‘硬件’‘软件’项目……第二种亦即不太为人们所熟悉的教育技术的定义超出了任何特定的媒体或设备。在这个意义上，教育技术超过了其各组成部分的总和。它是按照具体的目标，根据对人类学习和传播的研究，以及利用人力和非人力资源的结合，从而促使教学更有效的一种系统的设计、实施、评价学与教的整个过程的方法。”[①]第一种定义指出教育技术是产生于传播革命的媒体，是一种媒体技术观或称“物化技术观”；第二种定义，将教育技术定义为系统方法，是一种智能技术观。1994年美国教育传播与技术协会（Association for Educational Communication and Technology，简称 AECT）对教育技术作了全新的定义：教学技术是为了促进学习，对有关过程和资源进行设计、开发、利用、管理和评价的理论与实践。[②]

（二）现代教育技术

现代教育技术是运用现代教育理论和现代信息技术，通过对教学过程和教学资源的设计、开发、利用、评价和管理，以实现教学最优化的理论和实践，也就是指应用于教育领域的现代科学技术。教育技术是教育与技术的交叉融合。现代教育技术是教育技术的下位概念，与教育技术的区别体现在“现代”一词上。

现代教育技术是教育改革的“制高点”和“突破口”，它的推广对于提高教育质量和教育效率有着极其重要的价值，不可或缺且不可替代。现代教育技术素养是新型教师必备的专业素质，在信息时代，教师教育技术素养的高低直接关系到素质教育、创新教育的成败。英特尔公司首席执行官克瑞格·贝瑞特博士在英特尔“未来教育”中说：“我们整个业界都认识到，如果教师不了解如何更加有效地运用技术，所有与教育有关的技术都将没有任何实际意义。计算机并不是什么神奇的魔法，而教师才是真正的魔术师。”[③]现代教育技术可以促进教师专业发展，有利于教师形成现代教育理念与意识，丰富专业知识，提升专业能力。

二、现代教育技术的相关概念

信息技术的发展及其在教育中的应用催生了很多新概念、新模式，网络教学、在线学习、数字化学习、泛在学习、移动学习等都是对目前人类在信息时代进行教与学活动的一种描述。

---

① 何克抗、李文光：《教育技术学》，北京师范大学出版社2002版，第12页。
② 参见付钢善：《现代教育技术》，高等教育出版社2015年版，第12页。
③ 鞠献平：《在尝试和反思中提高教育技术能力》，《信息技术教育》2006年第3期。

(一)教育信息化

教育信息化是指在教育与教学的各个领域中,积极开发并充分应用信息技术和信息资源,培养信息社会需要的人才,以带动教育现代化。教育信息化是国家推动教育现代化的重要工作,是国家教育改革与发展的基本任务。

(二)多媒体教学

多媒体教学是指在教学过程中,根据教学目标和教学对象的特点,通过教学设计,合理选择和运用现代教学媒体,并与传统教学手段有机组合,共同参与教学全过程,以多种媒体信息作用于学生,形成合理的教学过程结构,达到最优化的教学效果。

(三)网络教学

网络教学是应用信息化教学资源,通过网络组织的教与学活动。常见的网络教学实践有:网络学院的学历教育、大学生网络选修课、中小学教师继续教育及终身学习等。

(四)数字化学习

数字化学习是指学习者在数字化(网络)的学习环境中,利用数字化学习资源,以数字化方式进行学习的过程。数字化学习有时也称为"在线学习"(Online-Learning)。数字化学习的三个基本要素:数字化学习环境、数字化学习资源、数字化学习方式。

(五)信息化教学

信息化教学是指借助现代信息技术开展的教与学活动,是信息时代教学的一种基本状态。现代教育技术为教育信息化、各种新型教育教学模式提供理论与技术上的支持。

三、现代教育技术的相关理论

(一)戴尔经验之塔

美国视听教育家戴尔在《视听教学法》一书中提出了"经验之塔"(Cone of Experience)理论,认为经验以直接方式或间接方式得来。教育教学应从具体经验下手,逐步形成抽象经验。在学校中,应用各种教学媒体,可以使学习更为具体,从而形成更好的抽象经验。位于塔中层的视听媒体,较语言、视觉符号更能为学生提供具体和易于理解的经验,并能冲破时空的限制,弥补其他直接经验方式之不足(见图 9-1)。[①]

① 参见徐福荫等:《教学媒体的理论与实践》,北京师范大学出版社 2003 年版,第 48 页。

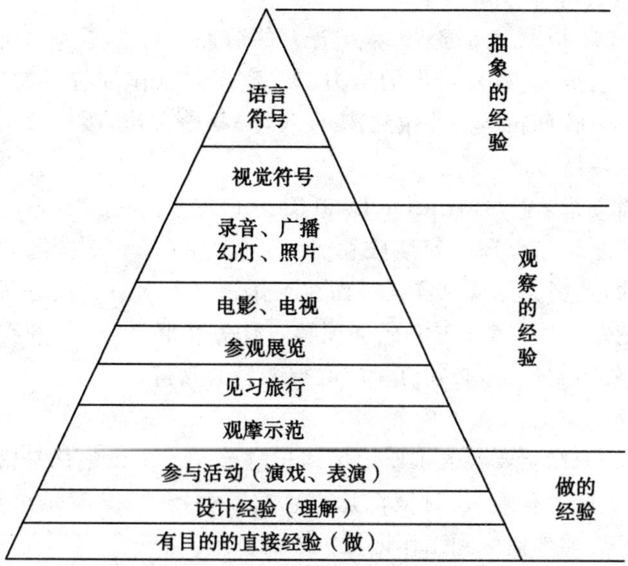

图 9-1　经验之塔

(二)教育传播的基本原理

1. 共同经验原理

教师与学生必须把沟通建立在双方共同经验范围内，才能有效传播教育。要使学生了解一件事物，教师必须用学生能够理解的修辞，引导他们进入新的知识领域。教育媒体的选择与设计必须充分考虑学生的现有经验。

2. 抽象层次原理

传播内容必须在学生能明白的抽象范围内进行，并且要在这个范围内的各抽象层次上下移动。教师在教学过程中，既要说出抽象要点，又要用具体事物来支持；既要熟悉具体事物，又要通过分析、综合、推理、演绎得出抽象概念。

3. 重复作用原理

将一个概念在不同场合重新呈现，能取得较好的传播效果。同一概念用不同的方式重复呈现，能增强教育传播效果。

4. 信息来源原理

可靠的传播来源有较佳的传播效果。当传者是受者乐于接受的对象时，能取得较好的传播效果。教师应以自己的言行树立得到学生认可的形象与权威，同时也要与学生打成一片，做学生的知心朋友。教师选用的教材、资料内容的来源应正确、真实、可靠。

5. 最小代价律与媒体选择原理

最小代价律：以最小的努力得到最大的收获。媒体选择原理：预期选择率=可能得到的报酬/需要付出的努力。教育媒体制作和选择的原则：选择合适的信息来源与教育媒体。要做到：方便省事；显著突出；吸引人；针对需要；注意受众已有的传播习惯。

(三)认知负荷理论(Cognitive Load Theory)

由澳大利亚认知心理学家斯威勒(John Sweller)于20世纪80年代提出。所谓认知负荷，是指为完成某项任务而在工作记忆上所进行的心智活动所需的全部心智能量。[①] 认知负荷与完成某项特定任务相联系，该任务在工作记忆中操作，该操作要顺利进行，必须有相应心智能量的支持。

1. 认知负荷理论的基本观点

(1)人类的记忆主要包含工作记忆和长时记忆。工作记忆是信息加工的主要场所，其容量极为有限；长时记忆是信息的贮存场所，其容量可视为无限，它所贮存的信息必须被提取到工作记忆中才能被加工。

(2)认知加工可分两类：控制加工和自动加工。控制加工是一个有意识的序列性加工过程，速度较慢，需要占用注意资源；自动加工是一个快速的、自动的并行加工过程，可不经意识的控制而发生，几乎不占用注意资源。

(3)经过充分练习，所有的认知加工过程都可达到自动化。

(4)贮存在长时记忆中的知识是有结构的，图式是知识表征的基本单位。图式建构可把多个元素组织成一个整体，从而减少工作记忆中信息加工单元的数量。图式的自动化水平不同，高度自动化的图式在激活时不需要有意识控制和资源消耗。

2. 认知负荷的影响因素

(1)学习材料的性质。学习材料所包含的元素之间的关联度较低，给学习者带来的认知负荷就较低；反之，如果学习材料包含的元素之间的关联度较高，给学习者带来的认知负荷就较高。

(2)学习材料的呈现方式。同样的学习材料以不同方式呈现，将对认知负荷产生不同影响。

(3)学习者的已有经验。如果学习者头脑中拥有足够的与学习内容相关的图式，且这些图式达到高度自动化水平，就会迅速把当前面对的信息整合进已有图式中，从而减少信息加工单元的数量，降低学习过程中的认知负荷。

---

① 参见杨心德、王小康：《认知心理学视野中的认知负荷理论》，《宁波大学学报》(教育科学版)第29卷第3期。

3. 认知负荷的分类

(1)内在认知负荷。是指由学习材料的难度水平带来的负荷。属于整合思想或理解概念,反映所学材料内在的、本质的关系。由于内在认知负荷取决于学习材料的性质及学习者的经验水平,反映了获得某种图式所必需的同时在工作记忆中加工的信息元素的量,所以在既定学习条件下,它较难改变。

(2)外在认知负荷。是指由刺激材料的呈现方式和外部要求个体所从事的活动而引起的认知负荷。由于学习材料的呈现方式可以改变,所以外在认知负荷也可以控制。可以通过改善教学设计来降低学生的外部认知负荷。

(3)关联认知负荷(有效认知负荷)。指与图式建构和获得以及图式自动化过程的努力程度有关的认知负荷,是在建构图式时不是必须的但投入后又有利于图式建构的认知负荷。材料的熟悉程度和学习活动对学习者要求的高低都影响对关联认知负荷水平的要求。与外在认知负荷妨碍学习相反,关联认知负荷促进学习。

(4)三类认知负荷相加便是总的认知负荷。总的认知负荷低于工作记忆容量时,学习活动得以顺利进行,否则会阻碍学习活动的进行。

4. 认知负荷理论的教学含义

(1)有效调控学生的认知负荷。注意三者之间的关系,不要出现超负荷现象。即:减少内在认知负荷,减少外在认知负荷,适度增加关联认知负荷。

(2)适度采用真实的学习情境和材料。利用真实材料,在真实情境中学习,有利于学生体验到学习与真实生活世界的关联,有利于所学知识、技能向真实世界迁移。但过分强调情境的真实性,使太多不必要的信息掺杂在学习情境中,会导致学生不能将注意力集中于与任务或图式相关的信息上,增加其外在认知负荷,损耗其可用于处理有效信息的认知资源。

(3)科学设计多媒体课件。认知负荷理论者揭示的若干认知负荷效应,对教师设计多媒体课件也有重要指导意义。

(4)关注认知负荷的相对性。研究证实,在认知负荷的两极,无论是负荷过低还是过高,都会降低学习成效。当学习情境具有低信息加工需求时,通过挑战学生、增加认知负荷,可以提升学习效果;当学习情境具有极高的负荷要求时,应把认知负荷降低,使之达到更易于管理的水平。

(四)梅耶多媒体学习认知理论与多媒体教学信息设计原则

梅耶和莫雷诺于20世纪90年代末在其多媒体学习的认知理论框架中首次讨论了认知负荷理论中的三种认知负荷。基于与认知需求相对应的三种认知过程,梅耶划分出三种面向多媒体学习的认知负荷,即必要的加工、附带的加工和表征的保持。其后,经过多次修改和重新定义,上述三类认知负荷逐渐演变成为与认知负荷理论中的三类认知负荷相映射的认知加工架构，即必要加工、外在加工以及生成加工，并由此构成了梅耶多媒体学习的认知负荷三元模型。[①]

基于认知负荷理论和多媒体学习的认知理论而建构起来的三元认知负荷理论告诉我们，在多媒体学习的过程中有三种导致认知负荷的认知加工，每一种加工都需要利用学习者有限的认知容量。其中，必要认知加工是学习者理解学习材料必不可少的认知加工，它取决于学习材料本身所具有的复杂性程度，即取决于必须被同时保持在大脑中的交互元素的数量。外在认知加工（又称"无关认知加工"）是学习者所从事的并不支持学习目标之完成的认知加工，它由不良的教学设计引起，可因学习材料的不良布局（如印刷的语词在一页，而与其相关的图表在另一页）而增加。生成加工则是学习者进行的深层次加工（如在大脑中组织材料并将其与先验知识联系起来），包括组织和整合材料的过程，它不仅依赖于学习者的动机和先验知识，也依赖于教学中的提示性语言以及非语言形式的支架（见图 9-2）。

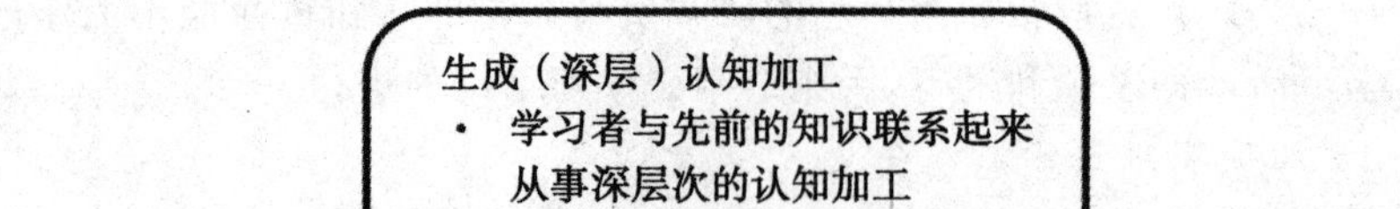

图 9-2　多媒体学习认知负荷三元模型

① 参见严莉、苗浩、王玉琴:《梅耶多媒体教学设计原理的生成与架构》,《现代远程教育研究》2013 年第 4 期。

在多媒体学习认知理论的基础上，梅耶提出了多媒体教学信息设计的十个原则：

第一类：减少无关认知加工的多媒体教学原则

1. 聚焦要义原则

所谓聚焦要义原则是指由于授课中存在一些无关教学目标完成的材料，必须从多媒体授课中删除那些无关的文字、声音和画面等。有时为了增加学习者学习课文的兴趣，教师会添加一些非常有趣且极具娱乐性的材料，但是它们又与课文作者要表达的主题没有关系，加纳等人把这些无关材料称为"花边细节"。梅耶认为要避免"花边细节"，因为它们会占用学习者工作记忆中原本就有限的认知资源，分散学习者的注意力，甚至导致学习者将新学习材料与一些无关材料整合在一起，无法实现对学习材料的有效组织。

2. 提示结构原则

所谓提示结构原则是指如果给学习者学习提示，突出主要学习材料的组织，那么学习者的学习效果会更好。提示可以帮助学习者减少不必要的外在认知加工，把注意力集中在课文的一些关键要素上，并且将它们关联起来。

3. 控制冗余原则

所谓控制冗余原则是指以画面、解说两种形式呈现信息所产生的学习效果要比以画面、解说、文本三种形式呈现信息所产生的效果好。

4. 空间临近原则

所谓空间临近原则是指在书本页面上或电脑屏幕上，将画面与描述画面的文字紧邻呈现比分开呈现更能促进学习者的学习。

5. 时间临近原则

所谓时间临近原则是指画面与对画面的解说同时呈现比前后相继呈现更能促进学习者的学习。

第二类：善用基础认知加工的多媒体教学原则

6. 切块呈现原则

所谓切块呈现原则是指将所学材料分块呈现，而不是以一个连续体的形式不间断呈现。切块呈现可以让学习者按照自己的学习步调学习，从而在迁移测试中有更好的表现。

7. 预先准备原则

所谓预先准备原则是指如果学习者预先了解一些主要概念的名称、特征，那么他们就会取得更好的学习效果。

8. 双重通道原则

所谓双重通道原则是指学习者根据画面和画面解说学习比根据画面和画

面的文字说明学习能取得更好的学习效果。

第三类:促进生成认知加工的多媒体教学原则

9. 多种媒体原则

所谓多种媒体原则是指学习者同时从语词和画面中学习所获得的学习效果比仅从语词中学习的效果要好。

10. 个性显现、原音呈现、形象在屏原则

所谓个性显现原则是指在多媒体教学环境下,如果采用对话风格来呈现言语信息,那么学习者的学习效果会更好。原音呈现原则和形象在屏原则可以视为对个性显现原则的拓展和延伸。

四、教学资源的设计与开发

我们分别从“教与学的资源”和“教与学的过程”两个方面介绍其教学应用。

根据《教育资源建设技术规范》,我国目前可建设的信息化资源主要包括9类,分别是:媒体素材(又包括文本、图形/图像、音频、视频和动画)、试题库、试卷、课件与网络课件、案例、文献资料、常见问题解答、资源目录索引和网络课程。另外,还可根据实际需求,增加其他类型的资源,如:电子图书、工具软件和影片等。本章中所说的教学资源,主要是指媒体素材类教学资源,分为文本素材、图形/图像素材、音频素材、视频和动画素材。

(一)文本素材

1. 文本素材的采集处理方法

(1)利用通用文字处理软件制作;

(2)从网络上下载获取文字素材;

(3)截图识别或扫描识别制作;

(4)笔式书写识别输入等方法;

(5)利用语音识别系统进行制作;

(6)利用多媒体开发工具直接制作;

(7)利用图像处理软件制作;

(8)利用概念图/思维导图制作。

其中,“扫描识别”除了使用扫描仪自带的OCR识别软件外,手机端推荐使用“扫描全能王”APP。“截图识别”推荐使用QQ“屏幕识图”,打开QQ后可以直接使用快捷方式“Crtl+Alt+O”进行操作,非常便捷。对于网络上无法下载的文字,可以通过这种方式获取。

语音识别系统,电脑端可以安装“讯飞语音”输入法,语音识别时网络状态要好。也可以使用手机通过语音为电脑输入文本,手机端安装“讯飞语音”输入

法后，再安装“讯飞麦克风”APP。在电脑端讯飞语音输入法浮动面板中点击“讯飞麦克风”，在弹出的窗口中选择“USB连接”或“二维码连接”(在同一 wifi 环境下)。使用手机识别率比电脑麦克风还高些。

2. 文本素材的艺术化编辑

文本素材的艺术化编辑，除了可以使用图像处理软件(例如 Photoshop，Flash 等)将文本处理成图像外，还可以使用 Word、PowerPoint、WPS 等通用软件处理，例如可以使用艺术字、SmartArt 等方式加工。除此之外，用概念图/思维导图对文本进行逻辑组合也是目前常用的方法。概念图是康乃尔大学的诺瓦克(J. D. Novak)博士根据奥苏贝尔的有意义学习理论提出的一种教学技术。概念图是用来组织和表征知识的工具。它通常将某一主题的有关概念置于圆圈或方框之中，然后用连线将相关的概念和命题连接，连线上标明两个概念之间的意义关系。思维导图是一种以放射性的图表，把思维过程具体化、图示化的方法，能很好地反映人的思考过程。思维导图最初是英国人托尼巴赞(Tony Buzan)创造的一种笔记方法，思维导图的表现形式多种多样，如树形图、鱼骨图、维恩图、流程图等等。在教学活动中，思维导图工具经常被用来设计知识地图，以便较好地呈现知识点之间的逻辑关系。

3. 思维导图工具 iMindMap 简介

iMindMap 是一种广泛应用的思维导图工具，它同样擅长绘制树状结构的思维导图，并呈现知识点之间的树形连接关系。iMindMap 的作品自由活泼，图像以五彩的、树枝状的方式发射出去，特别适合描述层层分级的节点体系。它既可以包括单纯的树形分支，也可以包括带有箱体(box)的分支节点，还可以在任意两个节点之间创建关联线。iMindMap 文档的默认扩展名为 imx，其最终作品也可以导出为 png、jpg 或 pdf 格式的文件。

iMindMap 的关键操作。在 iMindMap 文档编辑状态，当单击某一节点时，该节点将会变成一个圆形标记，表示此节点正处于编辑状态，(见图 9-3)。这个圆形标记由 4 部分构成。中心是一个红色的大圆点，右侧上方是一个蓝色的四分之一圆环，右侧下方是一个灰色的四分之一圆环，左上角为黄色的四分之一圆环，左下角为绿色的四分之一圆环。这个圆形标记对于 iMindMap 节点的编辑非常有用。

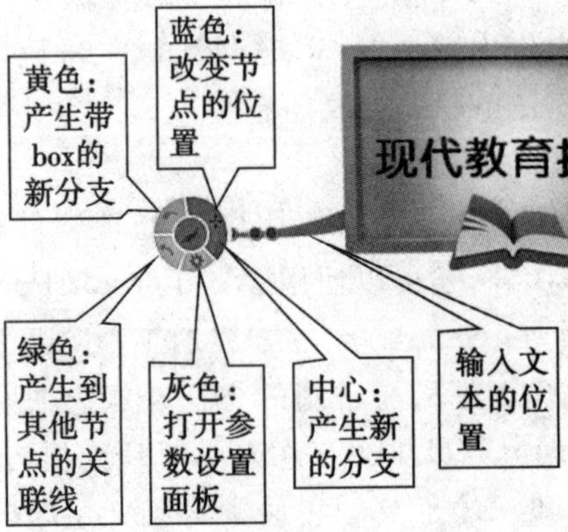

图 9-3　iMindMap 的编辑状态

(1)在 iMindMap 中插入新节点。在图 9-3 所示的状态中，以鼠标指向节点标记的中心点(红色)，向外拖动鼠标，能产生新的分支。在图 9-3 所示的状态中，以鼠标指向节点标记的黄色圆环区，向外拖动鼠标，就能产生新的箱体状分支。在新建节点后，单击分支臂中间的圆点标记，会弹出文本格式浮框，表示可以直接输人文本并设置其格式。此时，可把需要添加的说明文字填写进去。另外，在此状态下，还允许直接插入一些图片，以便增强本节点的趣味性。

(2)建立节点之间的关联线。在图 9-3 所示的状态中，以鼠标指向节点标记的绿色圆周区，向外拖动鼠标，就能产生一条蓝色的点划线。随着鼠标的移动，点划线不断延长。用户可直接把鼠标拖动到另外一个节点上，建立起当前节点与另一节点之间的关联线。

(3)改变 iMindMap 节点的位置。如果对 iMindMap 文档中某些节点的位置不满意，则可以先单击此节点，当节点标记出现后拖动该标记的蓝色圆环区，把该节点拖动到恰当的位置。

(二)图形/图像素材

1. 图像素材的获取方法

(1)从网络或素材库中直接获得；

(2)使用软件的截图工具(如微信、QQ 等)或 PrintScreen 键截取屏幕图像；

(3)利用多媒体软件制作图形/图像；

(4)利用手机或数码相机拍摄；

(5)利用扫描仪获取图像。

2. 图像的保存类型格式

(1)TIFF(Tag Image File Format)格式。TIFF 以任何颜色深度存储单个光栅图像，被认为是印刷行业中受到支持最广的图形文件格式。几乎所有的扫描仪和图像处理软件都支持这一格式。

(2)BMP(Bitmap)格式。它是一种与硬件设备无关的图像文件格式,采用位映射存储格式,除了图像深度可选以外,不采用其他任何压缩,因此 BMP 文件所占用的空间很大。

(3)PSD 格式。它是唯一支持全部颜色模式的图像格式,是图像处理软件 Photoshop 生成的图像格式,可包括图层、通道和颜色模式等信息。

(4)JPEG 格式。它是 Joint Photo Graphic Experts Group(联合图像专家组)的缩写,文件后缀名为“.jpg”或“.jpeg”,是最常用的图像文件格式,以 24 位颜色存储单个光栅图像。

(5)GIF(Graphics Interchange Format)格式。GIF 图片以 8 位颜色或 256 色存储单个光栅图像数据或多个光栅图像数据。GIF 图片支持透明度、压缩、交错和多图像图片(动画 GIF)。

(6)PNG(Portable Network Graphic Format)格式。可移植网络图形。PNG 图片以任何颜色深度存储单个光栅图像。PNG 是与平台无关的格式。PNG 格式的图像支持背景透明。

3. 图片工厂简介

图片工厂(Picosmos)是一个覆盖图片全功能的软件,包含特效、浏览、编辑、排版、分割、合并和屏幕录像截图等功能,功能强大,操作方便。图片工厂中的编辑器功能,类似于迷你版的 Photoshop,能对图像进行专业的编辑操作。

(1)版面设计。任意组合照片制作成海报或者封面(见图 9-4)。

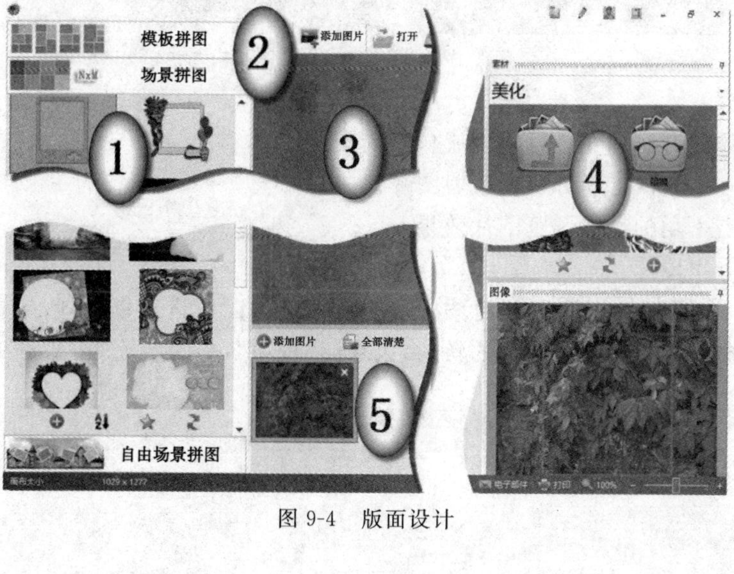

图 9-4　版面设计

步骤：

①对想要的图片进行排版。

②图片编辑窗口，更换图片的位置、大小等。

③菜单和工具栏简单清楚，一目了然。

④材料和相框，软件内提供了很多贴纸素材，还有相框等，大家可以根据需要自己美化图片。

⑤底层的窗口可以方便大家更换调整图片。

(2)裁剪 & 分割。裁剪：剪取图片中需要的部分。分割：将一张图片分割成几张图片(见图 9-5)。

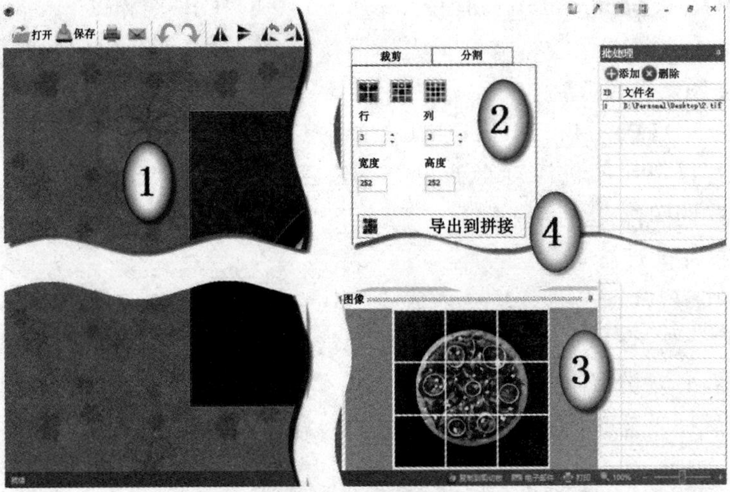

图 9-5　裁剪与分割

步骤：

①添加自己想要进行裁剪或分割的图片。

②在工具区选择分割或裁剪图片。

③右下角的地方预览图片效果。

④导出图片。

(3)批处理。主窗口：浏览图片并对选择好的图片进行批处理，包括图片颜色的调整、质量的优化、格式的转换、去水印、重命名和旋转等等(见图 9-6)。

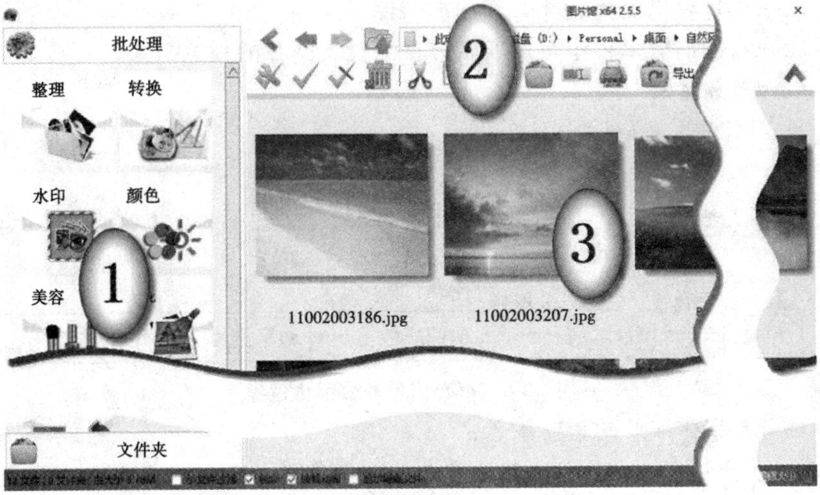

图 9-6　批处理

步骤：

①左侧的是一些常用的批处理工具，选择你想要的效果。

②最上面的工具栏提供了软件的基础设置。

③放置需要进行处理的图片。

(4)编辑器。编辑图片，并加入特效(见图 9-7)。

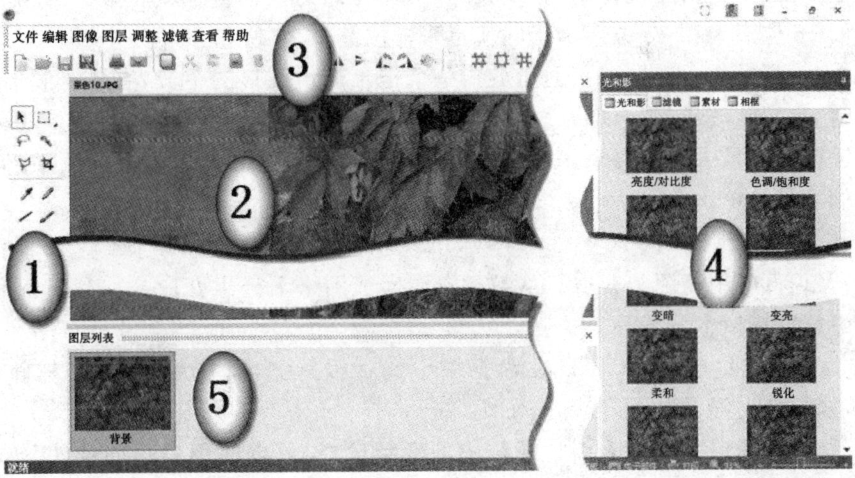

图 9-7　编辑器

步骤：

①左侧栏中的工具为大家提供了锁套、绘图、擦除等功能。

②打开需要修改的图片，并进行处理。

③菜单栏提供了很多非常实用的功能。

④在右侧的效果栏中可以非常方便地观看图片的预览效果。

（三）音频素材

1. 声音数字化（见图 9-8）

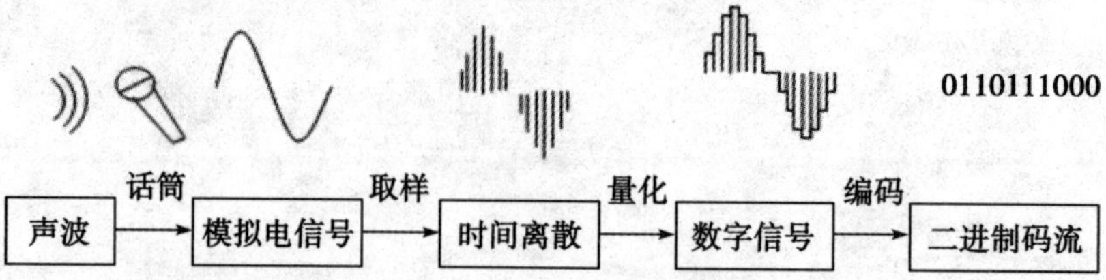

图 9-8　声音信号的数字化过程

声音数字化涉及的重要概念：

(1)采样频率。人耳可听到的声波的频率范围为 20Hz～20kHz。根据奈奎斯特理论，无失真地还原出模拟信号，采样频率应达到 40Hz～40kHz，考虑到数字电路对其的影响，必须将其提高 10%，即最高采样频率约为 44.1kHz。除以上采样频率外，通常还可以看到 6kHz、8kHz、12kHz、16kHz、24kHz、32kHz 和 48kHz 的采样频率，它们主要用于网络传输和专业音频制作。

(2)采样位数。采样位数表示存储、记录声音振幅所使用的二进制位数，它决定了声音的动态范围。不同的采样位数决定了不同的音质，采样后的数据位数越多，数字化精度就越高，音质就越好，需存储的数据量也就越大。市场上常见的 16 位声卡和 32 位声卡指的就是采样位数是 16 位和 32 位。

(3)通道数（声道数）。通道数指一个记录产生波形的个数，有一个波形（单声道）和两个波形（双声道）之分。单声道一次只能产生一个声波信号。双声道能够同时记录或播放两个声道的信号，故能够提供比单声道更好的效果，但其存储容量是单声道的两倍。

2. 音频的获取方式

(1)从电子资源中获取。从教学资源库或网络上搜索获取。如利用百度搜索引擎直接搜索下载等。

(2)从 CD 中提取。CD 在盘符中不能直接复制，需要用专门的“抓轨”软件，如抓轨大师、暴风影音等。

(3)从视频文件中分离。视频中的音频素材，可以使用专门的软件分离出来，如格式工厂。

(4)从 VCD、DVD 中分离。先分离视频再提取声音，分离方法同上。视频保存位置：VCD 在 MPEGAV 文件夹，DVD 在 VIDEO_ _TS 文件夹。

(5)从电脑中录制。利用 GoldWave 等音频处理软件，通过录制“立体声混音”的方式，将电脑上正在播放的声音录制下来保存。

(6)原创录制。用计算机声卡及录音软件，配备一支麦克风或专用的拾音设备，进行原创录音。

3. 常见的音频存储格式

(1)WAV 格式。微软公司开发的一种声音文件，也叫“波形声音文件”，后缀为“. wav”。它是最早的数字音频格式，被 Windows 平台及多种应用平台广泛支持。它用三个参数来表示声音，即量化位数、采样频率和声道数。声音质量和 CD 差不多，但数据较大。

(2)MP3 格式。一种音频压缩技术，全称叫 Mpeg Audio Layer3，简称 MP3，后缀为“. mp3”。1∶10 甚至 1∶12 的压缩率，音质损失很小，每分钟文件仅 1MB 左右。MP3 格式具有体积小、失真小、音质高的特点。

(3)MIDI 格式。Musical Instrument Digital Interface 即乐器数字接口，是数字音乐和电子合成乐器中的国际标准接口，后缀为“. mid”。它存储与传输的不是波形信号，而是音符与控制参数等指令。容量较小，效果清晰，多用于专业音乐制作。MIDI 文件的缺点是缺乏重现真实、自然声音的能力。

(4)RA 格式。RA 文件是一种新型流式音频文件，在网络上非常流行。它在网络速度较慢的情况下也可以流畅地传送数据，播放效果与 MP3 文件不分伯仲，但文件小，经常用于视频会议、远程教学、网络直播等。

(5)WMA 格式。Windows Media Audio，后缀名为“. wma”。压缩比与音质超过了 MP3，具有较低的采样率、较好的音质，得到越来越广泛的应用。

4. Gold Wave 简介

Gold Wavc 是一个集声音编辑、播放、录制和转换于一体的音频工具，是操作简单、功能强大的绿色软件，点击 Gold Wave. exe 便可以运行，不用安装便可使用。可打开的音频文件相当多，包括 WAV、MP3、VOC、AVI、ASF、MOV 等音频文件格式，支持从 CD、VCD 或其他视频文件中提取声音。内含丰富的音频处理特效，如回声、混响、降噪，而且能够支持以动态压缩保存 MP3 文件。

(1)Gold Wave 的界面介绍

程序运行之后通过【文件】→【打开】功能便可导入一个文件进行编辑。GoldWave 运行界面如图 9-9 所示，该软件被分为三大部分：顶端是菜单栏、常用工具栏和快捷工具栏；中部是相应的操作区域，操作区域中会显示相应文件的波形(见图 9-10)，当我们打开一个立体声文件，Gold Wave 会分别显示两个声道的波形，绿色部分代表左声道，红色部分代表右声道；操作区底部显示所要编辑文件的属性。

Gold Wave 提供的控制器用于对要编辑的音频文件进行简单处理，控制器中有相应的播放、停止、快进、倒退等按钮，还提供了相应的音量开关、平衡开关和播放速度的开关，以供用户选择。用户还可以看到具体的波形，以及左右声道的音量、播放的时间等相关信息。

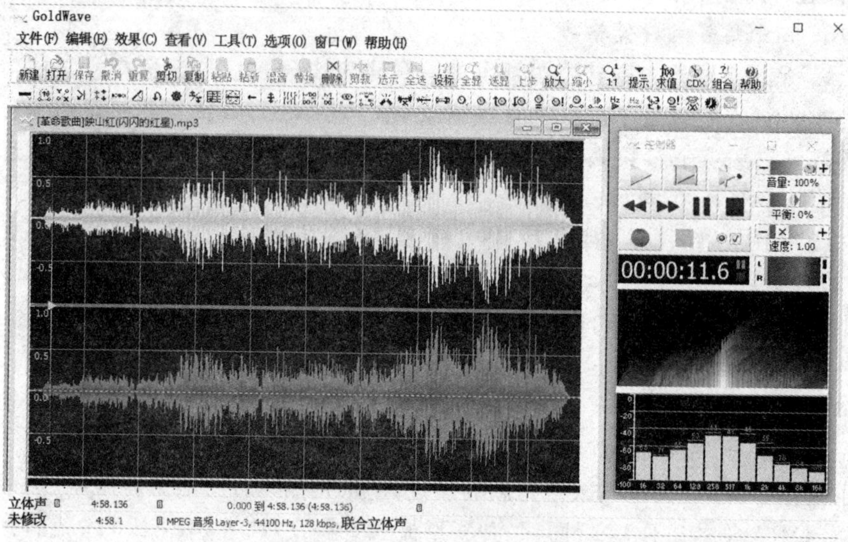

图 9-9 Gold Wave 界面

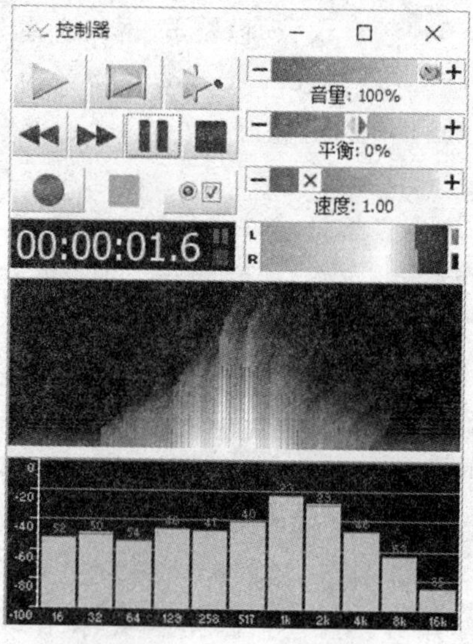

图 9-10 文件的波形

(2)Gold Wave 的基本操作

对音频进行处理之前首先应选中要处理的音频信息。选择音频信息的方法非常简单，左击鼠标就确定了选择部分的起始点，在另一位置上右击鼠标就确定了选择部分的终止点。选中部分将会以高亮进行显示(见图 9-11),接下来的所有操作都只会对选中部分进行操作,不会影响未选中的部分。Ctrl＋W 键可以重新选择音频文件。用户可通过常用工具栏的复制、剪切、粘贴等命令对文件进行简单的常规操作。除了拥有 windows 系统的基本操作外,Gold Wave 还提供了混音、替换等对音频进行编辑的基本功能(见图 9-12)。

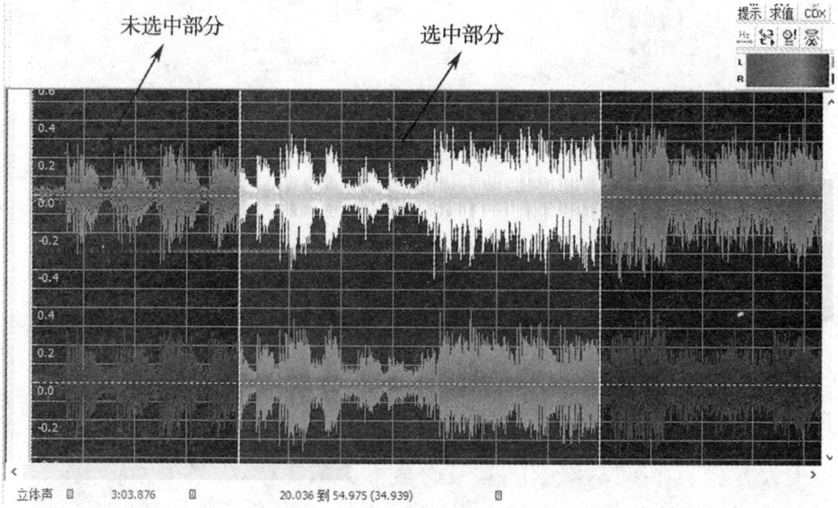

图 9-11　对音频信息的基本操作

图 9-12　Gold Wave 对音频进行编辑的基本功能

(3)录音设置

(1)新建设置参数:声道、采样频率、时间长度。

(2)控制器属性设置:录音选项、录音设备选取、麦克风的选择(见图 9-13)。

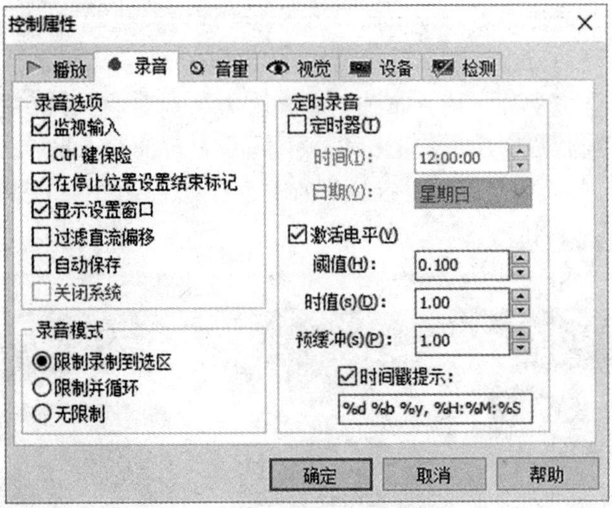

图 9-13　控制器属性设置

(4)音频制作特效

在 Gold Wave 的效果功能表中提供了 10 多种常用音频特效的命令，从压缩到延迟再到混响控制，其中每一种特效都是日常音频应用领域使用较广泛的效果，大大方便了在多媒体制作、音效合成方面的操作，效果令人满意。

①回声效果(Echo)。Gold Wave 的回声效果制作方法十分简单，选择效果功能表下的回声命令，在弹出的“Echo”对话框中选择延迟时间、音量大小、回声大小和反馈大小(见图 9-14)。延迟时间值越大，声音持续时间越长，回声反复次数越多，效果就越明显。而音量控制返回声音的音量大小，这个值不宜过大，否则回声效果就不真实。勾选“立体音”选项后，能够使声音听上去更润滑、更加具有空间感，所以一般都将它选中。

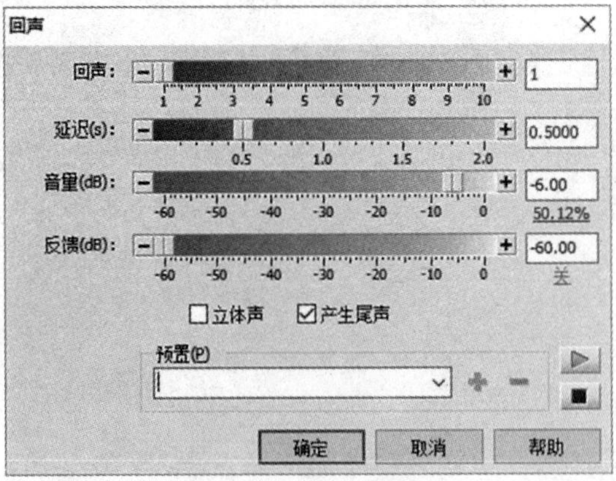

图 9-14　制作回声效果

②镶边效果(Flange)。使用镶边效果能在原来音色的基础上给声音再加上一道独特的“边缘”,使其听上去更有趣、更具变化性。选择 Gold Wave 效果功能表下的镶边(Flange)命令就能看到设置介面(见图 9-15)。镶边的作用效果主要由延迟和频率两项参数决定,通过改变它们的取值就可以得到很多意想不到的奇特效果。如果想要加强作用后的效果比例,则将混合音量增大就可以。

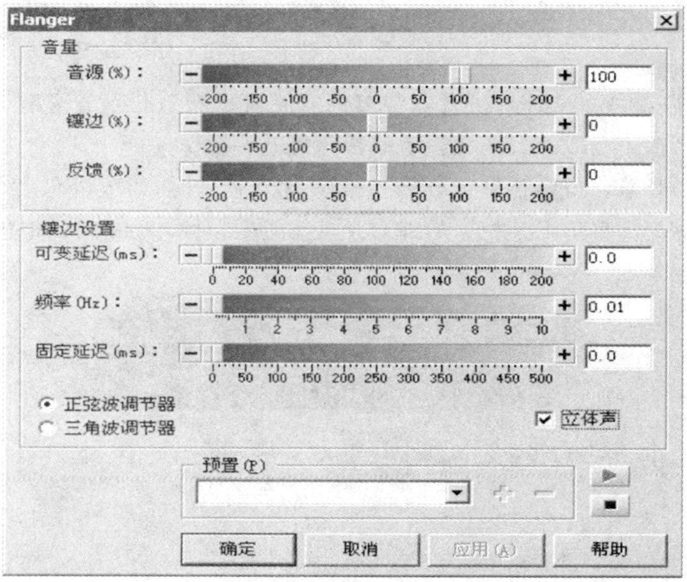

图 9-15 镶边效果

③淡入淡出效果(Fade In, Fade Out)。所谓“淡入”和“淡出”,是指声音渐强和渐弱,通常用于两个声音素材的交替切换、产生渐近渐远效果等场合。一般总是位于开始和末尾。Gold Wave 还提供了淡入淡出效果的制作,选择淡入音频部分,单击工具栏中的“淡入”按钮,完成设置。选择淡出音频部分,单击工具栏中的“淡出”按钮,完成设置。淡入淡出设置对话框(见图 9-16)。

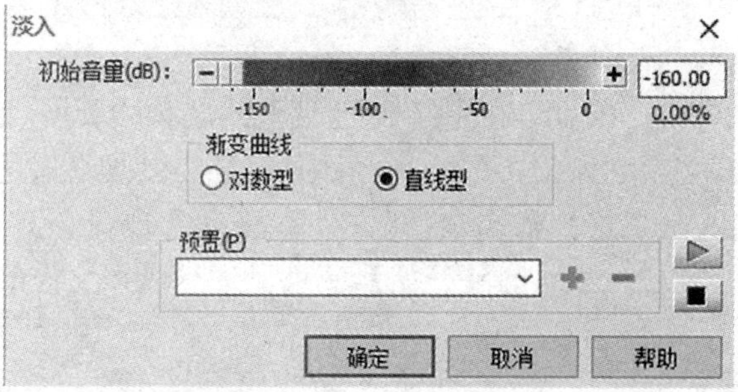

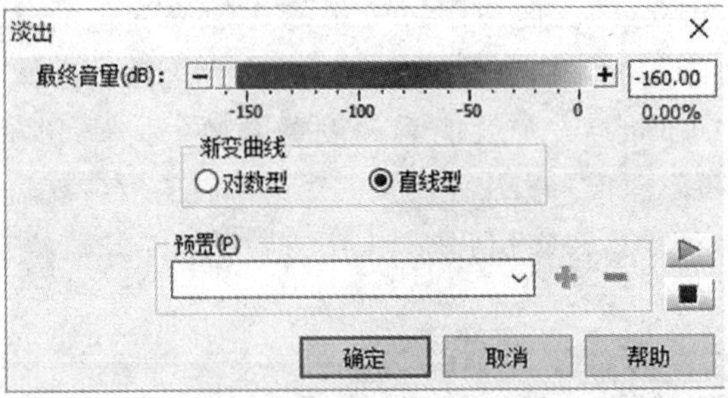

图 9-16　淡入淡出效果

此外,Gold Wave 还提供了非常多的音频制作特效供我们使用,而且每一个功能在掌握了相应的音频知识后非常容易上手操作。

④外形音量。当要在解说声音中加入背景音乐时,需要降低背景音乐,以避免喧宾夺主。单击工具栏中的外形音量按钮后,对图 9-17 对话框进行设置。

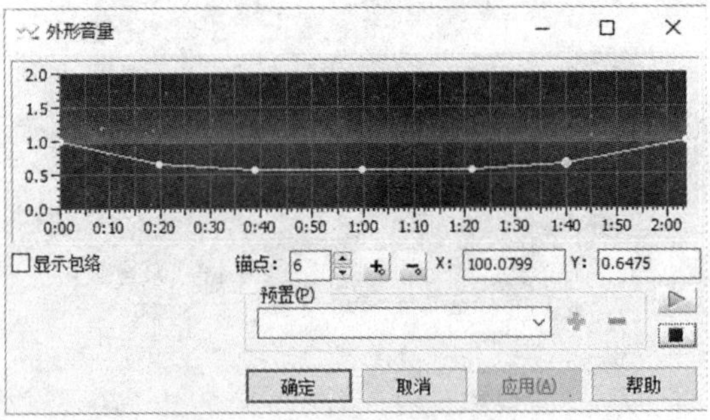

图 9-17　外形音量对话框

⑤时间扭曲。制作多媒体产品时,有时为了和画面同步,需要改变声音的时间长度,这就要进行时间调整。打开需要调整的声音,单击时间扭曲按钮。在弹出的对话框中完成调整。时间长度的改变,将影响声音的频率。

(5)其他功能

①CD 抓轨。如果要编辑的音频素材在一张 CD 中,可以直接选择 Gold Wave 工具功能表下的 CD 读取器。选择 CD 驱动器之后按下“保存”按钮,再输入保存的文件名称和文件路径就可以了。

②批量格式转换。Gold Wave 中的批量格式转换也是一个十分有用的功能,它能同时打开多个它所支持的格式文件并转换为其他各种它所支持的音频格式,转换速度快,效果好。依次选择【文件】→【批处理命令】,并且选择【转换的格式和转换的路径】,然后选择【开始】,便可以进行成批文件的转换。

(四)视频素材

1. 常见视频文件格式

(1)AVI格式。AVI是微软公司制定的一种视频文件标准，是目前应用最为广泛的视频标准，具有多种压缩格式，数据压缩率相对较低，文件容量较大，但具有较好的可编辑性，因此支持AVI格式的视频编辑软件很多。AVI文件中是音频和视频数据的混合，音频数据和视频数据交错存放在同一个文件中。它是视频编辑中经常用到的文件格式，文件扩展名为.avi。

(2)MOV格式。MOV是MOVIE的简写。MOV原来是苹果计算机中的视频文件格式，自从有了QuickTime驱动程序后，在PC机上也能播放MOV文件了，MOV文件和AVI文件的格式相似，因此文件大小也相近。MOV文件无论是在本地播放还是作为视频流格式在网上传播，都是一种优良的视频编码格式。

(3)WMV格式。WMV是Microsoft推出的一种流媒体格式，它是由“同门”的ASF格式升级延伸得来。在同等视频质量下，WMV格式的文件非常小，更适合在网上播放和传输。

(4)MPG格式。MPG也称MPEG，它是活动图像组(moving picture group)的缩写。MPEG实质是电影文件的一种压缩格式，它具有极高的压缩率、最快的帧速率和较好的图像声音质量，因而近年来得以广泛应用和发展。MPG文件的压缩率比AVI文件高，但画面质量却更好。MPEG包括了MPEG-1，MPEG-2和MPEG-4，适用于不同带宽和数字影像质量的要求。VCD和DVD分别采用MPEG-1和MPEG-2标准。MPEG-4是一种新的压缩算法，主要应用于交互AV以及远程监控服务，利用很窄的带宽，通过帧重建技术，压缩和传输数据，以最少的数据获得最佳的图像质量。为此，MPEG-4的设计目标具有更广的适应性和可扩展性。

(5)RealVideo格式(RM、RAM)。RealVideo文件是RealNetworks公司开发的一种流媒体格式，它包含在RealNetworks公司所制定的音频视频压缩规范RealMedia中，主要用来在低速率的广域网上实时传输活动视频影像，可以根据网络数据传输速率的不同而采用不同的压缩比率，从而实现影像数据的实时传送和实时播放。

(6)ASF格式。它是由微软公司推出的一种高级流媒体格式，主要在Internet上进行实时传输视频。其主要的优点是可扩展性以及流式下载等等。

(7)DIVX格式。DIVX视频编码技术是一种为了播放流式媒体的高质量视频而专门设计的格式，它由Microsoft mpeg4v3修改而来，使用MPEG4压缩算法。它能够保存接近于DVD画质的小体积视频文件，这种文件格式还包含了以前 MPEG 压缩标准所不具备的比特率的可伸缩性、动画精灵、交互性甚至版权保护等一些特殊功能。

2. Camtasia Studio 简介

Camtasia Studio 是一款能够捕捉屏幕影音、实施视频编辑的工具软件。其首要作用为记录屏幕动作，包括屏幕中的影像、音效、鼠标移动的轨迹、解说声音等。为了能够完整解决屏幕录制之后的视频后期制作等问题，Camtasia Studio 还是款视频编辑软件，包括了视频剪辑的实时播放和编辑压缩的功能，能够对视频片段进行剪接、添加转场效果(见图 9-18)。它输出的文件格式也很多，有常用的 avi 及 gif 格式，还可输出为 mp4、rm、wmv 及 swf 格式，并可将电影文件打包成 exe 文件，以便在没有播放器的机器上播放。

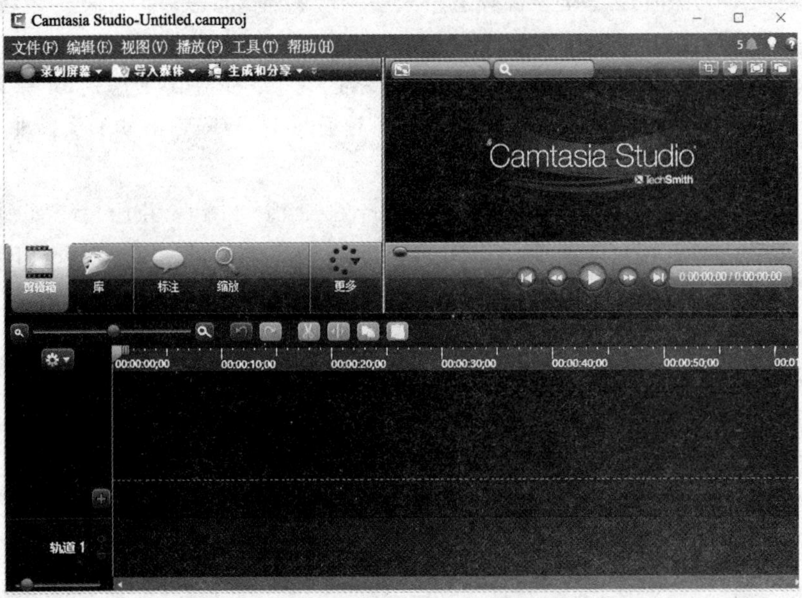

图 9-18 Camtasia Studio 主界面

从图 9-18 可知，Camtasia Sudio 是一款完整的、集视频录制与视频制作于一体的软件。首先，其界面与会声会制等专业视频处理软件非常相似。Camntasia Studio 窗口的左侧上方为任务窗格，罗列出了其中可用的各个命令；右侧的区域为视频"预览窗"；底部区域为"时间线"，包括了各个音视频轨道。因此，它能够胜任常规的视频编辑工作。其次，它还是一款录制软件，支持计算机的内录功能，左上角"录制屏幕"和"录制 PowerPoint"说明了这点。总之，Camtasia Studio 包括了两个核心功能：其一，负责屏幕录制的工具 Camtasia Recorder；其二，完整的视频编辑功能。

(1)Camtasia Studio 的抓屏录制功能

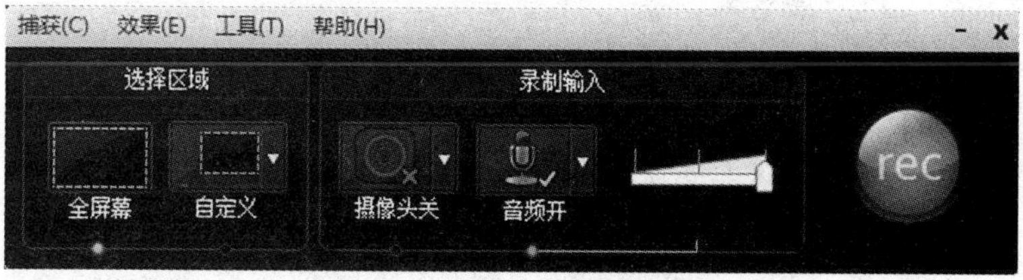

图 9-19　抓屏录制面板

单击图 9-19 任务窗格上部的“录制屏幕”,就启动了 Camtasia Recorder 开始执行屏幕录制功能,弹出如图 9-19 所示的“录制面板”界面。

①设置录制区域。Camtasia Recorder 既可以录制整个屏幕,也可录制屏幕上的局部区域。在图 9-18 所示的界面下,可用鼠标拖动屏幕上出现的手柄,改变要录制的屏幕区域。

②设置录制音量。如果在录制过程中,需要附加旁白说明,则可以直接单击“录制面板”右侧的滑块,调整麦克风的音量。

③设置屏幕录制时的鼠标指针。在录制屏幕、制作视频过程中,常常希望能够醒目地显示出鼠标的单击位置,以便学生掌握。为此,需要对录制过程中的鼠标状态进行设置。在“录制面板”中,选择菜单“效果”,借助“效果选项”对话框,可对录制过程中鼠标的状态和外观进行设置。

④屏幕录制过程。在设置完成后,直接键入<F9>键启动屏幕录制过程。在启动屏幕录制过程后,“录制面板”消失,用户对计算机的所有操作,用户对着麦克风的讲话都会被自动录制下来。如果需要结束录制,只需键入<F10>键,则立即停止录制,此时弹出“预览”对话框。在“预览”对话框中,会自动播放刚刚录制的视频。如果对刚刚录制的视频满意,单击底部“保存”按钮,在弹出的“保存文件”对话框中把刚刚录制的视频保存为扩展名为“camrec”的特殊文档。

(2)Camtasia Studio 的关键功能

①视频素材导入到 Camtasia Studio 编辑器。首先,把视频素材导入到剪辑箱中。Camtasia Studio 还是一个视频编辑软件,在如图 9-18 所示的界面下,单击左侧任务窗格上方的“导入媒体”,就能启动“打开”对话框。此时,既可以选择前面录制的“. camrec”文档,把它导入到剪辑箱中,也可以选择计算机中存储的其他格式的视频文档。其次,把视频剪辑放到底部的时间线上。拖动剪辑箱中的视频剪辑,把它放到时间线上。根据视频剪辑放置在时间线上的顺序,确定视频剪辑的排列顺序。可以直接利用鼠标把时间线上的某个视频剪辑拖动到其他位置,从而改变视频剪辑在时间线上的顺序关系。

②裁剪时间线上的视频片段。对于新录制的视频,经常存在失误、错谬之

处。在视频编辑时，就需要删除这些片段。首先，拖动时间线区域中的插入点标记（顶部带有绿色倒三角的垂线），使之移到被删除片段的起点，接着单击时间线面板底部的“分割”标记，使视频从此处断开。其次，拖动时间线区域中的插入点标记，使之移到被删除片段的终点，接着单击“分割”标记，使视频从此处断开。此时，需要被裁掉的片段已经成为独立的一段视频。最后用鼠标右键单击这段需要裁掉的片段，从弹出菜单中选择“从时间轴移除”。

③调整视频的播放音量。对位于时间线中的视频剪辑，如果需要改变音量大小，则可先选定此视频剪辑，然后直接选择任务窗格中的“音量”，打开“音量”面板，可在其中更改音量或添加淡入淡出等效果。

④添加标注（字幕）。对位于时间线中的视频剪辑，有时需要添加字幕。首先，拖动时间线中的插入点标记，使之移到需要插入标注的位置。其次，直接单击任务窗格中的“批注”，打开“批注属性”面板。在“批注属性”面板中，单击左上角的“添加”按钮，进入设置批注的状态。再次，在此对话框中部的文字框中直接输入可作为批注的文本内容，并可借助“外形”和“填充色”等选项设置批注的外观。最后，在“批注属性”面板右上角单击“完成”按钮，完成添加批注的工作。

⑤局部区域缩放。在视频制作中，为了能够更好地呈现细节，经常需要对局部区城实施缩放。第一，拖动时间线区域中的插入点标记，使之移动到需要缩放的位置。第二，直接单击任务窗格中的“批注”，打开“缩放”面板。第三，在“缩放”面板中，左侧预览区内的绿色虚框所覆盖的区域就是未来播放区的内容。通常情况下，绿色虚框越小，该区域内信息的放大程度越大。第四，拖动其中部预览区内的绿色虚框边缘，可以改变绿色虚框的大小，从而改变缩放倍数。直接拖动绿色虚框，改变其位置，则会直接改变最终的播放区域。在此过程中，在右侧的视频“预览窗”中能实时地看到缩放后的播放效果。第五，设置完毕，在“缩放”面板右上角单击“完成”按钮，完成局部缩放效果的设置。

（五）动画素材

1. 动画文件的格式

(1)GIF 格式。GIF(Graphics Interchange Format) 格式是 CompuServe 公司创建的目前使用最广泛的动画文件格式之一，是目前不失真且压缩效率最高的一种格式。其文件扩展名为 .GIF。GIF 动画内容和形式简单，不能对动画过程进行控制和互动，也不能添加音频和视频等多媒体元素。因此，在教学中 GIF 动画往往用来制作简单的按钮或教学网页广告条，不能制作长时间的、要有音视频元素的动画和交互式动画。

(2)SWF 格式。SWF(Shock Wave Flash)格式是 Micromedia 公司推出的

Flash软件的矢量动画格式。其文件扩展名为.SWF。SWF动画基于矢量图形，体积很小，方便网络传输，并且在缩放时不会失真，非常适合描述由几何图形组成的动画，如教学演示等。由于这种格式的动画可以与HTML文件充分结合，并能添加MP3格式的音频文件，因而被广泛地应用于网页，成为一种“准”流式媒体文件。此外，该格式可用强大的动画编程语言进行编辑，可用于制作有高度交互性的网络动画。

(3)FLIC/FLI/FLC格式。FLIC是FLI和FLC的统称，其中FLI是最初的基于320×200像素的动画文件格式，而FLC则是FLI的扩展格式，采用了更高效的数据压缩技术，其分辨率也不再局限于320×200像素。目前，FLIC文件被广泛用于动画图形中的动画序列、计算机辅助设计和计算机游戏应用程序。

2. 使用PowerPoint制作动画

在PowerPoint中，可以通过动画窗格中的“高级日程表”进行复杂的自定义动画设置。

(1)在使用“高级日程表”前，将所有动画的“开始”选项设置为“之前”。

(2)选择自定义动画面板中动画列表中的某一动画名称，单击右侧向下箭头，选择“显示高级日程表”。

(3)桔黄色矩形条表示动画持续时间，其位置表示动画开始和结束时间。

(4)可通过拖动矩形条位置设置动画开始时间，通过拉伸矩形条设置动画持续时间和结束时间。

五、教学过程的技术支持

现代教育技术已经给教—学过程带来许多重大变化，主要表现在：声—光—电技术的教学应用使教学信息得到有效增强；电讯传播技术的运用使教学突破空间限制；电磁和数字记录技术的运用使教学信息的利用突破了时间的限制；多媒体技术拓宽了人们接收信息的通道带宽；智能技术改变了教学系统的功能结构；传播技术与记录技术的结合改变了教学系统的结构，如出现了异步教学形态；计算机网络技术的应用改变了教育的形态，产生了“虚拟教育”；大数据、云计算和移动互联网改变了教育教学模式和学习方式，产生了“智慧教育”等等。

现代教育技术已经影响着教与学的方方面面，渗透到教与学的全过程，在此不展开论述。目前，多媒体教学课件和微课在教学中应用广泛，下面介绍基于PowerPoint软件设计制作多媒体课件，并通过该课件的生成展现一个微课的操作过程。

(一)制作PPT课件

PPT课件是课程大纲的体现,通常将课程中的重点内容逐一罗列。因此,课件是最直观的表现媒体。用户可根据课程的不同设计制作不同的PPT课件,来满足授课和微课制作的需求。

1. 封面很重要

对于PPT来说,封面举足轻重、至关重要。PPT的第一印象对于观看者来说非常重要,一个成功的PPT封面意味着整个演示过程成功了一半,而失败的封面会让一个精彩的PPT演示变得索然无味。

2. 尽量少用软件自带的样式

PowerPoint软件为了方便用户快速制作出精美的演示文稿,提供了很多默认样式效果,包括背景样式、艺术字样式和形状样式。样式为用户带来方便的同时也带来效果雷同问题,造成大家制作的演示文稿页面效果类似。所以,要设计出与众不同的演示文稿,首先就要较少地使用软件自带的样式。

3. 颜色不是越多越好

通常没有设计基础的用户在制作PPT时,为了凸显某一部分,都会选择一种甚至多种明亮的颜色。殊不知,PPT在不遵守颜色搭配的前提下大量使用明亮颜色,注定是一件失败的作品。从设计的角度来说,一个作品通常不要超过三种颜色。应确定一种颜色作为主色,一种颜色作为辅助色,一种颜色作为文本颜色。这样既可以保留页面的一致性,又能够得到丰富的设计效果。

4. 排版要清晰明了

PPT演讲稿通常用来展示演讲的大纲。但是有些用户为了降低演讲的难度,会将大量的图片或文字放置在页面中,造成整个页面拥挤不堪。这就完全破坏掉了PPT演讲稿的初衷(其实很多不需要呈现的文字可以放置在备注栏中)。优秀的演讲稿,要求页面整洁,主题明确,每一个页面不宜有太多的内容。在排版上也要主次明确,将要表达的内容按照重要程度逐级摆放。

在制作PPT前,要先进行幻灯片母版的设计与制作,提前设计好不同的版式,会起到事半功倍的效果。

5. 使用合适的字体

在设计世界里,排版是一种重要的艺术形式,字体的合理使用也非常重要。字体能够及时传达一种态度、一个观点或其他因素。字是PPT最基本的组成元素,是观看者注意的焦点,也决定了主题和版式。如何选择合适的字体是非常重要的问题。

字体分为衬线字体和无衬线字体。衬线字体,意思是在字的笔画开始、结束的地方有额外的装饰,而且笔画的粗细会有所不同,如宋体、楷体。衬线字体容易识别，它强调了每个字笔画的开始和结束，因此易读性比较高，在整文阅读的情况下，适合使用衬线字体进行排版，易于换行阅读的识别，避免发生行间的阅读错误。无衬线字体没有这些额外的装饰，而且笔画的粗细差不多，如黑体、幼圆。无衬线字体比较醒目，给人一种休闲轻松的感觉，通常有艺术性，因此在显示器上显示通常比较赏心悦目。PPT 中字体选择应以无衬线字体为主。

值得注意的是，对于一些不常用的字体，保存 PPT 演示文稿时要把字体也一起保存（在“保存”或“另存为”对话框的“工具”菜单的“保存选项”命令中，选择“将字体嵌入文件”选项）。注意：除非专业需要，否则慎用异形艺术字体或色彩，这会降低 PPT 的专业性。

6. 使用共同的装饰

在设计 PPT 文字呈现时可通过共同的装饰使得页面文字更加有特色，从而增加画面的一致性和美观度。因为在视觉传达的过程中，文字作为整体设计的形象元素之一，它必须具有视觉上的美感，才能够给人以美的享受。

PPT 设计时，可以在 PPT 母版中，为文本添加修饰性的线条或形状，或者为文本框添加图形边框，甚至添加填充颜色。为了使文本富有变化，可以在母版中插入多个版式，对不同的版式设计不同的文本装饰。

7. 使用高质量的照片

“能用图不用字”，使用照片是令 PPT 出彩的最佳手段之一，但不合理的照片也能将 PPT 的演示搞砸。在白色背景下光溜溜地放一张照片并不意味着它就是好照片，不要为了放照片而把难看和不合适的照片放上去。

（二）录制 PPT 视频

PPT 是微课和慕课录制中最核心的资源。PPT 制作完成后，就可使用 PPT 中的 Camtasia Studio 插件对 PPT 进行录制了（计算机上需提前安装 Camtasia Studio 软件，有关软件说明见上文）。

1. 在 PowerPoint 中打开刚刚制作好的 PPT，选择“加载项”选项卡，单击“录制选项”按钮，弹出“Camtasia Studio 插件选项”对话框，设置相应参数（见图 9-20）。如有必要，还可单击面板中的“插入水印”按钮，设置水印。

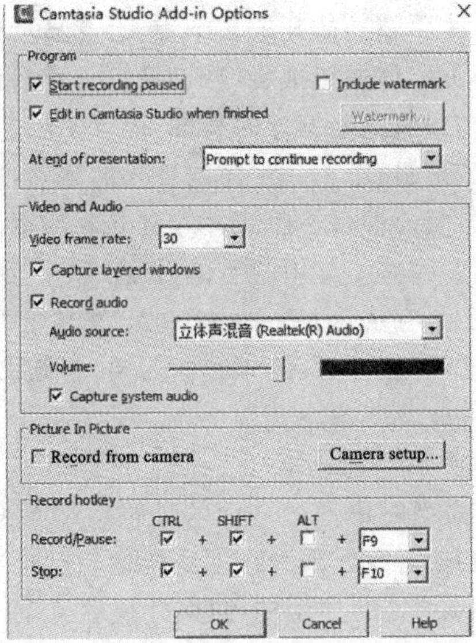

图 9-20 “Camtasia Studio 插件选项”对话框

2. 在“加载项”选项卡中单击“录制”按钮，进入准备录制页面，此时演示文稿将以演示播放的模式打开，屏幕的右下角将会弹出 Camtasia Studio 的对话框(见图 9-21)，单击“开始录制”按钮，开始 PPT 内容的录制。

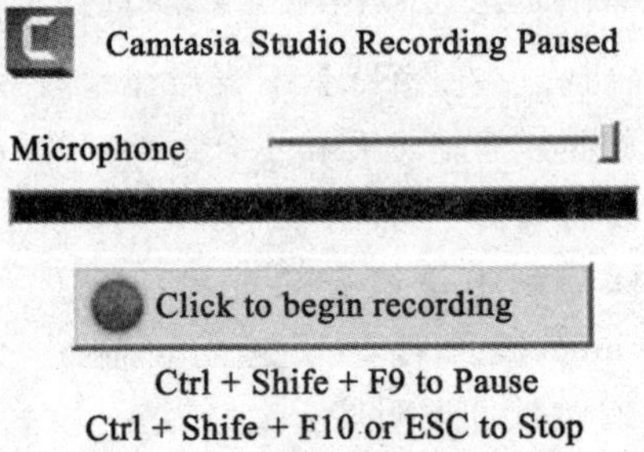

图 9-21 “录制暂停”对话框

3. 在演示文稿结束时，可单击“停止录制”按钮停止演示文稿的录制，输入文件名并选择存储位置后单击“保存”按钮存储文件，录制的演示文稿存储为 Camtasia Studio(*. trec)格式文件(见图 9-22)。

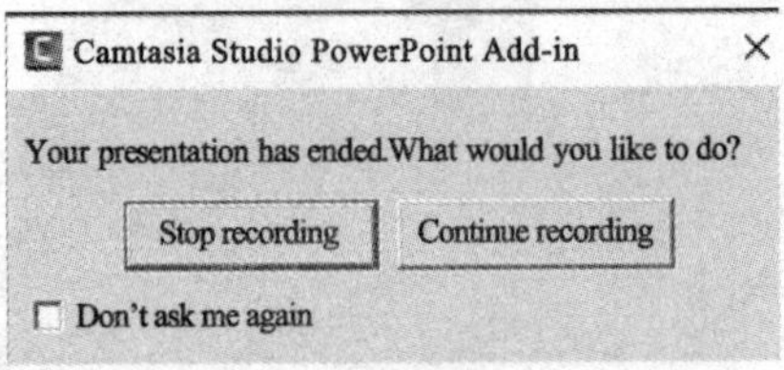

图 9-22 停止/继续录制对话框

4. 单击“保存”按钮，选择“编辑录像”选项(见图 9-23)。进入 Camtasia Studio 编辑器。接下来根据用户的需求对视频进行再编辑操作，详见上文。

图 9-23 生成/编辑录像文件对话框

(三)剪辑视频

为增加微课视频的视觉效果，还可以对视频进一步优化，如删除视频片头片尾的空白部分，配上背景音乐等，使最终的视频既美观实用，又能够准确传达知识点。

1. 在 Camtasia Studio 时间轴中选中录制的视频文件，在“转场”选项卡中，选择“黑色淡入”转场效果，单击鼠标右键，在弹出的快捷菜单中选择“添加到选定媒体”选项(见图 9-24)。

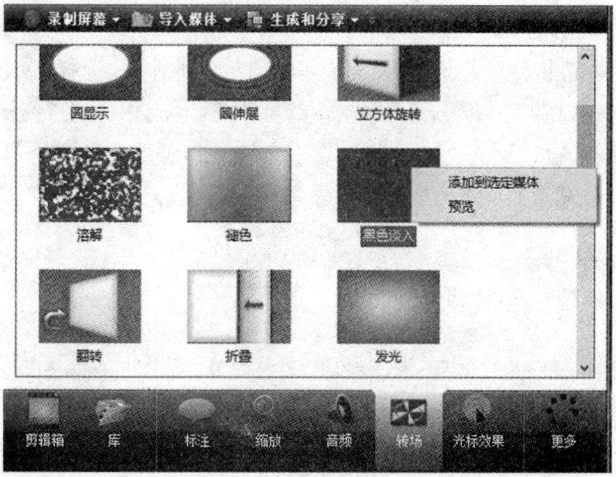

图 9-24 “转场”选项卡

2. 打开"库"选项卡,选中一个音频文件,单击鼠标右键,在弹出的快捷菜单中选择"添加到时间轴播放"选项,也可以直接拖动该音频文件到时间轴中。

3. 选中多余的音频,单击"剪切"按钮将其删除,使音频的长度与时间轴上的其他媒体文件持续时间相同。如果音频文件持续时间较短,也可以再添加一次并将它们连接在一起。

4. 切换到"音频"选项卡,勾选"启用音量调节"和"启用噪声去除"选项(见图 9-25)。

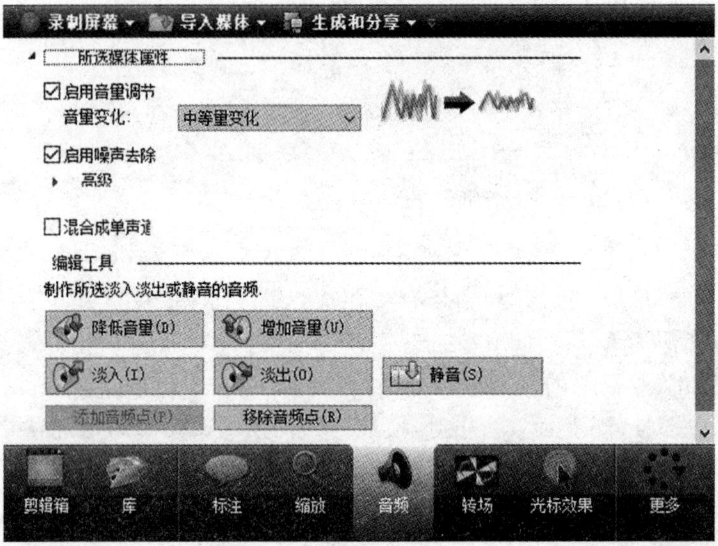

图 9-25 音频选项卡

5. 设置完成后,执行"文件＞保存项目"命令,弹出"另存为"对话框,完成 PPT 微课的合成与剪辑。

6. 单击"生成和分享"按钮,弹出"生成向导"对话框,选择"MP4 only(up to 720p)"格式选项(用户可根据自己的需要对视频生成格式进行选择),单击"下一步"按钮,设置文件存储地址。单击"完成"按钮,弹出"渲染项目"对话框开始渲染项目。渲染完成后,弹出"生成结果"对话框,单击"完成"按钮,完成视频的生成。

六、TPACK 理论与教师专业发展

TPACK 是 Technological Pedagogical Content Knowledge 的缩写,即整合技术的学科教学法知识(见图 9-26),是美国学者科勒(Kowhler)和米什拉(Mishra)于 2005 年在舒尔曼(Shulman)提出的学科教学知识的基础上提出的。通过研究,大家一致认为教师的 TPACK 能力是未来教师必备的能力。

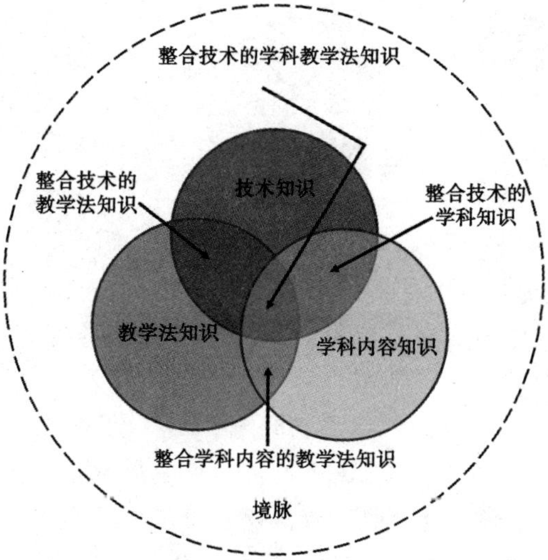

图 9-26　TPACK 的结构及示意图

随着教育信息化的普及，技术性知识在教师专业化中占据的比重越来越大，已经成为影响教师专业成长的重要因素。TPACK 理论突出了技术在教师知识结构中的地位，对于教师的专业成长具有重要意义。

正是因为充分认识到了技术在教师专业化中的重要性，国家已先后出台了《中小学教师教育技术能力标准(试行)》和《中小学教师信息技术应用能力标准(试行)》，高校教师的教育技术能力标准也一直在规划中。

七、结语

信息技术的发展和互联网的普及，促进了教学变革。信息化时代的教学改革对高校教师提出了新要求，处于这一历史形势下的教师们，不论是否自愿，都不能不正视这一轮教学改革的大潮，并需要在这轮大潮中不断思考和蜕变，从而满足信息化环境对教师职责的新要求。

后　记

《中国教育改革和发展纲要》指出："振兴民族的希望在于教育，振兴教育的希望在于教师。"高校教师教学能力的高低直接决定着高等教育的发展水平，决定着高等学校的人才培养质量。目前，青年教师已然成为大学的主力军和生力军，其专业素养和专业发展水平直接决定着大学教育质量的高低，影响着大学人才培养、科学研究、社会服务、文化引领等职能的实现。因此，加强大学青年教师教学能力的培养，使其能尽快成长并胜任大学教学工作，已成为大学青年教师教学管理的当务之急。

为了进一步提升高校青年教师的教学能力，自2016年开始，山东省高等学校师资培训中心开始系统开展旨在提升高校青年教师教学能力的培训。迄今为止，已先后举办33期，参训学员达1757人次。这其中，很多优秀教学研究专家为参训学员作了印象深刻的报告。为了使更多教师分享这些精彩报告，我们邀请了部分专家将其报告内容整理成文稿，使大家能更为细致地领会专家们的思想。

参与本书各章编写的专家是：李同胜教授（第一章）、苏春景教授（第二章）、马晓春教授（第三章）、何畏教授（第四章、第五章）、陈德云教授（第四章）、张朝珍教授（第五章）、薄存旭教授（第七章）、张良才教授（第八章）、张年年副教授（第九章）、李波教授（统稿）。在此，对各位专家的辛勤劳动表示衷心的感谢。

由于本书汇编的是不同专家的报告，编写时间也比较仓促，因此不同章节之间行文风格不尽相同，报告内容难免有重复，请各位读者谅解。

李　波

2020年7月20日